장편소설가 되기

장편소설가 되기

1판 1쇄 발행	2018년 8월 1일
지은이	존 가드너
옮긴이	임선근
펴낸이	최재균
편집	문해순
마케팅	김승환
디자인	로컬앤드
펴낸곳	걷는책
등록번호	제300-2001-7호
주소	03979 서울시 마포구 성미산로 23길 54, 3동 503호
전화	02 736 1214
팩스	02 736 1217
웹	www.mphotonet.com

걷는책은 일반·교양 단행본 브랜드로 포토넷 PHOTONET,
포노 PHONO와 함께 (주)티앤에프 출판사업부의 임프린트입니다.

이 도서의 국립중앙도서관 출판시도서목록(CIP)은
서지정보유통지원시스템 홈페이지(http://seoji.nl.go.kr)와
국가자료공동목록시스템(http://www.nl.go.kr/kolisnet)에서
이용하실 수 있습니다. (CIP제어번호: CIP2018020281)
ISBN 978-89-93818-93-2 03800

ON BECOMING A NOVELIST by John Gardner
Copyright © 1983 by the Estate of John Gardner
Foreword by Raymond Carver to ON BECOMING A NOVELIST
by John Gardner
Foreword Copyright © 1983, Raymond Carver, used by permission
of Tess Gallagher.
All rights reserved. This Korean edition was published by TNF
Inc. publishing div. in 2018 by arrangement with The Estate of
John Gardner c/o Georges Borchardt, Inc., New York, NY through
KCC(Korea Copyright Center Inc.), Seoul.
이 책은 (주)한국저작권센터(KCC)를 통한 저작권자와의 독점계약으로
티앤에프 출판사업부(주)에서 출간되었습니다. 저작권법에 의해 한국 내에서
보호를 받는 저작물이므로 무단 전재와 복제를 금합니다.

잘못 만든 책은 구입하신 곳에서 교환해 드립니다.
책값은 뒤표지에 있습니다.

걷는책	PHONO	PHOTONET
따뜻한 문화	음악, 삶의 풍요	사진과 시각예술

장편소설가 되기

On Becoming a Novelist

by

John Gardner

존 가드너 지음
레이먼드 카버

임선근 옮김

걷는책

《장편소설가 되기》에 쏟아진 찬사

《장편소설가 되기》는 최소한 우리 손에
한 작가의 정신세계와 창작법이 그려진 지도를 쥐여준다.
나아가, 작가의 삶을 엿보게 해주고
가끔은 그에 대한 완전한 이해에 도달하게 해준다.
— 수전 프롬버그 셰퍼, 〈시카고 트리뷴〉

나는 밑줄을 긋고 주석을 달면서 이 책을 거의 외울 만큼 읽었다.
이 책의 내용을 가르칠 뿐만 아니라 때때로 어떤 대목이
왜 유효한지 나 자신을 일깨우려고 다시 읽는다.
《장편소설가 되기》는 예리한 정신과 너그러운 마음의 소유자
존 가드너의 기념비이며, 모든 작가에게 주어진 선물이다.
— 엘리노어 리프먼, 《레이디스 맨》 작가

존 가드너는 나에게 글 쓰는 법을 가르쳐주었다.
나는 이 책을 헤아릴 수 없을 만큼 여러 번 읽었고
색색의 잉크로 밑줄 그었다. 이 책으로 가르쳤고, 이 책을 인용했고,
이 책에서 배운 대로 썼다. …… 일과를 마치고 나의 지하실에서
혼자가 되면 나는 내가 이루려고 애쓰고 있는 것이 무엇인지,
그 이유는 무엇인지 깨닫게 되기를 바라면서

《장편소설가 되기》를 들이팠다.
존 가드너는 그 질문들에 대한 답만이 아니라
그 이상을 주었다 ─ 지금도 답을 준다. 이 즈음 대중적인 작가
지침서가 여러 권 눈에 띄는데 ─ 모두 틀림없이 가치 있는
책들이겠지만 ─ 직접 부딪치고 열심히 쓰는 수밖에 없다. ……
그가 세상을 떠난 뒤에도 자신의 실제적인 지식들을
우리에게 계속해서 나누어 주고 있으니 정말 고마운 일이다.

─ 스튜어트 오낸, 《죽어가는 사람을 위한 기도》 작가

《장편소설가 되기》는 한 뛰어난 동시대 작가의
최후 진술로 기능할 것이다. ……
없어서는 안 될 책이다.

─ 스티븐 H. 케이프, 〈라이브러리 저널〉

이 책은 존 가드너의 글 쓰는 모습이 담긴
천 장의 사진에 맞먹는다 ─
파이프를 뻐끔거리며 한 손으로는 자판을 치고,
다른 한 손으로는 머리카락을 훑는 넋 나간 모습.
존은 헌신적인 교사였고 그의 너그러운 배려를 입은 우리는
이 책에, 그리고 불후의 본보기에 감사하지 않을 수 없다.
작가, 습작생, 창작 교사의 삶을 《장편소설가 되기》만큼
생생하게 그려 보여주는 책은 없다.

─ 니컬러스 델번코, 《해묵은 원한》 작가

작가로서 살면서 언제든 꺼내 볼 수 있게
책상에 비치해둔 책이 세 권 있다.
성경, 로제의 유사 어휘 분류 사전(Roget's Thesaurus),
그리고《장편소설가 되기》가 그 책들이다.
작가가 되기 위해 필요한 것들과 관련하여
가드너의 이 고전보다 더 좋은 책은 없다.
― 브렛 롯,《보석 Jewel》작가

소설가 존 가드너보다 우리 시대 위대한 문학의
이론과 실제에 대해 더 해박한 사람은 찾기 힘들다.
그는 한 세대의 젊은 작가들을 훈련해
최고의 예술적 성취로 이끌었으며
그 유산이 바로 어느 작가의 서가에나
반드시 꽂혀 있어야 할 책 중 하나인 이 책이다.
― 찰스 존슨《미들 패시지(중간 항로)》작가

이 책은 존 가드너가 20여 년간 가르친 경험의 결과물이고,
그 점을 여실히 드러낸다. 다시 말해서, 글쓰기에 모든 것을 건
습작생들에게 가장 절실한 궁금증들을 해소해준다.
커져가는 불안감을 안고 이게 어찌 돌아가는 일인지
정확히 알고 싶어 하는 이들에게 그는 만족스러운 답을 건네준다.
― 앤 타일러, 〈볼티모어 선〉

우리가 만났던 가장 위대한 창작 교사 중 한 사람.

— 프레더릭 부시, 《걸스》 작가

《장편소설가 되기》는 멋진 글발,
완벽한 독창성, 뛰어난 실용성을 갖춘, 잊을 수 없는 책이다.
풋내기 소설가에게 자신감과 용기를 준다.

— 〈초이스〉

장편소설가가 되기를 열망하는 이들을 위한,
이제까지 나온 것 중 단연코 최고의 책이다.

— 케네스 사이브, 〈새크라멘토 비〉

일러두기

- 인명 등 외국어 표기는 국립국어원의 외국어 지침을 따랐다.
- 책제목은 《 》, 잡지 및 매체명과 작품명은 〈 〉로 표기했다.
- 각주 가운데 지은이 주는 ●로 표시했고, 옮긴이 주는 *로 표시했다.

나의 학생들에게

감사의 말

이 책의 구성 아이디어 일부는 뉴욕 주립대 빙엄턴 캠퍼스 작가 워크숍의 토론 내용에서 가져왔다.

차례

편집자가 독자들께
012

머리말—레이먼드 카버
014

책을 읽기 전에
026

I. 작가의 기질
033

II. 창작 훈련과 교육
149

III. 출판과 생존
189

IV. 자신감
223

옮긴이의 말
267

존 가드너의 저서들
271

찾아보기
274

편집자가 독자들께

《장편소설가 되기 On Becoming a Novelist》는 존 가드너가 세상을 떠나기 고작 몇 주 전에 완성됐다. 그는 이 작품에 뛰어난 소설가이자 열성적인 소설 창작 교사로서 경험한 모든 것을 쏟아부었다. 저자의 제자였던 레이먼드 카버는 서문에서 자신의 스승은 소설 창작을 가르치는 일에 소설을 쓸 때와 똑같이 기교적 완성도와 윤리성을 갖추려고 전력을 다했다고 우리에게 말한다. 그는 또한 보기 드문 격려 정신으로 이 책의 모든 문장 뒤에서 존재감을 드러낸다. 그의 주요 목표는 책 서두에 밝혔듯이 '새내기 소설가의 근심걱정들을 다루고, 가능하다면 줄여주려는' 노력이다.

《장편소설가 되기》는 가드너가 파악한, 젊은 작가들이 품고 있는 중요한 질문 세 가지를 중심으로 이뤄져 있다. '나에게 재능이 충분한가?' '독학으로 소설가가 되려면 어떻게 해야 할까?' '소설을 써서 먹고살 수 있을까?'가 그 질문들이다.

그중 첫 번째이자 가장 중요한 질문과 새내기 소설가의 불안감에 대해 상세하게 — 책의 절반을 할애하여 — 답하면서, 가드너는 소설 쓰기에 대한 적성을 가늠해볼 다양한 잣대를 제시해준다. 그중 언어 감각, 중요한 세부에 대한 관찰력, 이야기 곧 '선명하고 끊김 없는 꿈'을 지속적으로 이끌어나가는 솜씨는 가시적인 또는 잠정적인 능력과 연관된 잣대들이다. 호기심, 자의식, 객관성, 대담성은 작가가 타자의 삶을 사는 것을 가능케 해주는 기질적 측면의 잣대들이다. 가드너는 장편소설가는 타고나거나 훈련되기보다는 자수성가하는 존재임을 강조하면서, 중요한 대목마다 자신이 글을 쓰고 가르친 경험에서 끌어낸 구체적인 사례, 실제적인 제안이나 훈련법 등을 제공하여 독자로 하여금 자신이 가진 능력이나 성격상의 특징을 계발하도록 돕는다. 창작 프로그램과 워크숍, 멘토, 그 밖에 보충적인 교육 과정이나 작가의 생계 문제에 관해 다룰 때도 가드너의 현명함과 유용성은 똑같이 빛을 발한다. 가드너는 명쾌한 시선으로 편집자와 에이전트와 출판사의 기능을 밝히고, 아울러 작가로서 그들을 상대하는 방법에 대한 신중한 조언까지 곁들여, 출판계의 비밀스러운 장막을 말끔히 걷어내 준다. 마지막 장에서 가드너는 장편소설가의 의지와 기백을 가늠할 주요 시금석인 작가 폐색 상황(writer's block), 원고 고치기, 원고 폐기에 대해 독자에게 조언해준다. 작가로서 기복을 겪는 과정에서 그를 지탱해주었던 확신과 실천에 의거하여, 가드너는 새내기 소설가들에게 각자에게 다가올 세월을 버텨낼 자신감을 불어넣어 준다.

• 이 글은 원서 초판본 날개 글이다.

머리말

오래전에 — 1958년 여름이었다 — 아내와 나는 두 어린아이를 데리고 워싱턴 야키마에서 캘리포니아의 치코 외곽 작은 동네로 이사했다. 우리는 그곳에서 월세 25달러짜리 낡은 집을 얻었다. 나는 배달원으로 일했던 약국의 빌 바턴 약사에게 125달러를 빌려서 이사 비용을 겨우 댔다.

 그 시절 아내와 나는 그 지경으로 빈털터리였다. 당장 먹고 살 길이 암담했는데, 그러면서도 계획이란, 치코 주립 단과대학Chico State College*이라 불리던 곳에서 강의를 듣겠다는 거였다. 다른 삶을, 우리 몫의 아메리칸 파이 한쪽을 찾아서 캘리포니아로 이사하기 아주 오래 전부터 나는 작가의 꿈을 키워왔던 터였다. 쓰고 싶었다. 그게 뭐가 됐든. 소설은 말할 것도 없고 시, 희곡, 대본이 됐든, 〈스포츠 어필드Sports Afield〉, 〈트루True〉, 〈아고시Argosy〉, 〈로그Rogue〉(내가 그때 읽던 잡지들이다) 기고문이 됐든, 지역 신문 기사가 됐든, 나 아닌 누군가에게 조리 있고 흥미롭게 읽히도록 단어를 조합하는 일이라면 뭐든 하고 싶었다. 그런데 이사할 즈음에 작가로 살려면 우선 배워야 한다는 생각이 뼈저리게 들었다. 그때 나는 교육을 대단하게 여겼다 — 적어도 지금보다는 훨씬 대단하게 여겼던 게 틀림없는데, 그건 이제는 내가 나이도 들었고 배운 사람이기 때문이다. 가족 중에 대학은커녕 8학년 의무 교육 이상으로 교육받은 사람도 없었던 나의 가정 환경을 떠올려보라. 나는 정말 **무식했고**, 내가 무식하다는 것만은 알고 있었다.

배우고 싶은 욕구만큼이나 쓰고 싶은 욕구도 강렬했다. 나중에 대학에서 얻은 용기와 지식에 힘입어, 내 '양식良識'이, 그리고 '차가운 진실', 다시 말해 내가 처한 '현실'이, 그만 때려치우라고, 꿈 깨라고, 조용히 마음 바꿔 먹고 다른 일을 하라고 시시때때로 속삭이기 시작한 뒤로도 오래도록 쓰고 또 썼을 만큼.

그 가을 치코 대학의 신입생 필수 과목에 수강 신청을 하면서 '창작 101'이라는 이름의 강의에도 이름을 올렸다. 새로 부임한 존 가드너라는 교수가 가르칠 과정이었는데, 그는 이미 이런저런 미스터리와 로맨스에 둘러싸여 있었다. 이전에 오벌린 칼리지에서 가르쳤으나 알 수 없는 이유로 그곳을 떠났다는 소문도 들렸다. 그가 해고당했다고 말하는 학생도 있었고 — 학생들도 소문과 음모를 먹고산다 — 그저 어떤 논란에 연루되어 그 학교를 떴다고 말하는 학생도 있었다. 학교가 학기마다 그에게 신입생용 영어 강의를 네댓 개씩 떠맡기는 바람에 강의 부담으로 말미암아 글 쓸 시간을 내지 못했기 때문이라고 말하는 학생도 있었

* 현 치코 주립대학.

머리말

다. 그러니 가드너는 진짜 작가, 말하자면 장편소설과 단편소설을 써온 현역 작가라는 얘기였다. 아무튼 그의 '창작 101' 강의가 치코 대학에 개설될 예정이었고, 나는 그 강의에 등록했다.

진짜 작가가 가르치는 수업을 듣게 되었다는 사실에 나는 흥분했다. 그때까지 작가라고는 구경도 해본 적이 없었기에 바짝 긴장되었다. 그런데 그가 썼다는 장편소설이며 단편소설은 도대체 어디에 있다는 건지 알 길이 없었다. 그것 참, 아직 책으로 나온 것은 한 권도 없다고 했다. 출판 기회를 잡지 못해서 원고 상자들을 끼고 산다는 이야기도 들렸다. (그의 학생이 된 다음에 나는 그 상자들을 보았다. 내가 글 쓸 공간이 없어서 애먹고 있고, 비좁은 집에서 애들과 함께 지낸다는 것을 알게 된 가드너는 내게 자기 사무실 열쇠를 주었다. 지금에 와서야 나는 그때가 전환점이었다고 느낀다. 그가 그 열쇠를 무심코 건네준 게 아니었으므로 나도 일종의 명령으로 그것을 받아들였다—명령이 분명했으니까. 매주 토요일과 일요일의 일부를 나는 그의 사무실에서 보냈다. 여러 상자의 원고가 보관된 바로 그곳이었다. 상자들은 책상 옆 바닥에 쌓아 올려져 있었다. 나는 지금 그중 한 개에 유성펜으로 적혔던 《니켈 마운틴 Nickel Mountain》이라는 작품명을 기억할 뿐이다. 그러나 중요한 건 내가 처음으로 뭔가 진지하게 써보려고 노력했던 장소가, 가드너의 미출간 원고 상자들이 뻔히 보이는 그의 사무실이었다는 사실이다.)

첫 만남은 가드너가 여학생 체력단련실의 등록 탁자 뒤에 있을 때 이루어졌다. 나는 등록 명부에 이름을 적고 강좌 카드를 받았다. 그는 어느 모로 보나 내가 상상했던 작가의 풍모와는 거리가 멀었다. 사실을 말하자면, 그 즈음에 그의 생김새나 옷차림은 장로교회 목사나 연방수사국 요원 같았다. 언제나 검은색 정장에 흰 셔츠를 입고 타이를 맸다. 머리는 상고머리였다(그 무렵 내 또래 젊은 남자들은 대개 머리를 양쪽으로 목덜미까지 빗어 넘겨서 포마드나 크림으로 매끈하게 고정하는, 이른바 '오리 궁둥이' 머리를 했었다). 내 말은 가드너가 아주 고리타분해 보였다는 거다. 블랙 월 타이어를 장착하고 편의 장치라고는 카 라디오조차 없는, 문 네 개짜리 검정 쉐보레 자동차는 그가 풍기는 인상을 완성해주었다. 그를 알게 된 후 그의 사무실 열쇠를 건네받아, 그곳을 작업실 삼아 규칙적으로 드나들면서 나는 일요일 오전이면 창가에 놓인 그의 책상 앞에 앉아 그의 타자기를 두드리곤 했다. 아니, 그가 여느 일요일처럼 차를 몰고 와서 바로 창밖에 난 길에 대는 걸 기다렸다. 이윽고 어둡고 근엄해 보이는 복장을 갖춘 가드너와 그의 첫 아내 조앤은 차에서 내려 인도를 따라 교회로 걸어 들어가 예배를 보곤 했다. 한 시간 반이 지난 뒤에는, 그들이 교회를 나오기를 기다렸고, 인도를 따라 걸어 내려와서 검정색 자동차에 몸을 싣고 떠나는 모습을 지켜보았다.

가드너는 상고머리에 목사나 연방수사국 요원 같은 차림새로 일요일마다 교회에 갔다. 그러나 그는 다른 면에서는 관습에 얽매이지 않는 사람이었다. 그는 수업 첫날부터 학칙을 어기기 시작했다. 줄담배를 피우는 그는 수업을 하면서도 금속제 휴지통을 재떨이로 삼아 줄곧 담배를 피워댄 것이다. 그 시절에는 누구도 교실 안에서 담배를 피우지 않았다. 같은 강의실을 쓰던 교수가 그 사실을 문제 삼았을 때도 가드너는 그저 그 교수가 쩨쩨하고 속이 좁다면서 창문을 열었을 뿐이지 담배 피우기를 중단하지 않았다.

그의 수업을 듣는 학생들 중 단편소설 지망생은 10페이지에서 15페이지 길이의 단편을, 장편소설 지망생은 — 한두 명은 있었다고 기억한다 — 20페이지 길이의 한 장章과 나머지 전체 이야기 윤곽을 제출하는 게 필수였다. 이 한 편의 단편, 또는 장편의 한 장은 가드너 교수 눈에 다 되었다 싶어질 때까지 학기 내내 열 번이나 고쳐 쓰일 참이었다. 작가는 자기가 한 이야기를 거듭 **응시하는** 과정을 통해 자기가 하고 싶은 이야기가 뭔지 깨닫는다는 것이 그의 기본 신념이었다. 그리고 이 응시, 더 명확한 응시를 가능하게 하는 것이 고쳐 쓰기 작업이라고 그는 생각했다. 그는 고쳐 쓰기, 무한 고쳐 쓰기를 **신봉했다**. 그가 가장 중시하고, 성장의 어느 단계에 놓여 있든 모든 작가에게 필수라고 간주하는 게 바로 고쳐 쓰기였다고 할 만큼. 그래서 그는 어떤 학생의 습작이든, 이미 다섯 벌의 예전 원고를 읽었을지라도 새로 또 읽었고, 그럴 때 절대 인내심을 잃은 모습을 보이지 않았다.

단편소설에 대해 그가 1958년에 가졌던 생각은 1982년에도 거의 변함이 없었으니, 뚜렷한 시작과 중간, 결말이 있는 어떤 것이어야 한다는 것이 그 골자다. 이따금 그는 칠판으로 다가가 한 작품 안에서 감정이 어떻게 고조되거나 잦아드는지 도형을 그려 정확히 짚어가며 설명하곤 했다 ― 봉우리, 골짜기, 고원高原, 해결, **대단원** 같은 단계들을. 나는 아무리 노력해도 그가 칠판에 그려 보여준 것들에 별로 관심이 가지 않았고, 제대로 이해할 수도 없었다. 그러나 수업에서 토론 중인 어느 학생의 습작에 대해 그가 발언하는 방식만큼은 이해가 됐다. 이를테면 지체 장애인을 다룬 작품에서 주인공이 지체 장애인이라는 사실이 맨 마지막에야 나오면, 가드너는 작가의 의도가 무엇이냐면서 이렇게 공개적으로 의문을 표했다. "독자가 마지막 문장을 읽을 때까지 주인공이 지체 장애인임을 모르게 하는 게 좋은 방법이라고 생각하나요?" 그의 어조에는 못마땅함이 실려 있었고 그 이야기를 쓴 학생을 비롯해 수업을 듣던 학생들 모두가 이내 그게 좋은 전략이 아니라는 점을 깨달았다. 결말 부분에서 독자를 놀라움으로 제압하려고 중요하고 필수적인 정보를 숨겨두는 전략은 그에게는 사기였다.

수업에서 그는 늘 내게는 낯선 작가들의 이름을 들먹이곤 했다. 혹시 이름을 들어봤다 해도 읽어본 적은 없었다. 콘래드. 셀린. 캐서린 앤 포터. 아이작 바벨. 월터 밴 틸버그 클라크. 체홉. 호텐스 칼리셔. 커트 하넥. 로버트 펜 워런. (우리는 워런의 〈블랙베리 윈터 Blackberry Winter〉라는 소설을 읽었다. 이런저런 이유로 나에겐 그저 그런 소설이었고 가드너에게 그렇게 말했다. 그는 "다시 읽는 게 좋을걸"이라고 말했는데 농담조가 아니었다.) 그는 윌리엄 개스 이야기도 했다. 가드너는 그때 막 〈엠에스에스MSS〉라는 잡지 창간 작업 중이었고, 그 작가의 〈페데르센의 아이 The Pederson Kid〉를 창간호에 실을 참이었다. 나는 그 작품을 원고 상태로 읽기 시작했는데 이해가 안 돼서 또다시 그에게 불평을 했다. 그는 이번에는 다시 읽으라고 요구하는 대신 원고를 가져가버렸다. 그는 제임스 조이스와 플로베르와 아이작 디네센에 대해 마치 그들이 인근 유바 시티에 사는 것처럼 이야기했다. "여러분에게 어떻게 써야 할지 가르칠뿐더러 누구를 읽어야 할지 선별해주는 것이 내 임무입니다"라는 이야기도 했다. 나는 멍한 상태로 강의실을 떠나, 그가 말한 작가의 책들을 찾아보러 도서관으로 직행하곤 했다.

그 시절엔 헤밍웨이와 포크너가 대세였다. 그런데 솔직히 나는 그들의 작품이라곤 다 합해서 기껏해야 두세 권밖에는 읽은 게 없었다. 그건 그렇고 너무나 유명하고 너무 자주 거론되던 그들은 과연 그토록 훌륭한 작가들이었단 말인가? 나는 가드너가 했던 이 말을 기억한다. "포크너가 쓴 것이면 뭐든 닥치는 대로 읽어라. 그다음엔 헤밍웨이의 모든 작품을 읽어라. 네 머리에서 포크너를 깨끗이 씻어내기 위해."

하루는 그가 당시 '리틀'*이라 부르던 문학 정기 간행물들을 한 상자나 수업 시간에 가져와서 돌려보게 해준 덕분에 그 제호들을 접해보고 어떻게 생긴 잡지들인지, 손에 쥐었을 때 어떤 느낌인지 감 잡을 수 있었다. 미국에서 쓰인 최고의 소설들 대부분과 거의 모든 시가 이 잡지들을 통해 발표된다고 그는 학생들에게 말했다. 소설, 시, 문학 평론, 신간 서평, 현존 비평가들이 쓴 **현존** 작가들에 대한 비평. 그 시절에 나는 그 신세계를 알고 흥분했다.

자기 수업에 들어오는 학생들 중 나를 포함한 일고여덟 명을 위해 묵직한 검정 바인더를 주문한 가드너는 우리에게 습작들을 반드시 거기에 보관하라고 했다. 자신도 그러고 있다니, 우리에게는 재론의 여지가 없었다. 우리는 습작을 그 바인더에 끼워 넣으며 마치 특별한, 대단한, 선택된 존재가 된 것처럼 느꼈다. 실제로 그랬다.

나는 가드너가 다른 학생들과는 습작을 놓고 어떤 식으로 토론했을지 알지 못한다. 그가 모든 학생에

*
리틀 매거진의 약칭. 리틀 매거진은 비상업주의와 비권위주의를 표방하는 비주류 잡지의 총칭이다.

게 충분히 관심을 기울였을지는 의문이다. 다만 그가 그 시절에 내가 쓴 작품들을 내 분에 넘치도록 진지하게 받아들이고, 세심하고 주의 깊게 읽었다는 것만큼은 그때도 지금도 느낀다. 그의 원고 강평 방식은 전혀 예상 밖이었다. 토론 전에 그는 내 원고에서 불필요한 문장이나 어구나 낱말, 심지어 구두점까지 날려버렸다. 이에 대해서는 어떤 절충도 불가능하다는 점을 나는 받아들여야 했다. 어떤 문장이나 어구, 낱말은 괄호로 묶여 있었다. 우리는 그런 부분을 놓고 이야기를 나눴다. 절충이 가능한 부분이었다. 그는 또 내 원고에 뭔가 첨가하기를 주저하지 않았다. 그건 하나의 낱말일 수도, 몇 개의 낱말들일 수도, 문장일 수도 있었는데, 내가 말하려는 바가 그것들 덕분에 명료해졌다. 우리는 쉼표 몇 개를 놓고 그 순간만은 이 세상에서 그보다 더 중요한 문제는 없다는 듯이 격론을 벌이기도 했다—아무렴, 쉼표보다 더 중요한 것이 있을 리가. 그는 늘 칭찬거리를 찾았다. 마음에 드는 문장이나 대화나 묘사가 눈에 띌 때, 효과가 탁월한 대목이나 이야기를 멋지게 의외성 있게 잘 풀어나간 대목을 발견했을 때, 그는 원고 가장자리에 '근사해요' 또는 '훌륭해요'라고 써놓곤 했다. 그런 촌평을 발견했을 때 나는 날아갈 것만 같았다.

    그는 한 줄 한 줄 아주 소상하게 비판해주었고, 왜 저렇게 쓰지 말고 이렇게 써야 하는지 비판의 이유를 밝혀주었다. 내가 작가로서 발전하는 데 더할 수 없이 소중한 조언들이었다. 글을 놓고 이런 세부적인 대화를 나누고 나면 이젠 거시적인 토론으로 넘어갔다. 소설이 드러내 보이고자 하는 문제의식이나 갈등 구조에 대해, 큰 구도에 들어맞게 가고 있는지 그렇지 않은지에 대해. 그는 작가의 둔감함이나 부주의나 감정 과잉으로 말미암아 표현이 흐려지면 이야기 전개에 큰 장애가 된다고 굳게 믿었다. 그러나 그보다 더 해롭고 무슨 일이 있어도 저질러서는 안 될 금기 사항이 있었다. 표현과 감정이 진실하지 않으면, 날조가 있으면, 작가 자신이 마음에도 없고 믿지도 않는 내용을 쓰면, 그 누구의 관심도 끌 수 없다고 그는 강조했다.

작가의 가치관과 기예. 그는 그것을 가르쳤고, 그 자신이 그것의 상징이었으며, 나는 그와 함께했던 짧지만 너무나 소중한 시간 이래로 그 가르침을 잊은 적이 없다.

가드너의 이 책은 작가가 되고 작가다움을 유지한다는 게 어떤 것이며, 그러기 위해서 무엇이 필요한지를 돌아보게 하는, 지혜롭고 정직한 잣대로 보인다. 그는 상식과 아량, 타협할 수 없는 몇 가지 덕목을 통해 이를 전해준다. 이 책을 읽는 독자들은 저자의 유쾌한 유머와 고매한 품성은 물론, 절대적이고 단호한 정직성에 놀랄 것이다. 독자가 눈치챌지 모르지만, 책 여기저기에서 저자는 "내 경험에 비추어 보면……"이라고 말하곤 한다. 글쓰기의 어떤 국면들은 남에게, 대개는 자기보다 어린 작가에게 가르치거나 전수할 수 있다는 것도 그는 경험을 통해 알았다 — 나 또한 창작 수업을 이끌어온 경험으로 이에 동의한다. 이는 교육과 창작 활동에 진지하게 관심을 기울이는 사람에게는 결코 놀라운 사실도 아니다. 좋은, 나아가 훌륭한 지휘자, 작곡가, 미생물학자, 발레리나, 수학자, 시각 예술가, 천문학자, 전투기 조종사는 자기보다 나이가 위이고 기량이 뛰어난 전문가에게 일을 배운다. 문예 창작 수업은 그 자체로 훌륭한 작가를 만들어내는 것은 아니다. 도예나 의학 수업이 그 자체로 **훌륭한** 도예가나 의사를 만들어내는 것이 아니듯이. 심지어 배웠음에도 채 기능조차 제대로 익히지 못하고 마는 학생도 있을 수 있다. 그러나 가드너는 그 배움이 결코 당신의 가능성을 해칠 리 없다고 확신했다.

창의적 글쓰기 과정을 가르치고 배우는 현장에서 위험한 점 가운데 하나는 — 이 또한 내 경험에서 나온 이야기인데 — 새내기 작가들에 대한 과도한 추임새다. 그러나 나는 그 위험을 무릅쓰는 편이 그 반대쪽 우를 범하는 것보다는 낫다고 가드너로부터 배웠다. 그는 젊은 학생 작가처럼 바이털 사인이 심하게 요동칠 때조차도 상대방을 격려하고 또 격려했다. 젊은 작가들에게는 다른 직업에 발을 들여놓으려고 애쓰는 젊은이들만큼, 아니 그 이상의 추임새가 분명 필요하다. 다만 언제나 정직한 추임새만 해야지 과하게 치켜세워도 안 된다는 점은 두말할 필요도 없을 것이다. 그런 면에서 양질의 추임새야말로 이 책의 특별한 장점이다.

　누구나 실패와 좌절을 겪는다. 기운 배로 물이 들고 있다는 느낌, 내 인생이 애초의 계획대로 풀리고 있지 않다는 의혹에 시시때때로 시달리지 않는 사람은 거의 드물 것이다. 열아홉 살쯤에 자기가 가지 **않을** 길에 대해서 웬만큼 감을 잡기도 하지만, 더 나중에, 청춘의 끄트머리나 중년의 문턱에 이르러서야 자신의 한계에 대한 이런 인식이랄까, 뼈아픈 통찰에 이르는 사람이 더 많다. 어떤 교사나 교육도 애초에 작가 체질이 아닌 사람을 작가로 만들 수는 없다. 그러나 막 어떤 길로 들어섰거나 그 분야를 천직으로 삼아 매진하고 있는 이라도 좌절하거나 실패할 각오는 해야 한다. 세상에는 실패한 경찰관, 정치인, 장군, 실내 장식가, 엔지니어, 버스 기사, 편집자, 저작권 대리인(에이전트), 사업가, 바구니 직조공이 있다. 실패하여 꿈 깬 문예 창작 교사, 실패하여 꿈 깬 작가도 있다. 존 가드너는 양쪽 다 아니며, 왜 아닌지는 이 놀라운 책을 읽다 보면 알게 될 것이다.

　나는 그에게 큰 빚을 졌으며 이 짧은 글에 그것을 제대로 표현할 길은 없다. 그가 말할 수 없이 그립다. 그렇지만 그의 꾸지람과 너그러운 추임새를 받았으니 나는 최고로 운 좋은 사람이다.

레이먼드 카버

책을 읽기 전에

사볼 만한 가치가 있을지, 도서관에서 빌려다 보면 충분할지, 아니면 어디서 슬쩍해서 읽는 게 좋을지(그러진 마시길) 판단해보려고 이 서문을 읽을 누군가를 떠올려본다. 이 책이 도움이 될지 궁금한 초보 소설가이거나, 혼자 힘으로 소설 쓰는 법을 터득해보려는 사람들을 호구 삼아 또 어떤 종류의 사기를 치고 있는지 손쉽게 감별해보려는 창작 교사일 것이다. 사실 제대로 된 소설 창작 입문서가 별로 없다. 나름 최선의 의도로 쓴 것들조차도 그저 그렇다. 이 책이라고 결점이 왜 없겠는가. 일단 어떻게, 왜 이 책을 썼는지, 내가 어디에 역점을 두고 썼는지 적어두겠다.

20여 년 동안 수많은 창작 강좌의 강단에 서는 한편으로 낭독회나 공개 강의도 하다 보니, 피할 수 없이 돌아오는 질의응답 시간에 받을 질문들을 충분히 예상할 수 있다. 어떤 질문은 얼핏 의례적으로 들린다. ("작품을 연필로 쓰시나요, 펜을 사용하시나요? 아니면 타자기로 치시나요?") 어떤 질문은 현학적이고 권위주의에 짓눌려 있다. ("소설가가 되려면 고전을 폭넓게 읽는 게 중요하다고 보십니까?) 어떤 질문은 죽고 사는 문제라도 걸린 듯이 소심하고도 심각하다. "내가 진짜 작가인지 아닌지 어떻게 알 수 있을까요?" 하긴, 질문자에게는 충분히 절박한 질문일 것이다. 이 책은 내가 그동안 진지하게 받아들인 질문들에 대해 심사숙고한 답변 모음이다. 그중에는 평범하게 스쳐 들을 수도 있는데 내가 유독 진지하게 받아들인 질문도 있다. 질문자가 말로 꺼내놓지는 못한 숨은 의도까지 두루 헤아려 대답하려고 노력하다 보니 내 답들은 직설적이면서도 산만해졌다. 작가들은 흔히 강연장이나 창작 교실에서 던져지는 질문이란 강사의 관심을 끌기 위한 것, 또는 강사를 치켜세워 분위기를 띄우려는 것, 또는 그저 객기에서 나온 것이어서, 본질적으로 경박할 수밖에 없다고 예단한다. 나는 그들과는 정반대되는 실수를 저지르려고 노력했다. 나는 다른 장소에서와 마찬가지로 창작 교실이나 강연장에서 사람들을 대할 때도, 인간 혐오주의자들이 상상하는 것보다 인간은 훨씬 더 똑똑하고 고상하다고 일단 믿는다. 소설 쓰기에 대한 관심이 겉치레에 불과한 사람이라면 이 책을 굳이 읽지도 않을 것 같으니 됐고, 창작에 진정으로 관심을 쏟는 사람이라면 설령 내가 어떤 주제에 대해 필요 이상 길게 이야기를 늘어놓더라도 유용하고 철두철미한 책을 쓰겠다는 내 뜻에 공감하여 용서해주리라 믿는다.

이 책에서 내가 이야기한 것은 모두 당연히 한 작가의 견해다—긴 세월에 걸친 창작, 독서, 가르침, 글 손질, 동료 작가들과의 논쟁에 근거했지만, 예술은 기하학이나 물리학처럼 검증 가능한 명확한 사실을 제시할 수 있는 분야가 아니므로, 여전히 견해일 뿐이다. 따라서 어떤 대목에서 이야기가 빗나갔다고 느끼거나, 심지어 불쾌해질 독자도 틀림없이 있을 것이다. 어떤 주제 ─ 이를테면 작가 워크숍 문제 ─ 에는, 사정을 헤아려 적당히 다루고 넘어가거나 아주 단순화한 해결책에 안주하라는 유혹이 따른다. 그러나 나는 이 책의 주된 독자로 자신의 생존을 위해 엄정한 진실(내가 간파한 그대로의)을 알기 원하는 철저하게 진지한 새내기 소설가들을 떠올렸다. 그들은 자기 예술에 유익한 방향으로 단기적·장기적 계획을 세우고, 헛된 기교나 이론이나 태도 같은 허방다리에 빠지지 않고, 가능한 최단 시간에 가장 효과적으로 창작술을 터득하기 위해 진실을 원한다.

이 책은 어떤 의미에서는 엘리트주의적이다. 그렇다고 내가 대단히 세련되고 잘 배우고 영리한 일부 독자층만을 섬기는, 아주 특출한 소설가를 주로 염두에 두고 이 책을 썼다는 뜻은 아니다. 그런 소설가들에게도 참고서이자 인간적인 중용에 대한 권고로서 이 책을 읽히고 싶긴 하지만 말이다. 내가 말하는 엘리트주의는 그보다 온건하고 중도적이다. 나는 무슨 수를 써서라도 책을 출판하고 싶어 하는 사람이 아니라 자랑스러워할 만한 책을 내고 싶어 하는 사람을 위해서, 다시 말해 진지하고 정직한 소설, 독자가 즐겨 읽고 또 읽을 만한 책이라고 느낄, 오래도록 남을 소설을 쓰고 싶어 하는 사람을 위해서 이 책을 썼다. 훌륭한 장인 정신이란 값싸고 쉬운 효과를 외면하고, 지름길을 버리고, 아주 사소한 부분(이를테면 화가 난 남자가 부엌 벽을 향해 내던지려고 집어 든 물건을 정확히 무엇으로 할지, 어떤 인물의 입에서 나온 말이 "그건 아냐"가 되어야 할지, 그보다 강경한 "그래선 안 돼"가 되어야 할지 따위)조차도 가짜스럽지 않게 쓰려고 고뇌하는 예술가 정신이다. 한마디로 피땀 어린 고뇌의 흔적조차도 독자의 감동에 일조하는 그런 뛰어난 장인 정신은, 독자만이 아니라 작가에게도 기쁨을 주고 삶의 가치와 존엄을 느끼게 해준다. 이 책은 겨우 출판할 수 있을 만큼만 잘 쓰는 것보다 제대로 잘 쓰는 게 훨씬 더 만족감을 주는 일이라는 사실을 이미 깨우친 새내기 소설가들을 위한 책이다.

독자들이 가치 있는 조언이라 여길 내용들도 여기저기 적어놓긴 했지만, 이 책은 본질적으로 지침서는 아니다. 내가 지침서를 못마땅하게 여기거나 그런 부류의 좋은 책을 쓰는 게 좀처럼 어렵다고 믿기 때문에 하는 이야기가 아니다. 사실 나 스스로 이미 그런 책을 써서 해마다 수정 증보하면서 학생들에게 사용해왔고, 언젠가 이만하면 출판해도 되겠다고 여겨질 날이 오지 않을까 하는 기대도 있었다. 그러나 이번 책의 목적은 그보다 더 원대하면서 소박하다. 나는 새내기 작가들의 고민거리를 다루고, 그것들을 하나라도 더 덜어주려고 노력했다.

새내기 작가들이 걱정과 근심을 떨쳐내도록 돕겠다는 나의 발상이 얼핏 좀 어이없게 비칠지도 모르겠다. 그러나 나 자신의 습작기에 대한 기억이나 다른 새내기 작가들과 부대껴본 경험으로 보건대, 그렇지 않다. 온 세상이 공모하여 새내기 소설가에게 등을 돌리는 것만 같다. 의학 박사나 전기 공학자나 산림 경비원이 되겠다는 포부를 밝힌 청년에게 그 생각이 얼마나 비현실적이고 허황되고 시간과 지능의 낭비인지를 설명하는 선의의 충고가 곧장 쏟아지지는 않는다. "잘해봐라"라고 말해주고 속으론 의학 박사가 되기에 성적이 모자라면 접골사라도 되겠지, 할 뿐이다. 그런데 작가가 되겠다는 사람에게는 그의 친구, 친척, 직업 작가 들은 말할 것도 없고 창작 교사들이나 창작에 관한 책들까지도 대뜸 성공하려면 각오해야 할 끔찍한 역경에 대해 지적질을 해댄다(그럼으로써 역경을 가중시킨다). 그들은 말한다. "작가가 되려면 아주 드물고 특별한 재능을 타고나야 해"(절대적인 진실은 아니다), "소설이 해마다 점점 더 안 팔려"(대체로 틀린 말이다), "배고플 걸"(이건 맞는 이야기일 듯). 그런데 남들 때문에 기가 꺾이는 건 차라리 아무것도 아니다. 장편소설에는 대개 무지막지하게 많은 시간을 쏟아부어야 하며 그 과정에서 작가는 인내심의 뿌리까지 흔들리게 마련이다. 작가는 날이 가고 해가 갈수록 스스로를 기만하고 있지는 않은지, 도대체 왜 인간은 소설을, 냉정하게 말해서 존재하지도 않는 인물 군상들의 희망과 기쁨과 재앙에 대한 길고 면밀한 논문을 쓰는지 자문한다. 인간 혐오 증세가 슬금슬금 작가를 잠식해 들어가는 동안, 그의 아내 또는 남편도 점점 침울해지고 당황한다. 텔레비전물을 쓰는 얼간이들은 돈을 다발로 벌어들이는데 군중 속의 성자와도 같은 소설가는 자식들 입에 풀칠이라도 하려고 주유나 서류 타자, 생명보험 판매 일을 한다. 아니면 술독에 빠질 수도 있다. 이 업종의 제1호 직업병이 알코올중독이다.

경제적 보상이 아닌 다른 것을 추구하며 소설가로 사는 것보다 더 즐겁고 만족스러운 삶은 없다고 믿는 종류의 인간도 존재할 수 있다고, 그런다고 반드시 인간 혐오자나 술주정뱅이로 전락하는 것은 아니라고, 따지고 보면 의학 박사, 엔지니어, 산림 경비원으로 그럭저럭 또는 아주 성공적으로 살아가는 사람이 있는가 하면 비인기 직종인 가정주부의 삶을 선택하는 사람도 있듯이, 소설가로 살아가는 것도 가능하다는 말을 거의 아무도 입 밖에 내지 않는다. 어쨌든 이미 많은 위대하거나 평범한 소설가들이 그 삶을 살아냈는데도! 이 책에서 나는 소설가의 삶이 어떠한지, 소설가가 안팎으로 경계해야 할 것들은 무엇인지, 대체로 기대치를 어느 수준에 두는 게 적정한지, 대략 어떤 것들을 포기해야 하는지 명확하게 밝혀줌으로써 그들에게 합당한 안도감을 안겨주려고 노력했다. 이 책은 장편소설 쓰기를 찬양하고, 만일 당신이 진지하게 소설가가 될 마음을 먹었다면 그

길을 가라고 용기를 북돋아주는 책이다. 소설가의 삶에 대해 부풀려지고 허황한 생각을 품은 사람이 아닌 한, 도전하고 실패하는 작가에게 일어날 수 있는 최악은 자신이 즐거움과 만족감을 얻을 최적의 자리가 소설가의 자리가 아니라는 사실을 깨닫게 되는 것이다. 세상에는 예술가가 되려다 실패한 사람보다 성공한 사업가가 되려다가 실패한 사람이 더 많다.

I.
작가의 기질

새내기 작가라면 거의 누구나 창작 교사에게, 아니면 답을 알 것만 같은 누군가에게 언젠가는 묻는다(또는 용기 내어 물어보고 싶어 한다). 자신에게 작가가 될 소질이 정말로 있는지 없는지. 이에 대한 솔직한 답은 거의 언제나 "그건 아무도 모른다"이다. "곁길로 새지만 않는다면 분명 좋은 작가가 될 거예요"가 답인 경우도 가끔 있고, "소질이 없다고 봅니다"가 답이거나, 답이어야 하는 경우도 없지 않다. 창작을 아주 오래 가르쳐왔거나 초보 작가를 많이 겪어본 사람 중에 위의 답들보다 더 분명한 답을 내놓을 수 있는 사람은 아마 없을 것이다. 그러나 질문자가 말하는 작가가 단지 '자기 작품을 출간할 수 있는 사람'을 의미하는 것이 아니라 '진지한 장편소설 작가'를, 다시 말해서 이따금 소설을 펴내는 정도의 사람이 아니라 창작에 헌신하는 타협 없는 예술가를 의미한다면—요는, 질문자가 내가 이 책의 주요 독자로 삼은 바로 그런 유형의 초보 작가라면—한결 답하기 쉬워진다.

사실 미국에는—다른 나라들까지 말할 것도 없이—잡지들이 넘쳐나서, 뚝심만 있으면 언젠가는 자기 소설이 한 편 실리게 할 수 있다. 그리고 일단 한 잡지(잘 안 알려진 계간지라고 해두자)에 작품을 발표한 새내기 작가는 다른 편집자들에게 다른 작품을 보낼 때 "내 전작이 이러저러한 잡지에 실렸다"라는 자기소개 편지를 첨부할 수 있고, 이로써 다른 잡지에 작품이 실릴 가능성이 높아진다. 성공이 성공을 부른다. 무슨 말이냐 하면, 편집자들은 선택에 확신이 서지 않을 때 기고자의 다른 지면 발표 경력에서 영향을 받기 쉬우므로, 대여섯 군데 무명 잡지에 작품을 싣고 나면 그보다는 더 알려진 잡지에 작품을 실을 기회가 사실상 보장된다는 거다. 게다가 작품을 더 많이 쓰고 발표할수록(자기 생각을 적극적으로 표현하는 똑똑한 편집자와 의견을 주고받는 과정을 거쳐 책을 낸다면 특히나) 새내기 작가는 더 자신감이 붙고 능숙해진다.

시원치 않은 소설이라도 일단 발표하고 나면, 기회는 예상보다 더 풍부해진다—고료야 좋지 않겠지만. 세상에는 불량한 소설(포르노, 공포물 등등)을 적극적으로 찾는 상당히 많은 출판사를 포함해, 신예 발굴을 위해 모험을 감행하는 출판사가 많다. **어떤** 출판사가 됐든 일단 책을 내야 비로소 진짜 작가가 됐다고 느끼는 젊은 작가들도 있다. 그런 성격이라면 어디에서든 책을 내서 우선 그 조바심에서 벗어나는 게 현명하다. 장래를 생각한다면 기량을 갈고닦은 다음에 더 좋은 출판사를 선택하는 편이 현명하겠지만 말이다. 이미 세상에 내놓은 졸작들의 오명을 씻어내기는 어렵고, 한번 먹혔던 값싼 수법들을 폐기하기도 어렵다. 결혼이나 골프에서 속임수를 그만 쓰겠다고 노력하는 것만큼이나.

진지한 젊은 작가의 질문에 책임감 있게 답하려면, 질문을 받은 사람이 창작 교사든 아니면 다른 누구든, 다양한 지표를 두루 고려해야 한다. 그것들이 어느 하나 뚜렷하지 않더라도 모두 긴요한 단서를 제공해준다. 어떤 지표는 눈에 보이는 능력이나 잠재적 능력과 연관되고, 또 다른 지표는 성격과 연관된다. 그 어떤 지표도 그 사람의 장래에 대한 적중률 100퍼센트의 예측 자료는 못 된다. 상대적 지표이기 때문이기도 하고, 그 작가에게 성장 가능성이 있기 때문이기도 하다. 굳게 결심하고 기법이나 성격상의 오랜 습관을 뜯어고치며 발전할 수도 있는 것이다. 더 단순하게는, 작가가 될 가능성이 전혀 없어 보였는데 뒤늦게 큰 가능성을 보이는 경우도 있다.

1

어떤 지표부터 짚어나가도 괜찮다. 편의상 나는 언어 감각에서부터 시작하겠다.

영어 과목 성적이 좋다고 다 언어 감각이 좋은 것은 아니다. 여기서 언어 감각이란 언어의 운용 이치에 대한 타고난 이해력이나 관심을 말한다. 좋은 영어 학점은 학생인 작가보다는 가르치는 사람의 역량, 감각, 소양과 더 관련 있을 것이다. 모든 좋은 작가가 문장의 운율—언어의 음악성—이나 말의 함축성

(connotations), 상황과 격에 적합한 어휘 사용(diction levels)에 민감한 촉을 가지고 있다고 말할 수는 없다. 어떤 위대한 작가들은 거친 문장, 미약한 은유, 심지어 분별없는 단어 선택과 같은 드물지 않은 실책을 보임에도 불구하고 위대하다. 시어도어 드라이저는 "그는 그녀가 대단히 지적으로 흥미롭다고 느꼈다(He found her extremely intellectually interesting)"라고 썼다. 좋은 작가라면 대개 피하지 않았을까 싶을 만큼 귀에 거슬리고 둔한 문장이다. 그러나 드라이저의 《시스터 캐리 Sister Carrie》나 《아메리카의 비극 An American Tragedy》의 예술성을 부정하는 독자는 없을 것이다. 언어 감각이 둔한 작가라도 다른 면에서 뛰어나면 결국 최고로 유창하게 언어를 빚어내는 작가보다 더 깊이 있고 수준 높은 소설을 쓸 수 있다.

덧붙이거니와, 진짜 예술가의 언어 감각이란, 평범한 영어 교사나 심지어 최고로 세련된 언어 구사자조차도 언뜻 보고는 알아채지 못할 어떤 것이다. 언어 사용에 꽤 세심한 많은 이들이 이를테면 '기대한다(it is hoped)'의 의미로 '바라건대(hopefully)'가 사용될 때, 정치인의 입에서 '솔직한(forthright)'의 의미로 '다가오는(forthcoming)'이라는 표현이 나올 때,* 장사꾼의 입에서 '반응(reaction/response)'의 의미로 '피드백(feedback)'이라는 표현이 나올 때, 역겨워한다. 아마도 특정 부류 인간에 대한 거부감일 수도 있을, 말의 변천에 대한 이러한 거부감으로 미루어 보건대, 교양 있는 언어 결벽주의자들은 그런 수상쩍은 단어나 어구의 창조적이고도 불안정한 쓰임새를 일고의 여지도 없이 묵살할 것이다. 요컨대 진정한 예술가와 단지 '문장이 반듯한 사람'의 언어 감수성은 영 다르다. 욕설 게임(The Dozens)—기발하고 비유적인 표현들로 자기 엄마 흉허물을 주거니 받거니 이어가는, 비문법적이고 조잡한 표현들이 나오는 그 게임—을 하는 흑인가 아이들이 실은 존 케네디의 이미지를 만들어내는 데 기여한 연설문 작성자들보다 더 언어 감각이 뛰어날 수 있다. 게다가 드라이저의 사례가 말해주듯이, 모든 종류의 작가에게 똑같은 언어 감각의 잣대를 적용할 수는 없다. 시인이 시를 제대로 써내려면 일반적인 장편소설가가 보기에는 거의 병적이다 싶을 만큼 세밀하게 조탁되고 꾀까다로운 언어 감각이 필요하다. 짧은 시간에 독자의 마음을 움직여야 하는 단편소설가에게도 시인만큼 절박하지는 않더라도 유사한 서정적 응축이 요구된다. 장편소설가의 경우, 과민한 언어 감각은 때론 장애 요소로 작용한다.

그러나 일부 위대한 작가들이 이따금 어색한 문장을 쓴다 할지라도, 진정으로 흥미로운 표현을 발견하거나 (이따금) 창안하는 재능은 분명 타고난 작가의 징표 중 하나다. 그런 작가의 문장에는 내용에 딱 떨어지는 운율이 실린다. 이야기가 숨 가쁘게 내달을 때는 문장도 내닫고, 묵직한 인물을 다룰 때는 문장도 어딘

* 'forthcoming'에는 '거리낌 없는'의 의미도 있다.

지 묵직해지며, 이야기가 격해지면 문장도 격해진다. 술 취한 사람의 비틀거림, 지친 노인의 느리고 둔탁한 걸음걸이, 마흔 살 여자의 애처롭고 어리석은 꼬드김이 귀에 들리는 듯하다. 언어 감각이 있는 작가가 자기 고유의 비유를 찾는 것은 상투적인 표현을 피하라고 배워서가 아니라 이제까지 그 누구도 생각하지 못한 자기만의 정확하고 생생한 비유를 찾는 일 자체를 즐기기 때문이다. 그가 선택한 색다른 어휘는 그 시대에 유행하는 색다른 어휘—지금 시점에서 예를 들자면 'ubiquitous(유비쿼터스)' 'detritus(폐기물)' 'serendipitous(우연히 발견하는)' 같은—가 결코 아니다. 그가 자기 **고유의** 색다른 표현을 사용하는 것은 단지 독창적으로 보이고 싶어서가 아니라 (그것도 이유의 일부이겠으나) 그가 말의 세계에 매혹되었기 때문이다. 그는 단어가 지닌 비밀들을 캐내는 일을, 그 결과를 자신의 소설 작업에 반영하고 말고를 떠나서 좋아한다—예를 들어 '발견하다(discover)'라는 단어와 '덮개를 벗기다(to take the cover off)'의 상관관계에 대해. 그는 독자가 알아차리지 못하는 사이에 한 문장을 얼마나 길게 이어갈 수 있는지, 또는 얼마나 단문으로만 이어갈 수 있는지 실험하며 문장을 가지고 노는 일에 빠져든다. 간단히 말해서 작가의 가능성을 알아볼 수 있는 하나의 징표는 언어를 느끼는 그의 남달리 예리한 눈과 귀다.

    초보 작가가 이따금 말을 가지고 뭔가 흥미로운 시도를 한다면 이는 그가 실로 자기 자신에게 귀 기울이고 있으며 말의 비밀을 캐내려 낱말들을 뜯어 관찰하고 있다는 반증이니, 이것만으로도 그 작가의 앞날이 밝다고 짐작하기에 충분하다. 애초에 없는 재능은 길러나갈 수도 없으니까. 대개는. 반면에, 독자로서 우리가 이 작가는 오로지 표현**에만** 매달리는 게 아닌지 의심하게 될 때, 우리는 이 작가에게 시련이 닥치리라는 생각에 걱정스러워진다. 잘못된 대학 교육에 오염되지 않은 온전한 사람이라면 소설을 읽을 때 오로지 표현에만 매달리지는 않는다. 그들은 흥미로운 인물들이 벌이는 어떤 이야기와 만나려고 소설책을 펼친다. 군데군데 볼 만한 경치와 마주칠 것이며, 혹시 운이 좋다면 한두 가지 생각거리도 건지리라 기대할 것이다. 정말 운이 좋아서 산더미 같은 흥미로운 생각거리와 마주치리라는 기대도 없지 않을 것이다. 예외도 있겠지만, 대개 훌륭한 장편소설가의 주된 고민거리는 찬란한 필치가 아니다. 적어도 보여주기 위한, 확 드러나는 종류의 찬란함이라면 말이다. 그 대신에 그는 독자를 웃기고 울리고 들었다 놨다 하면서 자기 이야기를 감동적으로 펼쳐나가는 작업에 부심한다. 이 특별한 이야기를 최선을 다해 부려놓음으로써 독자를 어디로 이끌고 갈 작정이든지 간에.

    진짜 잘 쓴 소설을 손에 쥐었을 때 우리는 첫 페이지 다섯 단어만 읽고도 이미 자신이 지면에 인쇄된 글자들을 읽어 내려가고 있다는 사실을 잊어버리기 시작한다. 장면을 떠올리기 시작하는 것이다—쓰레기통들을 뒤지고 다니는 개를, 알래스카 산악 지대 위를 선회하는 비행기를, 파티에서 슬그머니 자기 냅킨을 핥는 노파를. 내가 지금 어디에 앉아 있는지, 점심때가 되었는지 일할 시간이 되었는지 따위는 잊고 몽상의 세계로 미끄러져 들어간다. 독자는 소소하고 대개 별로 중요하지도 않은 윤색을 해가며 그 생생하고 끊김 없는 꿈을 재창조한다. 그 꿈은 소설가가 머릿속에서 지어내어(만족스러울 때까지 고치고 또 고쳐) 언어로 바꿔놓은 것이다. 누구든 원하면 책을 펼쳐서 그 꿈을 다시 꿀 수 있도록. 독자가 꿀 꿈이 **생생해지기** 위해서는 소설가의 '언어 신호(language signal)'—어휘, 운율, 비유 등—가 예리하고 풍부해야 한다. 언어 신호가 모호하고 부정확하고 흐릿하면, 혹은 독자가 자기 앞에 펼쳐진 것을 명확하게 보기에 불충분하면, 독자는 흐리고 혼란스럽고 결과적으로 짜증나고 지루한 꿈을 꾸게 될 것이다. 독자가 꿈을 **끊김 없이** 꾸게 하려면 집중을 방해하는 문장으로 독자를 거칠게 흔들어 깨워 책에 쓰인 낱말들과 대면하게 만드는 일이 없어야 한다. 예를 들어 소설가가 문법적인 실수를 했다고 치자. 독자는 파티에 간 노부인에게 몰입해 있다가 이 문장이 진짜 비문인지 아닌지 자기 눈을 의심하며 종이에 인쇄된 낱말들을 뜯어본다. 비문임이 확실해지면 독자는 소설가를, 이어서 아마도 편집자를 떠올릴 것이다. "작가가 이런 실수를 하도록 내버려두다니!"—노부인에 대한 꿈에서는 이미 완전히 깨어난 채로.

이야기(인물, 행위, 배경, 정황)보다 표현에 더 집착하는 작가가 생생하고 끊김 없는 꿈을 창조할 가능성은 별로 없다. 그는 스스로 진로 방해꾼이 되어버리기 때문이다. 다시 말해 시적 도취에 빠진 나머지, 그는 마차―그리고 거기에 실은 짐―와 말을 구별하지 못한다. 그러므로 젊은 작가의 언어 감수성을 판정할 때에는 '언어 감수성이 있는가?'만을 살펴서는 안 되며 '언어 감수성이 넘치는 것은 아닌가?'도 함께 살펴야 한다. 언어 감수성이 전혀 없다면 어려움을 겪을 것이다. 앞서 말했듯이 그 약점을 보완할 만한 다른 강점이 있어서, 또는 지적받고 고칠 수 있어서 어쨌든 성공하겠지만. 언어 감수성이 넘치는데 성공하려면―시인이 아니라 소설가가 목표라면―다음의 두 가지 방법밖에 없다. 먼저 소설을 이루는 다른 주요 요소들도 두루 헤아릴 능력을 길러서, 그것들을 위해 좀 자제하는 방법이 있다. 못 말리는 말재간꾼이 장례식장에 갔을 때처럼. 또 하나는, 작가와 글 취향이 똑같아서 오로지 언어의 조탁에 탐닉하는 편집자와 독자 집단을 찾아내는 방법이다. 그런 편집자나 독자는 어디까지를 소설이라 부를 수 있는지 끝 간 데까지 치달아보는 세련되고 고급스러운 게임에 몸 바치는 고결한 영혼처럼 보일 때가 있다.

문장에 주로, 또는 전적으로 관심을 쏟는 작가는 일반적인 의미에서 소설 창작에는 부족한 사람이다. 성격과 개성이 소설 쓰기에 부적합하기 때문이다. 내가 말하는 '성격'이란 그 사람에게 '각인된' 성향, 타고난 자아를 의미하고, '개성'이란 자신을 둘러싼 것과 관계 맺는 그 사람 특유의 습관적인 방식의 총합을 의미한다. 바꿔 말하자면 나는 내면 자아와 표면 자아를 구분하고자 한다. 언어 자체를 지나치게 탐닉하는 사람은 첫눈에 대략은 알아차릴 수 있을 만큼 뚜렷한 성격의 소유자들이다. 언어는 필연적으로 우리를 그것이 나타내는 가감 없는 실재(현실의 나무, 돌, 우는 아기)에서 격리시키고, 우리 관념을 통과하며 바뀌는 경향이 있다. 아무튼 홉스, 니체, 하이데거와 같은 철학자들이 그렇다고 주장해왔고, 말재간꾼들을 겪어본 우리의 경험이 그 견해를 뒷받침한다. 어떤 이가 모임에서 말장난을 할 때 그 자리에 있던 다른 사람들은—그 사람과 그의 말재간이 아무리 감탄스러웠다 할지라도—그가 모임에 집중했더라면 불가능했을 딴 궁리를 하느라 잠시 정신이 나가 있었음을 다 안다. 예를 들어 추스Cheuse 가문 소장 예술 명품들을 경탄의 눈으로 감상하는 도중에 말재간꾼이 "가난뱅이는 추스가 될 수 없어(Beggars can't be Cheuses!)"*라고 말했다면 우리는 그가 눈앞에 걸린 터너의 풍경화에 깊이 빠져들어 있지 않음을 당장 알아챘다. 낱말과 깊은 사랑에 빠진 사람은 뛰어난 시인이나 십자말풀이 제작자나 스크래블** 선수로 유망하다. 그가 일부 집단이 찬탄하는, 소설 비슷한 어떤 것을 쓸 수도 있다. 그러나 아마도 일류 소설가로 대성하기는 어려울 것이다.

여러 이유로(무엇보다도 가감 없는 실재와 거리를 두려는 개성 탓에) 그는 일반적인 주류 소설에 푹 빠질 가능성이 낮다. 그런 소설들이란 세상사에 부끄러운 줄 모르고 관여하니까. 인물들이 살아 움직이게 하는 깨알 같은 세부 묘사, 가상 존재들의 삶 언저리 쑥덕공론에 대한 끈질긴 집착, 그다음엔 이러이러한 일이 있었고 그날 날씨는 어땠다는 둥 고지식하게 짚고 넘어가기 따위는 낱말 중독자에게 아마 유치하고 지루하기만 할 것이다. 자신이 쓰레기에 파묻혔다고 느낄 것이다. 애당초 자신이 별로 좋아하지 않는 삶의 실재를 모조하는 데 한 세월 기꺼이 바치고 싶어 하는 사람은 없다. 낱말 중독자는 아주 특별한, 고도로 지적인 부류의 소설가들(스탕달, 플로베르, 로브그리예, 《피네건의 밤샘Finnegans Wake》의 제임스 조이스, 그리고 아마도 나보코프)을 사랑하겠지만, 현실에 대한 적나라하고 시끌벅적한 묘사가 주특기인 소설가들(디킨스, 스티븐슨, 톨스토이, 멜빌, 벨로)이라도, 오로지 그들의 부차적인 어떤 점이 좋아서 찬탄할 수도 있다. 나는 언어 세공술이 주요 관심사인 사람은 인물과 사건 중심으로 전개되는 좋은 작품들을 절대 이해할 수 없다고 주장하는 것이 아니다. 현실을 멀리하는 천성을 가진 사람은 아내와 자식을 사랑

*
'거지에게는 선택권이 없다(Beggars can't be choosers)'라는 속담을 이용한 말장난.

**
판과 패를 이용한 단어 만들기 게임.

할 가슴조차 없는 냉혈한이라는 이야기도 아니다. 다만 주류 소설에 대한 그의 찬탄이, 스스로 그 전통을 이어받는 일에 나설 만큼은 아닐 거라는 이야기다. 운이 좋아 귀족 시대에 살고 있다면, 또는 심미파만의 성역—파리나 쫓는 대부분의 인간 군상은 발도 들여놓을 수 없도록 담을 쌓은 특별 구역—을 발견할 수만 있다면, 이 세공 명장은 아마도 별난 기적을 이룰 수도 있을 것이다. 주로 상업적인 출판사들에 의해 돌아가는 일반 대중의 시대에 작가를 버텨주는 것은 오직 비범한 자아와 옹고집밖에 없다. 우리는 그가 쓰는 특수한 소설의 가치에 동의할 수 있다(동의하지 않을 수도 있고). 그러나 자기가 몸담고 있는 시공간이 자기 재능을 알아보기엔 수준이 떨어진다거나, 자기는 떼거리의 관심사를 초탈한 사람이라거나, 자기는 대부분의 인간에게는 무의미해 보이거나 아예 보이지도 않는 이상을 추구하고 있다고 믿을 지경이라면, 그의 의지는 고장 난 거다. 그는 경험 많고 잘 배운 독자들이 읽고 싶어 하는 종류의 소설에 큰 관심이 없고, 자신의 특별 동아리 구성원들하고만 깊은 사랑을 나누는 것도 아니어서—반어적 거리두기(ironic distance), 어쩌면 플로베르가 보인 것과 같은 깊은 인간 혐오적 불신까지도 그의 천성이므로—죽기 전에 가까스로 고작 한두 권의 소설을 세상에 내놓는다. 혹은 한 권도 못 내놓는다.

그 개성 덕분에—내가 이 글에서 사용해온 의미에서의 개성―그 눈부신 명장의 소설은 두 갈래 가혹한 운명 중 한쪽을 맞이하게 될 게 뻔하다. 영영 써내지 못하거나(독자와 그들의 관심에 냉소를 날리는 멋진 방법이다), 감상주의나 매너리즘, 또는 냉담함으로 작품을 버려놓거나.

장편소설을 출판하려면 앞서 말했듯이 특정 집단을 겨냥하거나, 아니면 일반 독자들에게 뭐가 됐든 15페이지가 넘는 글을 읽히려면 꼭 필요한 첫째 요건인 '술술 읽히게 쓰기'를 충족시킬 방법을 찾아야 한다. 이야기가 어디를 향해 잘 흘러가고 있다는 느낌을 줘야 한다는 뜻이다. 평범한 독자에게는 책장을 계속 넘겨야 할 이유가 필요하다. 그런 독자들이 책을 계속 읽게 만들 두 가지 요소가 논쟁과 이야기다. (좋은 소설에서는 이 두 요소가 늘 미세하게라도 서로 얽혀 있다.) 논쟁이 a에서 b로 나아가지 않고 답보하거나 이야기에 발전이 없으면 독자는 흥미를 잃는다. 다시 말해 서스펜스를 느낄 만한 요소(이 논쟁이 어디로 갈 것인가, 이를테면 합리주의자인 철학자가 초자연적인 것을 믿는 학생이 말하는 전조前兆 현상들을 믿기 시작했으니, 이제 무슨 일이 벌어질까?)를 발견하지 못하면 결국 책을 덮는다. 모든 작가는 절대다수의 독자가 책에서 모종의 진전을 기대한다는 사실을 뼛속 깊이 알고 있고(어떤 작가가 신봉하는 이론에 따르면 그런 걸 기대하는 독자가 잘못이라지만), 대다수 독자들의 기대를 거스른, 다시 말해 이야기를 들려주지도 않고 논쟁을 펼쳐나가지도 않기로 작정한 작가는 조만간 막다른 골목에 이르게 된다. 자기 인생을 장편소설 쓰기에 바치는 것만도 남들에게 이해받기 어려운 일인데, 아무도 읽지 않을 소설을 쓰는 데 인생을 바치다니! 여남은 사람의 비평가만 칭송하고 온 세상 사람들이 외면했다면 우호적인 비평가들이 절대 미친 게 아니라는 확신에만 매달리기도 어렵다. 나는 지금 진정한 작가는 만인을 위한 소설을 쓰려고 노력해야 한다고, 솔 벨로 독자와 스티븐 킹 독자를 다 얻으려고 노력해야 한다고 주장하는 게 아니다. 어떤 독자도 염두에 두지 않고 미적 완성이라는 순수하고 숭고한 이상만 추구하다가는 낙담할 거라는 이야기다.

언어에 지나치게 집착하는 작가들이 모두 이야기 전달 작업을 거부하는 극단주의자인 것은 당연히 아니다. 그런 작가들도 대개 인물과 행위 등등의 요소를 내놓는데, 전달하려는 내용보다는 현란한 전달 방식에 치중한 나머지, 그것들을 멋들어진 잡음 속에 묻어버린다. 결국 작가가 등장인물보다는 자신의 재능을 더 소중히 여기는 게 아닌가 하는 의심을 산다. 그런 의심이 빗나가는 경우라고 왜 없겠는가. 편견 없는 독자라면 딜런 토머스가 들려주는 이야기의 기본 동력이 현실의 삶을, 웨일스인의 광기의 특질을 포착하는 데 있음을 의심할 리 없다. 그러나 우리가 기억하는 것은 사람들이 아니라 그의 은유들, 통렬한 시들이다. 존 업다이크는 어떠한가. 주변 인물들을 묘사하는 그의 눈부신 언어는, 작가가 책상을 지키고 있는 비서의 존재보다 자신이 선택한 낱말들을 더 중요하게 여겼음을 어쩔 수 없이 드러낸다.

언어를 다루는 작가의 뛰어난 솜씨는 좋은 책을 읽는 기쁨 중 하나임이 틀림없다. 그러나 머큐시오의 퀸 매브에 대한 장광설*이 담긴 눈부신 운문은 햄릿의 대사가 담긴 운문과 다르며, 아버지를 죽이고 어머니와 결혼한 클라우디우스의 대사가 담긴 지루한 오보격 운문과도 다르다. 최고의 작가들이 언제나 그렇듯이 셰익스피어도 언어를 인물과 상황에 맞춰 구사한다. 햄릿이나 머큐시오나 다분히 불안정한 캐릭터이지만 두 불안정성의 차이가 대사에 드러난다. 머큐시오의 광기는 몽환적이고 비실재적인 반면에 햄릿의 광기는 병적인 반어와 억압으로 가득하다. 머큐시오는 은유에 은유를 거듭하며 발버둥치고 울부짖는다. 반면에 햄릿의 신경증적 잔인함은 너무나 교묘해서 그의 적들은 종종 자신이 모욕을 당했다는 사실을 알아채지도 못한다. 예를 들어 계부가 햄릿에게 현실에 적응하고 분별심을 되찾으라고, 상복을 입은 채 아버지의 죽음만 곱씹기를 그만두라고, 성실한 신민이 되어달라고 요구하자, 햄릿은 "제가 당신을 최선을 다해 모시겠습니다(I'll serve you in my best)"라고 답한다. 중세 고어에서 'in my best'는 '검정색으로(in black)', 다시 말해서 상복을 입은 상태를 의

*
셰익스피어의 희곡 《로미오와 줄리엣》 1막 4장에 나오는, 머큐시오가 꿈에 본 요정 여왕 퀸 매브에 대해 이야기하는 대목.

미한다. 그는 상대방에게 적의를 품은 신경증 환자의 교활한 말장난으로 '당신이 하라는 대로 하겠다'와 '당신을 거역할 것이다'의 중의법을 구사한 것이다. 셰익스피어의 작품 안에서 화려한 언어는 언제나 인물과 행위를 뒷받침한다. 아무리 찬란한 언어 구사도 궁극적으로는 인물과 플롯에 종속된다.

작가가 소설의 다른 요소들보다 표현을 더 중시하여 독자의 관심을 줄기차게 이야기에서 작가 자신에게로 돌리려고 들면 우리는 그가 '작위적'이라고 판정하고 결국은 그 작가에게 피로감을 느낀다. (똑똑한 편집자들은 재빨리 눈치채고 퇴짜를 놓는다.) 작가가 작중 인물들에게 독자가 그래야 한다고 느끼는 것보다 마음을 덜 줄 때, 인물들이 사실적인 경우, 우리는 작가가 '냉담하다'고 판정한다. 그가 감정을 날조하거나 그러는 낌새가 보일 때—특히 값싸고 부정직한 방식으로 감정을 잡으려고 할 때 (예를 들어 진정 가슴 뭉클한 사건이 나와야 할 대목에서 '미사여구'로 때우려고 들 때)—우리는 그를 '감상적'이라고 판정한다.

따라서 좋은 소설가가 될 수 있겠느냐는 새내기 소설가의 질문에 답하려면 그의 언어 감각을 고려해야 한다. 질문자가 적어도 가끔씩은 표현이 풍부한 글을 쓸 능력이 되고, 문체에 대한 애착이 다른 모든 관심사를 제쳐놓을 만큼 배타적이거나 강박적이지 않다면, 그에게 가능성이 있다고 판단해도 좋다. 언어와 그 한계에 대해 잘 알수록 가능성은 더 커진다. 언어에 예민하면서 허구적 현실을 구성하는 다른 요소인 인물, 사건, 배경에도 깊은 관심을 보이는 작가라면, 가능성은 실로 최고다. 그는 양면에서 최고봉이었던 대문장가들(프루스트, 말년의 헨리 제임스, 포크너)의 뒤를 이을 가능성이 있다.

작가로서의 가능성에 대한 질문에 곧바로 '없다'라고 답해도 될 만큼 앞날이 깜깜한 새내기 작가도 있다. 언어 감각이 도저히 어떻게 해볼 수 없을 만큼 비뚤어진 경우다. 단적인 예를 들자면 '그녀는 명랑하게 반짝이는 눈길로' 또는 '사랑스러운 쌍둥이' '쾌활하고 우렁찬 웃음소리' 같은 표현들에 의지하지 않고는 글을 써나가지 못하는 작가도 있다. 모두 죽은 표현이요, 되살아나 돌아다니는 좀비 정서에 불과한데, 작가가 일상사에 대해 아무 느낌이 없거나 자신만의 언어로 표현하기에는 자신감이 부족하면 이런 상투어들에 의존하게 마련이다. '그녀는 오열을 삼키며' '한쪽 입꼬리가 올라간 친근한 미소' '어리둥절했을 때 그가 늘 그러듯이 눈썹을 치켜 올리며' '그의 떡 벌어진 어깨' '감싸 안은 그의 팔' '입가를 스치는 희미한 미소' '그는 쉰 목소리를 냈다' '적갈색 곱슬머리로 감싸인 그녀의 얼굴' 같은 표현도 마찬가지다.

이런 표현들은 클리셰(닳아빠지고 남용되어온)일 뿐만 아니라 정신적으로 건강하지 못한 상태를 드러내기 때문에 문제다. 우리는 누구나 자기만의 언어적 가면을 쓰고(갖가지 표현 습관을 가지고) 세상을 살아간다. 고통스러운 상황만 놓고 보자면 최적의 가면은 기독교 신자 폴리아나의 가면(Christian Pollyanna mask)*인데, 내가 앞서 인용한 표현들이 바로 그 퇴화한 실체들이다. 왜 이 가면은 일상적인 대화에서보다 글에서 더 자주 튀어나오는 걸까? 다시 말해 왜 글쓰기라는 예술은 현실을 치장하고 어루만지는 수단이 된 것일까? 나는 우리가 어릴 때 글쓰기를 예의범절로서 교육 받았던 점, 우리의 첫 교사들이 학생용 읽기 교재를 지배하던 바른 생활(또는 양순하게 길들이는) 정서를 강조했던 점과 이 문제가 무관하지 않다는 말밖에는 못 하겠다. 좌우간 이 폴리아나의 가면을 벗어던지지 못한 소설가에게는 재앙이 닥칠 것이다. 폴리아나의 가면이 제공하는 온화한 낙천주의에 시시때때로 기대려 드는 사람은 그 방식으로 보고, 말하고, 느끼는 편향성을 키울 수밖에 없다. 그 대가는 두 가지다. 첫째, 상황을 직시하는 능력을 잃어버린다. 둘째, 자신처럼 매사를 호의적으로 왜곡해서 보고 느끼는 부류가 아닌 사람들과는 전혀 소통할 수 없게 되어버린다. 사람은 일단 어떤 종류의 표현 방식에 정신을 쏟다 보면 그 방식이 현실을 왜곡하고 있다는 사실도 느끼지 못할뿐더러 남들—이 경우 더 주의 깊거나, 신중하게 거리를 두고 바라보는 이들—이 어쩌면 그토록 이해심이 없는지 받아들이기 힘들어한다. 현실을 왜곡된 시선으로 바라보는 사람은 좋은 소설을 쓸 수 없다. 우리는 소설을 읽을 때 허구의 세상을 진짜 세상과 견주어 판단하기 때문이다. 우리는 실제 삶에서 유치하거나 따분하다고 느꼈던 태도로 이야기를 풀어나가는 소설을 읽을 때 금세 싫증이 날 수밖에 없다.

현실 도피는 폴리아나의 가면이라는 양상으로만 나타나는 게 아니다. 이번에는 유명한 과학소설가의 작품 몇 줄을 읽어보자.

> 사람들이 당신에게 창자 속을 까뒤집어 보여주듯 **진짜** 속마음을 말하는 일은 별로 없을 것이다. 신에 대해 또는 자기 할아버지처럼 정신줄을 놓게 될까봐 얼마나 두려운지에 대해 섹스에 대해 코를 후빈 손가락을 바지에 비벼댈 때 얼마나 찝찝한지에 대해. 사람들이 무난하게 구는 건, 남한테 미움받고 싶은 사람은 없고, 한 입으로 너무 많은 분량의 진실을 쏟아내면 그 입을 달고 다니는 자는 '기피 인물'로 찍히기 때문이다. 특히나 당신이 코를 후빈 손가락을 바지에 비벼대는 꼴이 목격되었다면. 그걸 먹는 꼴까지 들켰다면 더욱더.●

1920-1930년대의 삼류 작가들이 애용했던 것은 폴리아나 양식이 아니라 그것을 밀어내고 들

* 미국 소설에 나오는 밝고 긍정적인 여주인공의 전형 폴리아나에서 따온 용어.

● 할런 엘리슨Harlan Ellison, 《벼랑 끝 너머Over the Edge》(New York: Belmont Books, 1970), p. 18.

어온 디스폴리아나disPollyanna 양식이다. 이탤릭체를 애호하던 화사한 낙관주의는 역시나 이탤릭체 없으면 쓰러질 뜬금없는 냉소주의에 자리를 물려주고("사람들이 당신에게 창자 속을 까뒤집어 보여주듯 **진짜** 속마음을 말하는 일은 별로 없을 것이다"), '떡 벌어진 어깨'의 자리는 '창자 속을 까뒤집어 보여주듯'이라든지 그보다 더 심한 표현들로 채워진다. 불완전하게 토막 난 문장들이 흔해지고(작가가 공연히 감정을 고조시키려고 들 때 으레 동원하는 수단이다), 그 자신도 살얼음판 위를 걷긴 매한가지였던 윌리엄 포크너의 문장술을 본떠서 쉼표가 사라지는('자기 할아버지처럼 정신줄을 놓게 될까봐 얼마나 두려운지에 대해 섹스에 대해 코를 후빈 손가락을 바지에 비벼댈 때 얼마나 찝찝한지에 대해') 현상도 보인다. (문장의 속도감을 가중시켜 내용상 정당화되지 않는 감정을 실으려는 의도만 아니라면 쉼표 생략은 괜찮다.) '한쪽 입꼬리가 올라간 친근한 미소'를 날리는 대신에 사람들은 '무난하게 구는'데, 이 표현은 그들이 거짓되고 헛되며 심지어 자기 입의 진정한 주인('그 입을 달고 다니는 자')조차 아니라는 의미다. (이와 같은 상투적인 탈인격화 수법이 싸구려 탐정소설이 즐겨 쓰는 수사적 장치 중 하나가 되었으니, '회색 정장을 입은 남자'는 '그레이 수트'로, 샤크스킨 직물로 지은 옷을 입은 남자는 '샤크스킨'으로 둔갑하여 "그레이 수트는 샤크스킨을 쳐다보며 '꺼져'라고 말한다"라고 쓰는 식이다. 꽤 괜찮은 탐정소설에서도 이런 경향이 있다. 자고로, 군계일학이 되기는 어려운 법이다.) 지저분한 농담과 상징, 외국어에서 빌려온 속된 관용구 따위는 디스폴리아나 소설에 지천이다. 이는 모두 내 숭파를 충격에 빠뜨리려는 수작이다. 그런다고 충격받는 사람은 당연히 아무도 없다. 더러 짜증을 충격으로 착각할 수는 있겠지만. 짜증이 나는 것은, 송두리째 가짜이며 예전에도 너무나 자주 모방되어왔던 것을 답습한 모조품이기 때문이다.

여기서 짚고 넘어가야만 할 것이, 그럼 이 소설가들이 폴리아나 양식 소설가들보다 더 나쁜가 하는 점이다. 아니다. 양쪽이 똑같다. 양쪽 모두 순진하게도 선량함, 정의, 건전함을 동경하는 이상주의자들이다. 발현 양상이 다를 뿐이다. 위에서 인용한 작품에 나오는 인물인 잭 더 리퍼는 유토피아주의자들이 자신을 노리개 삼았음을 깨닫고 도덕적 격분의 울부짖음을 터뜨린다.

사이코패스, 푸줏간 주인, 호색가, 위선자, 광대.
"어떻게 이럴 수가 있소! 나한테 대체 왜?"
그는 격분해서 말을 잇지 못했다.●

저질 과학소설이나 형편없는 하드보일드 탐정물, 또는 시류에 편승하여 경험은 모조리 쓰레기로 여기는, 있는 그대로만을 말하는

● 《Over the Edge》, p. 96.

이른바 진지한 소설 따위에 단단히 낚인 젊은 작가도 열심히 쓰면 책을 낼 수는 있겠으나, 예술가가 될 가능성은 전혀 없다. 그들은 내 말에 아랑곳하지 않을지도 모른다. 통속 작가로도 꽤 성공하는 수가 있고 심지어 칭송을 듣기도 하니까. 그러나 내가 아는 한, 그들이 인류에게 기여하는 가치는 희박하다.

폴리아나도 디스폴리아나도 똑같은 방식으로 작가를 옭아맨다. 경험을 무시하거나 단순화하게 만들며, 같은 부류를 제외한 모든 사람들에게서 작가를 격리시킨다. 마르크스주의자들의 언어도, 아시람(힌두교의 수행처)의 은어나 컴퓨터 언어('입력'), 재계나 법조계의 지겨운 은유('치즈가 굳기 시작하는 지점'*)도 똑같은 결과를 낳는다. 오로지 정해진 언어 형식에 갇혀 세상을 바라보고 정서적 안도감을 얻는 유형의 학생과 마주쳤다면, 바라보는 이에게 걱정스러운 마음이 생기는 것은 당연하다.

그러나 이제까지 이야기한 유형의 언어적 고질병만으로 해당 작가의 앞날이 어둡다고 단정할 일은 아니다. 글을 납작하게 찍어 누르는 특정 양식에 구제 불능으로 중독된 작가 지망생도 있지만, 가망 없어 보이던 사람이 문제점을 깨닫고 애써 극복해내는 경우도 있다. 자가 치유를 위해 작가가 해야 할 일은 자신의 문장 습관이 다른 작가들과 어떤 점에서 비슷하고 어떤 점에서 다른지 잘 살피고, 여러 문체의 상대적 장점(과 한계)을 분석하여 자신의 문체에 비추어 보며 지난날 습득했던 나쁜 취향에서 탈출하는 것이다. 문장 감각이 좋은 교사에게 집중적으로 지도를 받는 것도 한 가지 방법인데, 그 과정에서 추구해야 할 것은 '표준적' 의미에서의 '좋은' 문장이 아니라, 표준적이든 아니든 생생하고 표현이 풍부한 문장이다. 단어와 어구, 문장 구조, 운율 등을 깊이 탐구하는 것도 방법이다. 그러려면 문장을 다룬 책들을 읽어야 할뿐더러, 무엇보다도 세계적으로 높이 평가받는 작가들의 작품을 읽어야 한다.

모든 단어와 어구는 경건하든, 분석적이든, 외설적이든 누구에게도 불쾌감을 주지 않고 효과적이고 편안하게 작동할 적합한 마당이 있다. 예를 들어서 '우리 오늘 여기 한자리에 모였습니다'와 같은 표현은 설교대에서 흘러나올 때 전혀 특이할 게 없지만, 강의실에서 교수가 쓰면 얄궂게 들릴 것이고, 업무용 편지에서 나오면 정신 나간 소리로 받아들여질 것이다. '금발의 젊은이'라는 표현은 옛날 소설에서라면 눈에 띌 이유가 전혀 없지만 구어체 현대소설에서는 도드라진다. 문화를 희극의 시각에서 바라보는 것도 도움이 될 수 있다. 모든 인간과 문체는 저마다 우스운 불완전성─부풀려진 자신감이나 위장된 겸손, 터무니없이 약삭빠르고 젠체하거나 반대로 소탈한 체하는 지성 따위에 빠져드는 경향성─을 지녔다는 사실을 인식하는 것이다. 어차피 모든 인간의 글쓰기 양식이 인간의 우스꽝스러움을 드러내게 마련이라면, 그

* 문제가 꼬이기 시작한 지점.

어떤 양식도 미신적으로 숭배하거나, 반대로 무시할 이유가 없다. 다만 쓰고자 하는 바를 쓰고, 제대로 썼는지 점검하는 과정을 통해 내가 지금 전달하려는 이야기가 무엇인지 정확히 파악하고, 누가 어떤 딴지를 걸어올 우려도 없어질 때까지 문장을 가다듬고 또 가다듬으면 된다.

이제까지 한 이야기를 철학적으로 풀자면, 언어란 필연적으로 가치를 실어 나르는 도구인데, 제대로 성찰하지 않고 쓴 표현은 나중에 깨닫게 된다면 부끄러워질, 의도하지 않은 가치를 실어 나를 수도 있다는 뜻이다. 여성이 받는 사회적 성차별에 대한 감수성이 높은 사람이라면 우리가 'people'의 의미로 흔히 'man' 'men' 'mankind' 같은 표현을 쓰는 것이 거슬릴 것이다. 나 또한 작가를 지칭하는 대명사로 성별을 고려하지 않고 거의 'he'를 사용하고 있다(어쩔 수 없이). 우리는 두뇌를 송수화기 회로의 관점에서 생각하고, 해는 '떠오르는' 것으로, 이미 존재하는 것의 드러냄은 '발견'으로(어렴풋이 플라톤적인 방식으로) 생각할 만큼 모두 언어에 얼마간은 속고 있다. 그러나 작가가 지나치게 언어의 꾀에 넘어가서 편협한 특정 집단의 잣대와 편견에 갇히거나, 포크너든 조이스든 시시한 과학소설의 흔해빠진 어투든 특정 문학적 전범의 영향력과 안목에서 벗어나지 못하면, 그 작가는 결코 일류가 될 수 없다. 영원히 독자적으로 명료하게 세상을 바라보지 못할 테니까.

작가 스스로 언어 감각이 부족하다고 느낀다면 다음과 같은 방법으로 노력하기를 권한다.

대학 신입생을 위한 작문 지침서(나는 W. W. 와트의 《미국식 수사학An American Rhetoric》을 최고로 친다)를 구해서 미심쩍었던 부분, 특히 문체, 어휘 선택법, 문장 구조를 다룬 장들을 교사의 도움을 받거나 혼자서 열심히 공부한다.

스스로 쓰고 또 쓴다. 말하자면 다음과 같이.

- 4페이지 길이의 제대로 된 한 문장을 지어본다(마침표 대신에 콜론이나 세미콜론을 사용하는 식의 편법을 쓰면 안 된다).
- 오직 단문만으로 2-3페이지짜리 좋은(곤혹스럽지도 산만하지도 않은) 산문을 써본다.
- 짧은 사건에 대해 문체를 완전히 달리하여 다섯 벌을 써본다. 예를 들자면 한 남자가 버스에서 내려 비틀거리며 걷다가 주변을 둘러보니 한 여성이 웃고 있다는 정도의 일화에 대해.

어휘력을 기르되 〈리더스 다이제스트〉 방식(대유행어를 쓰도록 부추기는)으로 하지 말고, 사전을 펼쳐 평소에 자신이 잘 쓰지 않는 상대적으로 짧고 평범한 어휘들을 찾아서, 필요하면 풀이말까지 일목요연하게 베껴 쓴 다음, 마치 자연스럽게 떠오른 듯이 그 어휘들을 사용하려고 노력한다. 사람들과 어울린 자리에서 말할 때처럼 자연스럽고 일상적으로 그 어휘들이 흘러나오도록.

책이나 잡지를 읽을 때 언어에 세심한 관심을 기울이면서 읽는다. 읽은 글이 안 좋으면(여성지 소설을 선택했다면 대개 그럴 것이다) 진부하거나 아양 떠는 투이거나, 감상적이거나, 아무튼 눈에 거슬리는 단어나 어구에 밑줄을 쳐둔다. 지적이고 섬세한 독자의 생생하고 끊김 없는 꿈을 흔들어 깨울 만한 대목들에 표시를 해두라는 거다. 읽은 글이 좋으면(적어도 문체에 관한 한 〈뉴요커〉만 한 게 없다) 왜 좋은지 이유를 캐내보라. 제임스 조이스의 〈죽은 자들The Dead〉 같은 걸작 단편을 타자로 모조리 쳐보는 것도 좋다.

쓰고 또 쓰고—몇 날 몇 달 꾸준히—, 남의 작품을 차근차근 뜯어 읽다 보면 될성부른 작가라면 바야흐로 뭔가 '문리가 트이는' 느낌이 올 것이다. 스포츠와 마찬가지로 예술에서도 이 느낌이 중요하다. 대중소설의 언어 공학을 위시해서 실용 과학은, 가르치고 배우는 게 가능한 영역이다. 예술도 배울 수 있으나 한계가 있다. 기술적인 부분 이외에는 배워서 아는 것이 아니며, 오직 스스로 터득해야 한다.

전형적인 사례가 될 수 있을지는 모르겠으나 내 개인적인 경험에 비추어 보면 스스로 터득할 대목이란, 공들인, 정말이지 터무니없을 만큼 애써 공들인 작업의 가치다. 나는 여덟 살 때부터 즐겨 글을 썼고, 서툴게 시를 끄적거리는 일에도 그맘때 처음 재미를 붙였다. 고등학교 때는 시, 단편소설, 장편소설, 희곡을 썼고, 대학과 대학원에서는 소설의 이해와 문예 창작과 관련 있는 훌륭한 강좌들을 들었다. 그중에는 유명 작가나 편집자의 강의도 있었다. 박사 학위를 따는 데 필요한 다른 과정들을 거치는 동안에도 나는 정말 열심히 공부했다. 그럼에도 불구하고 나에게는 해결되지 않은 부분이 있었다. 내가 아는 그 누구보다도 많은 시간을 소설 쓰기에 바쳤고 친구들이나 선생님들은 내게 칭찬을 아끼지 않았으며 몇몇 작품은 발표도 했는데, 나는 불만족스러웠고 내 불만이 그저 돼먹지 않은 태도인 것만은 아니라고 생각했다. 대학원을 졸업하고 한두 해 거의 파묻혀 지냈던 서재(방 한가운데에서 손을 뻗으면 외벽에 닿을 만큼 작은 공구 창고로, 환기가 잘 안 되어 내 파이프가 뿌연 담배 연기를 뿜어내면 타자기가 안 보일 정도였다)는 내가 써댄 원고들과 초안들로 미어터져서 의자를 움직거릴 수도 없는 지경에 이르렀지만, 여전히 그 고행에 값할 만한 것을 전혀 써내지 못한 상태였다.

이때쯤 나는 문학에 전부를 건 젊은 작가라면 결국 마주칠 수밖에 없는, 이 길은 결국 혼자 걸어야 하는 길이라는 아픈 진실과 마주했다. 선생님들과 편집자들이 사소하지만 유용한 충고를 해줄 수는 있다. 그러나 그들이 작가의 장래에 대해 작가 자신만큼 고민할 리도 없을뿐더러, 그들의 말이 다 옳을 리도 결코 없다. 실제로 여러 해 동안 가르치고 편집하고 남들의 똑같은 과정들을 지켜본 끝에 내가 내린 결론인즉슨, 나를 포함해서 선생들이나 편집자들의 의견을 모은 광범위한 표본을 특정 작가에게 적용한다면 맞는 것보다 틀린 게 더 많을 거라는 확신이었다. 어쨌든 그때 나는 일반적으로 뛰어나다고 평가되는 선생님들에게 배우고, 신인 작가의 산실인 '아이오와 워크숍'에서 최선을 다하고, 그다음에는 내가 경애하는 작가들에게서 받을 수 있는 도움이란 도움은 모조리 회피해온 터였다. 그러나 이제 내 소설이 뭐가 잘못됐는지 스스로 원인을 찾아내야만 한다는 점이 자명해졌다.

그때 우연한 행운이 굴러들어 왔다. 나는 당시 강사로 일하던 치코 캘리포니아 주립대의 나보다 약간 나이 많은 동료와 이야기를 나누다가, 우리 둘이 픽션 선집을 만들어보자, 단편소설만이 아니라 우화, 설화, 모험담, 촌극 등속도 싣자고(그때는 선집을 그런 식으로 편찬하지 않았고 지금도 거의 마찬가지다) 제안했다. 그렇게 해서 수록작마다 면밀한 분석 글을 곁들인 선집 《픽션의 형태들 The Forms of Fiction》이 세상에 나왔다(이미 절판된 지 오래되어서 구하기는 거의 불가능하다). 이 일에서 내가 얻은 책보다 더 의미 있는 결실이 바로, 애써 해낸다는 것이 무엇인지에 대한 깨달음이다. 내 동료 레니스 던랩은 그때나 지금이나 내가 아는 넌더리 날 만큼 완고한 최고 완벽주의자 중 한 사람이다. 꼬박 이태 동안 우리는 밤마다 대여섯일곱 시간을 그 작업에 바쳤는데, 그 결과로 고작 서너 문장을 건진 날도 많았다.

그는 나를 돌게 만들었지만, 그렇다고 자기 자신에게 호락호락한 인간도 아니었다. 나처럼 참을성 없는 인간과 함께 작업하는 스트레스가 그를 종종 히스타민 두통으로 몰아넣었고, 그러면 작업은 어쩔 수 없이 중단됐다. 그러면서 점점 나도 내 동료를 닮아가서, 불 밝힌 부엌에 있는 회색 곰만큼이나 명백한 문장이 아니면 그대로 넘어가지 못하게 되어버렸다. 나는 좋은 작가라면 누구나 알고 있는 사실을 깨닫게 되었으니, 전달하고 싶은 바를 정확하게 기술하는 게 내 의도를 아는 데 도움이 된다는 점이다. 지금 《픽션의 형태들》에 실었던 우리의 글들을 돌아보면 지나치게 신중하고 군더더기가 너무 없다(가끔은 같은 이야기를 두 번 하는 게 좋을 때도 있는데). 그러나 그 고단했던 2년의 세월—그 심야의 격투, 우리를 골탕 먹이고 조리돌리던 개념이 적확한 표현을 찾음으로써 비로소 환히 파악될 때 가끔 우리를 뒤흔들던 벅찬 희열—은 내 소설이 어디가 잘못되었는지 알려주었다.

말할 것도 없이 그때도 나는 내내 소설을 쓰고 있었고 레니스 던랩은 의논 상대로 충분한 식견의 소유자였으므로 나는 이따금 그에게 내 소설을 보여줬다. 그는 우리가 다른 작가의 작품을 읽을 때와 똑같이 눈에 불을 켜고 내 글을 뜯어 읽었고, 그가 아무 도움이 안 됐다고 말할 수는 없겠지만, 머지않아 나는 최고의 충고에도 한계가 있음을 알게 되었다. 그는 테네시 출신이라

나와 다른 영어로 말했고, 상대하는 사람들도 달랐으며, 살면서 겪어온 일을 해석하는 방식도 달랐다. 그가 어떤 부분을 고치라고 제안해서 받아들이면 어김없이 결과가 안 좋았다. 요는, 내가 그에게서 배운 것은 작가는 무한대로 애써야만 하며―일생에 걸쳐 한 편의 위대한 소설을 쓰는 게 백 편의 졸작을 쓰는 것보다 낫다―작가가 떠안는 고통은 궁극적으로 그 자신의 몫이라는 것이다.

2

새내기 작가의 재능을 가늠하는 또 다른 잣대는 그의 '눈'이다. 얼마나 정확하게, 얼마나 독창적으로 보느냐가 중요하다. 좋은 작가는 무엇이든 예리하게, 선명하게, 정확하게, 선택적으로 (중요한 것을 골라서) 본다. 이는 꼭 그가 예리한 관찰력을 타고나서가 아니라(훈련으로 관찰력을 향상시킬 수도 있다) 명확하게 보고 제대로 기록하려고 노력하기 때문이다. 대충 관찰하면 설계의 기초가 허술해질 수 있으니 더 유심히 관찰하는 측면도 있다. 허구적 장면을 부정확하게 떠올리면―예를 들어 화자의 어떤 주장이 실렸을 몸짓(이미 뱉은 말의 일부를 주워 담는 손사래, 또는 말로 표현한 것보다 더 강한 감정을 드러내는 꽉 쥔 주

먹)을 관찰 과정에서 놓치면 — 작가는 이에 속아서 화자의 상황을 그럴싸하지 않은 쪽으로 발전시키기 쉽다. 이것이 아마도 졸작 소설이 범하는 주된 실책이 아닐까 싶다. 독자로 하여금 인물들이 작위적이어서 개연성이 떨어지는 행동으로 내몰리고 있다고 느끼게 하는 것 말이다. 그 신통치 않은 작가에게는 인물들을 인위적으로 조종할 의도가 없었는지도 모른다. 다만 마음의 눈으로 그들을 충분히 면밀하게 관찰하지 않았기 때문에, 그 인물들이 어떻게 행동할지 몰랐던 것이다 — 더 주의 깊은 작가의 눈에는 보였을, 그다음 행동을 예고하는 미묘한 마음의 신호를 놓친 것이다. 좋은 작가는 상상하거나 기억한 장면을 온 정신을 기울여 검열한다. 이야기의 설득력이 여기에 달렸기 때문에, 또 장면들을 아주 정확하게 포착하는 데 작가의 자부심이 달렸다고 배웠기 때문에. 비록 줄거리가 아주 훌륭하게 흘러가는 것처럼 보이고, 등장인물들이 잘 쓴 소설 속 인물들이 늘 그러듯이 아주 사실적으로 또 놀랍도록 독립적으로 움직일지라도, 작가는 기꺼이 잠시, 때로는 꽤 길게, 쓰기를 멈추고 어떤 대상이나 몸짓에 대한 서술을 되짚어보고 꼭 알맞은 표현을 찾아 헤매야만 한다.

    소설가 데이비드 로즈의 근작을 보면 그는 최고의 눈을 가진 소설가 중 한 사람이다. 다음의 대목을 정독해보자.

노인들은 델라와 윌슨 몽고메리가 교회의 포트럭 디너 pot-luck dinneer*가 파한 뒤 회색 쉐보레 자동차에 올라 시골집으로 돌아가던 장면을 마치 지난 일요일의 일인 양 생생하게 기억한다. 델라는 유리창 너머에서 손을 흔들고 윌슨은 두 손으로 핸들을 돌리면서 운전대 쪽으로 몸을 기울이던 모습을. 그들은 또 몽고메리의 적갈색 벽돌집을 차로 스쳐 지나자면 포치스윙*에 앉아 있는 두 사람이 눈에 들어오던 것을 마치 어제의 일인 양 기억한다. 윌슨은 그네를 천천히 조심조심 밀었다가 당기고, 웃고 있는 델라의 작은 발은 그네가 뒤로 물러날 때만 바닥에 스쳐 닿는 것이, 두 사람 다 조심성 있고 차분한 어린아이 같았다.

델라의 손은 주둥이가 좁은 병에도 집어넣을 수 있을 만큼 작았다. 오랜 세월 그녀는 그들의 유일한 교사였고, 젊은 사람들을 빼고는 모두 그녀에게 배우며 철자나 산수를 잘해서 그녀를 기쁘게 해주려고 안간힘을 썼다. 빽빽 울던 아이들도 그녀가 안아주면 틀림없이 조용해지고 콧노래를 불렀다. 마을 여자들은 그들에게 델라가 필요한 순간이면 언제나 그녀가 먼저 육감으로 알아차리고 달려와주니 도움이나 위로를 청할 필요조차 없다고 믿었다. 노인들은 지금도 그녀에 대해 이야기하려면 어김없이 얼굴에 수심이 가득해지면서 마치 자기의 일부분에 대해 말하는 듯이 입을 연다. 여전히 델라는 잊힌 과거의 인물이 아닐뿐더러, 그녀와 윌슨이 떠난 뒤 그들 없이도 일상이 여태껏 지속된 것이 불가사의라는 듯이.●

위의 이야기에서 첫 시각적인 세부인 포트럭 디너는, 작가가 슬쩍 언급만 하고 지나가서 특별한 주목거리가 아니다. 누구든 이들의 문화를 다루자면 포트럭 디너를 생각할 수 있고, 로즈는 그 장면을 통해 델라와 윌슨 몽고메리가 어떤 인물인지 쉽사리 드러낼 수 있었을 텐데 자세한 이야기를 생략했다. '회색 쉐보레 자동차'는 단조롭고 수수한 일상을 함축하고 있으니 조금은 더 구체적이다. 그러나 로즈가 본격적으로 이야기를 펼치기 시작하는 것은 이어지는 장면, 델라는 손을 흔들고 윌슨은 '두 손으로 핸들을 돌리면서 운전대 쪽으로 몸을 기울이던' 대목에서다. 윌슨의 모습은 특별한 점이 없는데도 구체적이고 생생하게 다가온다. 독자는 세심한, 믿어볼 만한 작가를 상대하고 있다는 느낌이 든다. 독자 눈앞에는 윌슨이 운전대 쪽으로 몸을 기울이고 두 손으로 핸들을 돌리는 모습 이상의 것이 보인다. 왠지 그가 어떤 표정에 몇 살쯤 된 인물인지까지도 알 것 같고, 그가 테가 있는 모자를 썼을 걸로 지레짐

*
각자 음식을 한 가지씩 해 가는 저녁 식사 모임.

*
현관 앞에 놓는 2인용 그네 벤치.

●
데이비드 로즈, 《록아일랜드 철도 Rock Island Line》(New York: Harper & Row, 1975), p. 1.

작하게 된다. (근시안, 조심성, 나이, 교양을 짐작케 하는 단서들이 우리를 무의식적 일반화로 이끈다.) 다시 말해서, 작가는 필요한 장면만 선택적으로 상술하는 방식으로 은근히 다른 것들을 암시한다. 세부 묘사를 통해, 묘사된 것 이상을 말하는 것이다.

이제 광경은 훨씬 더 선명하게 다가온다. 현관의 그네 벤치에 앉아 윌슨은 천천히 조심조심 — 장면을 확 살아나게 만드는 놀라운 부사다(부사는 소설가의 연장통에 든 것들 중 가장 무디거나 가장 예리한 도구다) — 그네 벤치를 흔든다. 더욱더 절묘한 것은 그다음이다. "웃고 있는 델라의 작은 발은 그네가 뒤로 물러날 때만 바닥에 스쳐 닿는 것이, 두 사람 다 조심성 있고 차분한 어린아이 같았다." 가장 예리한 소설가의 눈만이 발이 바닥에 스쳐 닿는 지점을 포착한다. 훌륭한 소설가의 통찰력만이 그런 세부 묘사가 델라의 앉음새와 감정에 대해 독자에게 얼마나 많은 것을 말해주는지 가늠한다. 그러면서도 로즈는 이를 이미지의 정점인 '조심성 있고 차분한 어린아이 같았다'로 나아가기 위한 과도적인 세부 묘사로만 처리했다.

둘째 문단의 첫 줄 "델라의 손은 주둥이가 좁은 병에도 집어넣을 수 있을 만큼 작았다"에서, 작가의 기법은 평이한 눈속임 술만 보여주던 마술사가 돌연 진짜 실력을 드러낼 때처럼 새로운 차원에 접어든다. 병조림이 델라가 살던 지역의 문화를 보여준다는 점도 물론 의미 있겠지만 그것은 주목해야 할 가장 사소한 부분에 불과하다. '델라는 손이 작았다'와 같은 일반적인 서술로는 이처럼 선연한 이미지에 절대 이를 수 없을 것이다. 그 문장을 읽으면서 우리는 성인 여성의 손도 그렇게 작을 수 있다는 사실을(의심을 품어봄 직함에도 불구하고) 믿어 의심치 않는다. 우리는 그 비유와 거기 딸린 일련의 의미를 받아들인다. 델라의 어린아이 같은 성품과 연약함, 양순함, 살림에 대한 정성(식재료를 병조림하는), 그리고 로즈가 이야기한 그 어떤 내용으로도 설명하기 어렵지만 어쩐지 그녀에게서 느껴지는 성스러운 추상성을. 일단 여기까지 준비가 된 독자는 이제, 그녀의 학생들이 그녀를 기쁘게 하려고 안간힘을 썼고, 그녀가 안으면 아이들이 울음을 그쳤고(게다가 '조용해지고 콧노래를 불렀다'니), 영리한 성인 여자들이 그녀는 필요할 때 안 불러도 온다고 무조건 믿었다는 상당히 기이한 주장들도 기꺼이 수긍하게 된다. 그리고 바야흐로 이야기가 신비주의로 흐르려는 순간, 로즈는 예리하게 관찰한 또 다른 세부를 꺼내놓는다. 사람들이 델라를 회상할 때 "어김없이 얼굴에 수심이 가득해지면서 마치 자기의 일부분에 대해 말하는 듯이 입을 연다"는 것이다. 달리 말하면 그 노인들은 델라 몽고메리를 자신의 망가져가는 콩팥이나 가벼운 가슴 통증 또는 관절염 걸린 손가락처럼 떠올리는 것이다. 로즈의 관찰이 포착한 것은 그들이 자신들의 잃어버린 유년기나 다가오는 죽음에 대해 말할 때와, 오래 부재중인 델라에 대한 심정을 말할 때 표정이 기이하게도 비슷해진다는 점이다. 그 누가 정신없이 책장을 넘기며 다음 이야기에 빠져들지 않을 수 있을까?

좋은 소설가라면 다들 그런 눈을 가졌듯이, 로즈의 눈도 사실적인 세부 묘사(현관 그네 벤치에 앉은 사람의 발이 닿는 지점이 어딘지)와 비유적인 묘사의 양면에서 다 예리하다. 그는 자기 서재에 앉아서도 마음의 눈으로 20년 전 목격했던 장면들을 소환하여 그에 맞는 정확한 표현을 때로는 사실적으로(운전대 쪽으로 몸을 기울인 윌슨, 그녀를 탈 때 델라의 발), 때로는 비유적으로(두 사람이 조심성 있고 차분한 어린아이 같았다는 부분, 노인들이 델라에 대해 말할 때 자기들의 일부에 대해 이야기할 때와 똑같은 표정을 지었다는 부분) 강구한다. 시인만이 아니라 소설가도 비유의 시각적 효과에 기댈 수 있다는 점에 주목해야 한다. 중요한 동작이나 중요한 연속 동작(적대적인 군중 사이를 쟁기질에 지친 말처럼 걸어서 헤쳐 나가는 남자, 후다닥 일어나 앉아 놀란 닭처럼 자명종을 쳐다보는 남자)을 효과적으로 포착할 더 나은 방도를 찾을 수 없을 때가 종종 있다. 좋은 작가라면 다 그러하듯이 로즈도 의미 있는 세부 묘사라는 수단 못지않게 비유에 의존한다. 다만 여기서 놓치지 말아야 할 점은, 로즈가 보여준 장면 중 간접 경험에서 나온 것은 전혀 없다는 사실이다. 그는 자신이 경험한 것만을 보여준다. 포크너나 〈코작Kojak〉*에서 끌어다 쓰지 않고.

장래성 없는 작가는 남의 눈을 빌려서 본다. 심리극을 교수법의 하나로 활용하는 대학원 문예 창작 교수의 수업을 참관한 적이 있다. 학생 세 명이 주어진 심리극을 연기하는 동안에 나머지 학생들은 자신들이 본 바를 글로 묘사하기로 되어 있었다. 연기자들은 각자 심리상담가와 근심에 싸인 어머니와 그 아들인 가출한 대마초 흡연자 문제아 역할을 맡았다. 어머니와 아들이 심리상담가의 사무실에 들어왔고 어머니가 심리상담가에게 고민을 털어놓는데, 아들은 발을 심리상담가의 책상 위에 올린 채로, 정 어쩔 수 없을 때만 집에서 자기가 했던 행동에 대해 변명했다. 이 심리극에서 매우 흥미로웠던 부분 중 하나는 심리상담가 역할을 맡은 여자가 아들의 자기변명을 이끌어내려고 노력하는 과정에서 "자, 괜찮아요, 하고 싶은 얘기가 있으면 해봐요"라고 말하면서 마치 뱃사람이 밧줄을 당겨 올리듯이 두 손을 아들 쪽으로 내밀었다가 구부려 당기는 동작을 되풀이하는 모습이었다 — 아들은 이에 시무룩한 침묵으로 응했다. 연극이 끝나고 학생들이 각자의 관찰 기록을 발표했는데 그 특이한 밧줄 끌어당기는 동작을 단 한 사람의 학생 작가도 포착해내지 못했다. 그들은 적의에 차서 책상 위에 올려놓은 아들의 발, 담배 개비들을 만지작거리던 어머니의 손동작, 이미 헝클어진 머리카락을 자꾸 헤집던 아들의 한쪽 손동작은 놓치지 않았다 — 텔레비전에서 이미 많

* 당시 미국에서 방영되던 범죄 드라마.

이 봤던 동작들은 하나도 놓치지 않았지만, 밧줄 동작은 놓쳤다.

학생들의 습작을 보면 플롯, 동작, 배경은 말할 것도 없고 대사들까지 상당 부분 삶이 아니라 텔레비전을 통해 본 삶에서 나온 것들이다. 많은 학생 작가들은 자기에게 가장 절실한 이야기 — 아버지의 죽음, 사랑이 가져온 첫 환멸 — 를 텔레비전이 제공하는 거푸집과 공식에 의존하지 않고는 풀어낼 줄 모르는 듯하다. 텔레비전은 필연적으로 — 상업성의 압박을 생각해보라 — 삶을 배반할 수밖에 없기 때문에 누구나 그 차이를 금세 분간한다. 텔레비전용 영화나 연재물은 광고보다는 덜할지 모르지만 무지막지하게 비싸다. 제작비는 끊임없이 오르고, 몇 해 전 내가 마지막으로 텔레비전 작업에 관여했을 때만 해도 분당 수십만 달러가 드문 일이 아니었다. 13회짜리 텔레비전 시리즈를 작업하고 있다면 시청률 순위에 오를 방법을 찾아야 한다. 촬영 장소 — 할리우드와 바인이든 렉싱턴 애비뉴와 53번가든 — 에 조명, 카메라 등을 설치하고 배우들에게 테이프로 표시한 지점을(그들이 서 있어야 할 위치를) 보여준 다음, 배우들 한 사람 한 사람에게 이를테면 "월터? 나는 그를 통 못 봤어요. 맹세코!" 또는 "오, 마이클, 이젠 안 돼!" 같은 대사들이 적혀 있는 분홍 쪽대본을 건넨다. (때로 거기에 **'화가 나서' '지쳐서' '뻔한 거짓말을 하며'**와 같은 지문도 들어 있다.) 장면을 찍고 나면 배우들을 분장실로 보내 옷을 갈아입게 하고 그들에게 새로운 쪽대본을 돌리고(배우들 구성에도 살짝 변동이 있을 것이다), 다음 장면으로 들어간다. 시리즈 전체로 보자면 이전 장면과 완전히 동떨어진 에피소드에 편집될 장면이다. 요는, 일단 판을 벌인 장소에서 최대한 뽑아내야 이롭다. 이런 식의 제작 환경에서는 오직 감독만이 이야기를 안다 — 때로는 감독조차도 모른다. 이런 이유로 평범한 텔레비전 시리즈에서는 진지하고 의미심장한 대사가 불가능하다. 유능한 배우라면 누구든지 "월터? 나는 그를 통 못 봤어요" 정도의 대사는 설득력 있게 연기할 수 있다. 그러나 그 배우가 건네받은 쪽지에 어렵고 의미심장한 대사가 몇 줄 적혀 있다면 배우는 "이게 어떤 맥락이죠?"라고 물어볼 가능성이 높다. 텔레비전물 제작 비용은 종종 맥락에 대한 진지한 관심을 금지한다.

텔레비전의 가치를 부정하려는 것은 아니다. 최소한 아편으로서의 가치는 있으니까. 내 말은 텔레비전은 삶이 아니며, 텔레비전을 시청하면서 그 세계와 실제 삶의 차이를 분간하지 못하게 된 젊은 소설가들이 걱정스럽다는 것이다. 혹시 텔레비전 작가가 되는 게 최종 목표인 사람이 있다면 그 사람만 빼고. (텔레비전 영화들은 때로 좀 더 예술적이다. 평범한 텔레비전 시리즈물보다 리허설과 촬영에 더 많은 시간이 주어지기에 흥미로운 대사들도 어느 수준까지는 허락된다. 그러나 상업적 압박이 전혀 없지는 않다. 신참 텔레비전 작가는 극적인 긴장을 언제쯤 고조시켜야 '전하는 말씀'을 내보내기에 맞춤해지는지를 알려주는 정밀한 지침을 받는다.)

　실제 삶 대신에 텔레비전을 모방하는 젊은 작가의 문제점은 선배 작가를 모방하는 젊은 작가의 문제점과 본질적으로 전혀 차이가 없다. 〈올 인 더 패밀리All in the Family〉*보다 제임스 조이스나 워커 퍼시를 모방하는 쪽이 더 고급스러워 보일지는 모르겠다. 그러나 모든 문학적 모방품에는 우리가 좋은 작품에서 기대하는 무언가가 빠져 있다. 자기만의 시선으로 세상을 바라보는 작가가.

　그러나 작가 견습 과정에서조차 모방이 유용한 방편이 되지 못한다는 이야기는 아니다. 창작 교사들 중에도 학습 방편으로 문학적 모방을 선호하는 이들이 있고, 18세기에는 모방이 글쓰기를 터득하는 주된 방식이었다. 앞서도 말했거니와, 위대한 작가의 소설 전체를 단어 하나하나 타자하는 과정에서 우리는 아주 많은 것을 배운다. 타자하는 작업은 새내기 작가로 하여금 작품을 샅샅이 읽게 만들기 때문이다. 선망하는 작가에 대해 연구하고 그의 이야기를 모조리 자기만의 시각에서 고쳐 써보는 것도 학습 방법이다. 그러나 대개는, 선망하는 작가를 더 자세히 들여다볼수록 그의 방식은 절대 나의 것이 될 수 없다는 사실만 확인하게 된다. 포크너의 소설을 펼쳐서 몇 문단을 베껴 쓰되 구체적인 사항들은 내가 아는 현실에 맞게 고쳐 써보자. 그게 예를 들어서 포크너의 《작은 마을The Hamlet》의 시작 부분이

어도 좋다.

프렌치맨스벤드는 제퍼슨 읍에서 남동쪽으로 20마일 떨어진 비옥한 강변 저지대의 한 구역이었다. 나지막한 산등성이로 둘러싸인, 외지고, 경계가 명확하지만 경계선은 없는 이곳은 원래 오랜 양도지로서……

위의 대목을 내가 아는 이야기로 바꾸자면 나는 이렇게 시작하겠다.

퍼트넘 세틀먼트는 바타비아에서 남쪽으로 6마일 떨어진 충충한 저지대에 있는 충충한 고지의 한 구역으로……

벌써 고민이 시작된다. 서부 뉴욕 사람들에게는 '구역section' 개념이 없다. 나는 더 적합한 용어를 찾아야만 하고, 모호하게 에두른 '구간stretch'이라는 말밖에는 나하고 친숙한 사람들이 실제로 쓰는 다른 표현을 떠올리지 못하겠다. 게다가 퍼트넘 세틀먼트는 바타비아뿐만 아니라 그 어떤 다른 곳과도 연관해서 떠올리기 어려운 장소인 것이, 퍼트넘 세틀먼트는 바타비아나 마찬가지로 실제 어떤 '장소'가 아니며 '경계가 명확하지만 경계

* 1970년대에 미국 CBS 텔레비전에서 방영된 시트콤.

선은 없는' 유형의 장소조차도 아니다. 포크너는 소설을 시작하는 문장에서 자신이 남부인임을 자랑스럽게 밝히는 사람들에게는 대단히 중요한 어떤 점, 다시 말해 장소와 그것이 내포한 모든 것을 건드렸다 ― 역사, 혈연, 정체성을. 서부 뉴욕인들은 전통적인 남부인들만큼 장소에 강한 의미를 두지 않는다. 남북전쟁의 패배로 굴욕을 겪은 경험이 없어서인지, 외지인들에게 더 열려 있는 문화권이어서인지, 또 다른 이유가 있는지는 모르겠다. 내 고향*에서는 이곳과 저곳이 별 구분 없이 이어진다. 지명은 자부심의 문제라기보다는 방향점이다. 퍼트넘 세틀먼트에서 멀지 않은 곳에 브룩빌이라는 마을이 있는데 여러 해째 집 한 채도 헛간도 없는 채이다. 사람들은 여전히 이곳에 대해 뭔가 안다는 듯이 이야기하지만 1800년에 거기에서 누가 살았는지 실은 아무도 모르고 외지인에게 이곳이 어떤 장소라고 설명하는 일은 아예 상상도 하지 않을 것이다. 누군가에게 찰리 월시의 농장으로 가는 길을 알려줄 때나 브룩빌을 입에 올린다.

포크너의 둘째 문장 '나지막한 산등성이로 둘러싸인, 외지고……'에서는 문제가 더 심각해진다. 우선 그 의미가 주는 수사적 긴장감과 함께 문장은 서두에 남부의 장관을 담고 있다. 퍼트넘 세틀먼트에 대해 아는 사람이라면, 그곳을 국회 의원이나 〈내셔널 지오그래픽〉지 방식으로 표현한 문장과 마주했을 때 당황할 것이다. 그곳은, 그런 장소가 있다고 치고, 그런 식의 문장에 절대 걸맞을 리 없다(그래서 서부 뉴욕 사람들은 종종 왈가왈부하지 않고 그저 가리키기만 하는 것이다). 또 퍼트넘 세틀먼트 인근에 사는 사람이라면 그 누구도 그 땅의 형세에 대해 언급할 생각을 하지 않을 것이다. 포크너의 프렌치맨스벤드 사람들처럼 나지막한 산등성이로 둘러싸인 비옥한 강변 저지대에 사는 사람이라면, 광활하지만 단절된 지형이라는 식으로 생각하는 게 말이 된다. 퍼트넘 세틀먼트에서라면, 길을 따라 우거진 잡풀(야생 당근), 죽은 커다란 체리나무와 사과나무, 오래도록 버려진 쓰러져가는 헛간들을 떠올릴 것이다. 내가 포크너의 표현 방식으로 서부 뉴욕을 이야기해보려고 시도해본 것은, 이를 통해 주제가 어떻게 표현 양식에 영향을 미치는지 극적으로 드러내려는 데 주된 목적이 있다.

좋은 소설가는 독자의 마음에 생생한 장면들을 강력하게 불러일으킨다. 따라서 초보 소설가가 어떤 거장의 생생한 세계를 사랑해서 그의 방식을 모방하려고 노력하는 것은 너무나 자연스러운 일이다. 그러나 궁극적으로 모방은 좋은 생각이 아니다. 과거의 작가가 보고 쓴 것은, 아무리 가까운 과거의 것일지라도 지난 일이다. 아무도 제인 오스틴이나 찰스 디킨스의 작중 인물들처럼 말하거나 생각하지 않는 것은 자명하다. 그보다는 덜 자명한 이야기인지 모르나, 서른 살 미만 독자 중 솔 벨로나 그를 모

* 퍼트넘 세틀먼트.

방하는 작가들의 작중 인물들처럼 말하는 사람도 거의 없을 것이다. 초보 소설가가 자기보다 나은 사람들에게서 정확하게 관찰하는 비법을 배울 수는 있다. 그러나 관찰 대상은 자신이 속한 시공간이거나, 아주 잘 쓴 역사소설에서처럼, 우리가 되돌아간다면 특별한 감수성으로(더 낫지는 않겠지만 새로운) 바라볼 과거여야 한다. 초보 소설가는 자기 작품이 혹시 사소하게라도 간접 경험에 의존한 것은 아닌지 너무 걱정할 필요는 없다―실은 시인 앤서니 헥트의 말을 빌리자면 '기만적이고 우발적인 참신함'을 위해 몸부림치는 글이 가장 따분한 법이다. 다른 작가의 방식을 흉내 내는 것은 바보스럽지만, 가장 고귀한 독창성은 방식이 아니라 통찰력과 지성에서 나온다. 작가 스스로 보고 듣고 생각하고 느낀 것의 정확한 표현에서.

작가의 정확한 눈은 부분적으로 성격과도 관련 있다. 일부 장편소설가들의 경우, 대부분의 시인이나 단편소설가의 경우에 그렇듯이, 소설 쓰기에 필요한 정확한 관찰력은 주로 작가의 자기이해(self-understanding)와 관련 있다. 이 부류의 장편소설가―베케트, 프루스트, 그 밖의 일인칭 서술을 선호하는 다수 작가들―는 사적인 시선을 주로 채택한다. 그들이 대상을 분명하게 바라보고 이를 잘 기록하는 데 필요한 것은 자신만의 느낌, 경험, 편견이다. 이런 장편소설가들은 셀린처럼 인간이라면 거의 무조건 혐오하거나, 나보코프처럼 집단으로서의 인간을 혐오할 가능성이 있다. 이 경우 중요한 것은 그러한 사적인 시선의 정확성에 대한 우리의 신뢰가 아니다. 우리는 다만 그 관찰 행위의 주체에게 충분히 설득되고 흥미를 느낀 나머지 그의 이야기를 기꺼이 경청하는 것이다. 때로 우리는, 이를테면 에벌린 워 같은 작가의 작품을 읽을 때, 결코 나의 것으로 받아들이고 싶은 생각은 들지 않는 염세적 냉소주의를 비웃는다—마치 모임에서 만난 재미있는 괴짜를 비웃듯이. 우리가 그의 이야기를 계속 경청하게 만들려면 작가는 평범한 사람의 시선에는 자신이 괴짜로 비친다는 것, 독특하고 흥미로운 페르소나persona를 창조하는 과정에서 스스로 그런 모습을 연출하고 있다는 것만 충분히 인식하면 된다. 그는 평범한 관객들이 보일 반응을 예측하여 그마저도 자신에게 유리한 쪽으로 돌리는 광대의 노련함으로—궁극적인 의도가 아무리 가혹할지라도—밀고 나가야 한다. 다시 말해, 그는 충분한 반어적 거리 두기를 통해 자신의 병적인 찡그림이나 괴벽을 이해해야 하며, 그리하여 그것들을 독자의 황당함과 외면을 초래하는 실책이 아닌 의식적인 기법으로서 연출할 줄 알아야 한다. 앨프리드 히치콕이 자신을 위해 창안해낸, 훌륭하게 통제된 사디스트 속물의 이미지를 떠올려보라. 나보코프가 글이나 텔레비전 인터뷰를 통해 연출하는 그 자신의 모습을 생각해보라. 그는 도널드 덕의 말씨를 능청맞게 모방한 속물의 말투로, 하던 이야기 중간에 "이건 비유이니 조심하세요!"를 끼워 넣는 엉뚱함을 즐긴다. 이 사례들이 말해주듯이, 페르소나는 희극적일 필요가 없다. 작가에 따라 늑대 인간의 탈을 쓸 수도 있고, 윌리엄 S. 버로스가 그랬듯이 좀비 스타일을 택할 수도 있다.

그런 작가들의 쓸모나 가치는 무엇인가? 우리는 이 질문을 던지자마자 단 하나의 답을 찾기 어려울 만큼 그들이 다채롭다는 사실을 깨닫는다. 어떤 작가들은, 이를테면 에벌린 워는, 일탈의 쾌감(moral holiday)을 안겨준다. 우리는 공정하고 예의 바르게 처신해야 한다는 긴장감을 내려놓고, 때로 우리도 조금 유치해질 때면 즐겨 조롱거리로 삼던 세상 사람들과 관습에 퍼부어지는 악담을 경청하는 짓궂은 즐거움에 잠시 빠져든다. 나보코프 같은 작가는 진지하고 도덕적인 세계관을 보여주되, 어떤 감춰진 유연성이나 경건함도 그 효과를 약화시키지 못할 방식으로(반어와 외설을 통해) 보여준다. 도널드 바셀미처럼 자기 자신을 단순히 자연의—또는 궤도 이탈한 문학의—매력적인 별종으로 연출하는 부류도 있다. 또 다른 가능태도 얼마든지 나열할 수 있다. 이 모든 작가들이 공유하는 것은 두드러진 특이함, 난맥상인 다원주의 숲에서 자기 고유의 길을 내려는 즐거운 모색이다. 때로 이런 작가들은 윌리엄 개스처럼, 소설은 편벽된 개인의 시야보다 더 넓은 시야를 독자에게 제공할 수 있다는 생각을 노골적으로 부정한다. 그들의 주장이 어떠하든, 사실 그들이 보여주는 것은 작가 자신의 초상화이거나 코믹 카툰이고, 우리는 그것들을 빌 코스비 같은 스탠드업 코미디언이나 W. C. 필즈 같은 희극 배우의 무대를 바라볼 때와 똑같은 잣대로 평가한다. 그 잣대란, 자기 자신, 친구들, 적들, 기억, 특유의 희망 사항이나 괴짜스러운 견해들을 우리 앞에 연출할 때 그들이 보이는 일관성과 정확성이다.

또 다른 유형의 소설가에게는 더 고차원의, 충족하기 무한대로 더 어려운 정확성이 요구된다. 데몬daemon처럼 한 몸체(한 성격)에서 다른 몸체로 옮겨 다니는 소설가의 경우가 그렇다. 그는 자기 고유의 병적인 찡그림이나 괴벽을 잘 통제하여 어떻게 설득력 있게 내보일지를 궁리하기보다는 ― 약삭빠른 경구시인(epigrammist)이나 악의적인 뒷공론의 방식으로 타인의 마음을 사로잡으려고 드느니 ― 차라리 자기 자신에게서 벗어나 온갖 인간 ― 그리고 인간이 아닌 것 ― 의 관점에서 보고 느끼는 방법을 배워야만 한다. 아이, 젊은 여자, 나이 지긋한 살인자 또는 유타 주 지사의 눈에 비친 세상을 설득력 있고도 정확하게 전달할 수 있어야 한다. 그는 신만큼 공정하고 초탈한 존재, 인간 각자에게 응분의 몫을 배정하고 그들의 허약함을 아는 존재로서, 타자기 너머로 꾸고 있는 꿈을 골똘히 응시하여 다양한 등장인물들의 말과 느낌 사이에 존재하는 미묘한 차이를 가려내는 방법을 익혀야 한다. 개인의 시선이 아닌 전지적 시점을 자처하는 한, 원칙적으로 그는 몇몇 인물은 아끼고 또 다른 인물들을 얕볼 수는 없다.

이 최상급 소설가들 — 톨스토이, 도스토옙스키, 만, 포크너 — 의 작품을 읽을 때 우리는 그토록 다양한 등장인물들에 대한 관찰과 느낌을 정확히 표현하고, 심지어 동물의 마음속까지 들여다보는(톨스토이의 경우) 능력에 가장 놀란다. 타자의 삶 속으로 들어가는 데 재능이 있는 초보 소설가는 아마도 성공에 가장 유리한 조건을 갖춘 셈일 것이다.

그런 능력을 타고나지 않은 작가라도 마음만 먹으면 일반적으로 웬만큼 이를 기를 수 있다. 그러나 비이성적 증오나 사랑이 끓어 넘치는 작가라면 영영 답보 상태에 머물 수 있는 것도 사실이다. (자신의 증오가 비이성적이라는 점을 쉽사리 인정하는 사람은 없다. 거의 모든 부류의 인간을 향한 자신의 경멸이 정당하다는 완강한 확신도 그 자체로 방해 요인이 될 수 있다. 자기만족에서 생기는 성격 결함만큼 떨쳐버리기 어려운 것도 없다.) 소설가는 온갖 인간 군상의 대변자가 되어 그들의 눈으로 보고 그들의 가슴으로 느끼고 그들의 어리석기 짝이 없는 고정관념이 (그들에게는) 자명한 진실임을 받아들여야 한다. 일단 그래야 한다고 인식했다면 그 소설가는 이제 막 그 능력을 기르기 시작한 것이다. 거듭 노력하다 보면 — 신중하게 다시 읽고 다시 생각하고 고쳐 쓰기를 반복하다 보면 — 능숙해진다.

세상을 다른 사람의 시각으로 바라보는 능력을 갈고닦는

특정한 요령이나 훈련도 있다. 작가마다 자기만의 방법을 찾는다. 두툼한 점성술 책을 탐독하기도 하는데, 물론 위안을 얻거나 횡액에 대비하겠다는 게 아니라 인간 성격의 복잡한 특질들에 대한 감 잡기가 목적이다(물고기자리인 사람의 기질과 사자자리인 사람의 기질을 비교해보는 식이다. 그 각각의 특징들과 사람의 생일의 연관 관계를 믿거나 말거나 간에). 심리 상담 논문이나 여성 잡지, 가엾게도 남성 잡지까지 읽기도 한다. 골상학, 손금 보기나 타로점에 재미를 붙일 수도 있다. 어떤 수단을 쓰든 거기서 얻어낼 것은 지식이 아니라, 인간의 다양한 인성을 마치 나의 내면을 들여다보듯이 몰래 꿰뚫어보는 통찰력이다. 필요한 것은 사실들이 아니라 나 아닌 남의 '느낌'이다.

　물론 일부 사람들에게는 어떤 요령이나 훈련도 효과가 없다. 왠지 남의 생각이나 느낌을 영영 헤아리지 못할 것만 같은 유형의 사람들이다. 그들은 왜 사람들이 자기에게 미소 짓거나 눈살을 찌푸리는지 의아해하고, 볼에 받았던 입맞춤, 슈퍼마켓에서 받았던 기묘한 비웃음의 정확한 의미가 무엇인지 머리를 갸웃거리며 이해할 수 없는 일들로 가득한 세상을 헤쳐나간다. 거의 모든 사람에게 통하는 것들이 그들에게는 통하지 않는다. 누군가 어떤 표정을 지으면 우리는 마음속으로, 심지어 실제로 그 표정을 모방하며 **우리**가 이로써 어떤 의사를 주고받았는지 이해하고, 상대방도 같은 것을 의미했을 거라고 믿어버린다. 누군가 내게 공연히 통명스럽게 말을 걸면 내가 저질렀거나 저질렀을지도 모르는 무례한 행동을, 혹은 복통이든 뭐든 상대방을 화나게 한 원인을 알아내려 애쓰는 게 인지상정이다. 왜 어떤 사람들은 생각이 그렇게 돌아가지 않는가(나는 안 그렇다는 믿음이 자기기만이 아니라 치고) 하는 질문은 아마도 심리학자들에게나 던져야 할 것이다. 신경증에서 그 원인을 찾아야 할 사람도 있는 게 분명하다. 부모나 자기 자신에 대한 분노를 특정 사회 집단에 전가하는 사람들을 우리는 많이 봐왔다. 이를테면 진보주의자들을 증오하고 진보주의자들의 가장 일상적인 발언에도 사악한 동기가 숨어 있다고 간주하는 KKK단원이라든가, 복지 프로그램의 가치에 회의적 시선을 내비치면 무조건 인종차별주의자라고 몰아붙이는 진보주의자가 그런 예다. 그러나 이유 불문하고, 톨스토이 부류 소설가가 되는 데 필요한 만큼의 자신감과 명쾌함으로 주변 사람들에게 공감하는 법은 사람에 따라서 영원히 터득하지 못할 것이다. 그런 사람이 소설가가 되려면 사적이고 특이한 시각의 대변자가 되는 수밖에 없다. 그들은 성격상 오로지 한 종류의 소설에만 전념한다.

작가는 자기와 다른 사람을 이해할 뿐만 아니라 그들에게 빠져들 수 있어야 한다. 이러한 심리적 조건을 충족시키는 사람만이 내가 말한바 최상급 소설가 반열에 오를 수 있다. 자존감이 충분해서 차이를 위협으로 느끼지 않으며, 인정 많고 공감력이 풍부하고 공정성에 대한 배려심이 깊어서 자기와 다른 사람을 존중하고 싶어 하며, 마지막으로 삶의 가치에 대한 충분한 믿음이 있어서 차이와 갈등과 반목의 세상을 견뎌낼 뿐만 아니라 찬미할 줄 알아야 한다.

특이한 시각의 소설가도, 객관성을 중시하는 소설가도, 작중 인물들을 그 은유적 등가물에 비추어 바라보는 방법을 익히면 소설을 더 생생하게 만들 수 있다. 비록 전자의 등장인물은 작가가 바깥에서 작가의 편향을 실어 관찰한 결과물이 될 테고, 후자의 등장인물은 현실의 인간처럼 사실적이고 복합적으로 보일 테지만. 그런 등가물들을 찾아내는 능력을 키우는 최고의 훈련이 이른바 '스모크' 게임이다. 술래가 된 사람이 살아 있거나 죽은 어떤 인물을 떠올리고 다른 사람들에게 첫 힌트―'살아 있는 미국인' '죽은 아시아인', 뭐 이런 식으로―를 준다. 사람들은 차례로 '어떤 종류의 ○○입니까?'라는 형식의 질문을 던진다. (어떤 종류의 담배, 어떤 종류의 야채, 어떤 종류의 날씨, 건물, 신체 부분 등.) 답이 모이면서 게임 참여자들은 제각각 자기가 찾고 있는 인물에 대한 예측이 점점 명료해짐을 느끼고, 누군가 마침내 정답을 맞혔을 때 그 효과는 마치 신령스러운 계시라도 받은 것만 같다. 이 게임을 그저 웬만한 수준의 사람들―잠시 지성을 접고 시적 정서(poetic mind)라는 고차원의 지식에만 기댈 수 있는 사람들―과 어울려 해본 사람이라면 생생한 인물의 창조에 필요한 비유의 가치를 인정하게 될 것이다.

진짜 정확한 눈(그리고 귀, 코, 촉각 등)을 가진 작가는 그렇지 못한 작가보다 많은 점에서 유리하지만, 희미한 관념이 아닌 구체적인 표현으로 이야기를 펼칠 수 있다는 점에서 특히나 그렇다. '그녀는 피로웠다'라고 쓰는 대신에 그는 그 인물이 어떻게 느꼈는지 그 미묘한 뉘앙스를 자세한 몸짓이나 표정으로, 또는 인물이 뱉어낸 특정한 표현으로 보여줄 수 있다. 글이 추상적일수록 독자의 꿈은 덜 생생하다. 사람은 천 가지 방식으로 슬퍼하고 기뻐하고 지루해하고 짜증을 낸다. 막연한 형용사로는 거의 아무것도 전달할 수 없다. 정확한 동작만이 그 순간의 느낌을 콕 집어서 전달해준다. 창작 교사들이 하는 '서술하지 말고 보여주라'라는 말은 이를 의미한다. 이것이 그 말에 담긴 의미의 **전부**라는 점도 덧붙이지 않을 수 없다. 좋은 작가들은 소설 속에서 등장인물들의 감정을 제외하고는 거의 모든 것을 '서술할' 수 있을 것이다. 독자에게 그 인물이 사립 학교에 다녔다고 서술할 수 있고(앞으로의 이야기 전개에 전혀 중요하지 않다면 사립 학교 장면을 보여줄 필요는 없다), 그 인물이 스파게티를 싫어한다고 서술할 수 있다. 그러나 그 인물의 감정만은 거의 반드시 드러내 보여줘야 한다. 공포, 사랑, 흥분, 의혹, 당황스러움, 실망감은 '사건'의 형태 ― 행동(또는 몸짓), 대화, 상황에 대한 육체적 반응 ― 를 띨 때에만 비로소 생생해진다. 세부는 소설의 혈액이다.

3

 소설가의 재능을 가늠할 수 있는 또 다른 잣대는 지성이다. 이는 수학자나 철학자의 지성과는 다른 이야기꾼만의 지성으로, 수학자나 철학자의 지성 못지않게 예민하지만 그만큼 한눈에 드러나지는 않는 지성이다.

 어떤 종류의 지성이나 마찬가지로 이야기꾼의 지성도 일부는 타고나고 일부는 훈련으로 길러진다. 이 지성은 여러 특질로 이뤄지는데, 그 대부분은 보통 사람에게서 나타난다면 미성숙과 무례의 표징이 되었을 것들로, 나열하자면 다음과 같다. 위트(엉뚱한 것들을 연관 지으려 드는 경향), 고집스럽고 막 나가는 성벽(모든 상식적인 사람들이 맞는다고 여기는 것을 믿기 거부하기), 어른답지 못한 성향(집중력과 진지한 삶의 목표가 턱없이 부족한 점, 공상과 무의미한 거짓말 일삼기, 적당한 존중심의 결여, 짓궂음, 별일 아닌 일에 툭하면 울어대기), 뚜렷한 구강기나 항문기 고착 증세 또는 양쪽 모두(구강기 고착증은 과식, 과음, 지나친 흡연, 끊임없는 수다로 나타나고, 항문기 고착증은 결벽증과 음담패설에 대한 괴상한 집착이 합해진 형태로 나타난다), 놀라운 직관적 기억력 또는 시각적 기억력(초기 청소년기와 정신 지체의 일반적인 특징), 부끄러운 줄 모르는 장난기와 당혹스러운 진지함의 기이한 뒤섞임, 비이성적으로 심하게 종교적이거나 반종교적이어서 강화되는 당혹스러운 진지함, 고양이와 같은 참을성, 지나치게 약삭빠른 구석, 심리적 불안정함, 무모하고 충동적이고 경솔한 성격, 그리고 마지막으로 글이든 말이든 멋지거나 시원찮거나 이야기라면 사족을 못 쓰는 불가해하고 구제 불능인 탐닉벽. 물론 모든 작가의 덕목이 이와 일치하는 것은 아니다. 비정상적으로 앞가림을 못하지는 않는 작가도 이따금 있다.

희한하고 위험한 야수에 대한 설명을 늘어놨다고 생각할 사람도 있을 것이다(사실은 좋은 작가들은 대개 절대 위험하지 않다. 이 점에 대해서는 해야 할 이야기가 많지만 잠시 미뤄둔다). 그러나 비록 반농담조로 말했을지언정 나는 작가에 대해 정확하게 묘사하고자 했다. 작가들의 정신세계가 그토록 복잡하지 않다면 그들은 틀림없이 미쳐버릴 것이다. (어떤 유명한 정신과 의사의 글을 인용하자면 그 상태는 "특정한 정신 이상 증세라고 진단 내리기에는 너무나 복잡하다.") 간혹 진짜 정신 이상자도 나온다. 이 특별한 종류의 지성에 대해 이야기하는 가장 수월한 방법은 아마도 그 지성이라는 것의 기능이 무엇인지, 새내기 소설가들이 이 지성으로 조만간 무엇을 해야만 하는지 설명하는 것이겠다.

앞에서 나는 작가들이란 글이든 말이든 멋지거나 시원찮거나 이야기에 탐닉하는 존재들이라고 했다. 그렇다고 그들이 멋진 이야기와 시원찮은 이야기를 구별할 줄 모른다는 의미는 아니며,

어떤 시원찮은 이야기는 그들을 격분시킨다는 사실도 덧붙여야만 하겠다. (작가에 따라 정도의 차이는 있다. 예를 들어서 다른 좋은 작가들이 한심해하며 집어던질 만한 소설을 대하고도 화내지 않고 자포자기적인 침울함에 빠져들며 격분을 안으로 삭이는 작가도 있다.) 좋은 작가들을 분통 터지게 만드는 종류의 소설은 **진짜** 나쁜 소설이 아니다. 대부분의 작가들은 만화책이나 서부극 소설, 심지어 개인 의원 같은 곳에서 마주치는 너스노블nurse novel*까지도, 이따금 대충 훑어보고 전혀 기분 잡치지 않고 내려놓을 수 있다. 어떤 작가들은 이런저런 탐정소설, 과학소설, 서드버스터sodbuster(남부나 서부의 가정을 다룬 두꺼운 소설), 아동물까지도 — 아마도 특히 — 기꺼이 읽는다. 그들을 분노하게 하는 것은 아동용이건 성인용이건 불문하고 나쁜 '좋은' 소설이다.

　이 분노가 동업자끼리의 시기심에서 나왔다고 여긴다면 오해다. 방금 누군가의 잘 쓴 소설을 읽고 난 장편소설가만큼 칭찬에 후한 사람도 없다. 철천지원수가 쓴 소설이었더라도 칭찬해 줄 거다. 분노가 소설가의 불안감에서 나왔다고 여긴다면 이 또한 딱 들어맞는 판단은 아니지만, 조금은 더 진실에 가까울 것이다. 자신이 중요하게 여기는 작업(소설을 아주 잘 써내는 것)에 피땀을 쏟고 있는 사람은, 잘나가는 소설가 축에 든다고 자처하는 어떤

---

* 간호사를 주인공으로 한 통속소설.

이가 형편없는 소설, 더 나아가 술수로 가득한 소설을 써낸 것을 보면 짜증이 난다. 그의 자존심이 구겨지고—소설을 업으로 삼은 모든 사람들의 명예가 구겨지고—, 특히 이때 독자들과 평론가들이 종종 그러듯이 진짜와 가짜를 구분하지 못한다 싶으면, 그의 필생의 목표는 흔들린다. 과연 자신의 기준이 가치 있는지, 현실에 뿌리박고 있기나 한 것인지 의심이 고개를 든다. 점점 괴팍하고 성마르고 투쟁적이 되어간다. 예술에서의 걸출함이란 취향의 문제이므로—이 작품이 저것보다 낫다고 제대로, 적어도 수학자들이 정답인지 오답인지를 증명하듯이 명확한 방식으로는 증명해 보일 수 없으므로—시시한 책 한 권을 온 세상이 떠들썩하게 치켜세우면 진정한 작가는 비위가 상한다. 자기가 옳아도 부모에게 증명할 길 없고 그들을 이길 힘도 권한도 없는 어린아이처럼, 작가는 자기 눈에 가짜가 분명한데 걸작이라고들 우겨대는 작품에 빈정이 상해서 속수무책으로 분통을 터뜨리거나 부루퉁해지거나 음험해진다(조이스의 표현을 빌리자면 침묵과 망명과 교묘함에 귀의하게 될지도 모른다).

나쁜 비평의 시대보다 진정한 작가의 안정감을 흔드는 것은 없으며, 유감스럽게도 양상만 조금씩 다를 뿐 거의 모든 시대가 이에 해당한다. 바로 지금 이 순간 어느 의기소침하고 화난 작가가 무거운 머리를 들어 주위를 둘러본다면 바보, 광신도, 아무 말대잔치꾼 들이 도처에 널려 있을 것이다. 분별없고 안목도 없고 무지한 비평가 떼거리가 두툼한 문학잡지들을 펴내고 근엄한 비밀회의를 열며 위대한 작가들을 깡그리 오독하거나, 흔한 농장 오리도 눈길을 주지 않을 저속한 모방 작가들을 찬양한다. 그런가 하면 다른 떼거리는 하이데거를 주워섬기면서 어떤 작가를 두고 그가 쓴 어느 한 줄 무의미하지 않은 문장이 없으며 이런 작품을 인쇄한 것 자체가 우스운 사고이고, 거기에 늘어놓은 이야기라곤 모조리 정신 나간 주절거림이라고(작가가 안간힘을 썼음에도) 주장하는데, 그 이유인즉 언어란 본디 맨 뒷장에서 앞으로 거슬러 읽어가는 게 최선의 독서라 해도 될 만큼 믿을 수 없고 기만적인 도구라는 것이다. (해럴드 블룸Harold Bloom과 스탠리 피시Stanley Fish 같은 비평가는 단테의 《신곡》조차도 자기들만의 남다른 방식으로 평하기를 '비평이라는 예술'의 한 원료에 지나지 않는다고 했다.) '걸작'의 개념 자체가 야만적으로 인식되고 좋은 저술 행위가 복고적이거나 작가의 한계를 드러내는 것으로 치부되는, 게다가 최악의 작가들이 속속 떠받들려지는 문학 풍토에서(침울하게 풀 죽어 있는 소설가 눈에 비친 문학 풍토가 이러한데, 20년치 베스트셀러 목록이나 '이달의 책' 클럽 선정 도서 목록을 보면 그 판단이 옳다는 걸 알 수 있다), 가장 용감하고 훈련된 작가들이 조심스럽게 쌓아온 규범들이 돌팔이 수법이나 미련한 법칙이 아니라고 누가 장담하겠는가? (침울해진 와중에도 작가는 수사법과 옥스퍼드 사전에 매달린다.)

그러나 진정한 장편소설가가 가짜 예술을 증오하는 것은 궁극적으로는 불안감(자신의 자존심과 명분이 이리저리 맹목적으로 쏠리는, 니체가 말한 '떼거리'를 견뎌낼 수 없으리라는 예감) 때문이 아니다. 불안감도 아주 없진 않지만. 소설을 읽고 쓰는 행위는, 법학이나 의학의 실행이 그렇듯이 그 일에 종사하는 사람만이 실제로, 즉각적으로, 온전히 알 수 있는 혜택을 베풀어주는데, 소설의 경우 삶과 상상력의 질적 향상이 그것이다. 화가들의 경험에 비유하면 이해하기 쉬울 것이다. 규칙적으로 유화를 그리는 사람은 ─ 풍경화라고 해두자 ─ 색깔과 빛, 형체, 부피, 구석구석의 생김새에 대해 예리한 관찰력을 기르게 된다. 소설가는 인간의 감정과 행동, 취향, 환경, 쾌감, 고통에 대해 때로 초능력자에 범접할 예리한 관찰력을 기르게 된다. 가짜 장편소설가는 그런 능력을 기르는 데 실패할뿐더러 자신의 가짜 예술 행위로 이를 저지한다. 그 피해는 자기만이 아니라 독자도 입는다. 적어도, 그 소설에 걸려든 독자들이.

 소상한 세부 묘사에 힘쓰는 ─ 어떤 장면에서 인물이 어떻게 행동하는지 아주 사소한 몸짓까지도 연구하여, 정확히 어느 지점에서 장면이 다음으로 넘어가야 하는지 알아내는 ─ 작가가 독자를 설득하고 압도할 가능성이 가장 높다고 앞서 말했다. 그런 철저한 검토는 소설 쓰기를 이루는 많은 요소 중 하나다. 이 요소를 실마리로 삼아 정통 소설 쓰기 행위의 가치에 대해—아울러 그릇된 소설 쓰기 행위의 낭비와 해악에 대해—이야기해 보자. 제대로 된 작가의 작중 장면에 대한 검토는 작가의 실제 삶의 경험을 토대로 이루어지고, 동시에 그 검토가 실제 삶의 경험을 살찌운다. 작가는 거의 의식하지 못하는 사이에 늘 깨어 있는 관찰자가 된다. 심지어 친구들에게 괴짜로 비칠 정도로 사람들을 뜯어 살핀다. 앤서니 트롤럽은 파티에 가면 말을 걸어오는 사람들에게 거의 대답도 하지 않고, 동행을 무척 당황하게 하면서, 10분이 넘도록 손님들을 하나하나 뚫어져라 바라보곤 했다고 한다(내 생각인지도 모르겠다. 가끔 내가 무심코 이런 종류의 이야기를 지어내긴 한다). 그 이야기가 사실이든 아니든, 좋은 작가들과 파티에서 어울리는 일이 처음 당해보는 이에게는 진 빠지는 노릇인 것만은 틀림없다. 조이스 캐럴 오츠의 양처럼 유순한 눈은 그녀가 입을 꼭 다물고 그 자리에 없는 사람처럼 굴 때(남의 눈에 그렇게 비칠 때) 그 공간을 지배한다. 스탠리 엘킨은 어떻게 해서든 재미난 이야기들을 늘어놓으며 발언의 주도권을 이어가는 유형이다. 그러나 두툼한 안경알 너머 크게 뜬 채 예리하게 주시하는 그의 근시안은 듣는 이로 하여금 **자신**이 다음번 이상한 소설에 등장하는 것은 아닌지 의심을 품게 만들었다(사실 엘킨의 소설들은 언제나 대범하다. 이야기에 바보 역할이 필요하면 그 자신이 그 역할을 떠맡는다). 버나드 맬러머드가 사람들의 이야기를 경청하는 방식은 좀 느닷없다. 그는 몸짓과

말씨에 집중한다. 이를테면 이야기를 나누다가 불쑥 상대방에게 왜 선글라스를 꼈냐고 묻는 식이다. 물론 모든 작가가 이런 식인 것은 아니지만 여러 작가들에게서 이런 종류의 행동을 흔히 볼 수 있다. 반면에 상당히 사교적이어서 자신이 좌중을 관찰하고 있다는 사실을 절대 드러내지 않는 작가도 많다. 요는, 디너 파티장에서 티를 내든 안 내든, 작가들은 직업적인 필요에 의해 가장 예리한 관찰자가 되는 방법을 터득하고 있다는 것이다. 이것이 작가라는 직업이 주는 기쁨이자 저주다. 심리학자들도 아마 이런 종류의 쾌락을 얼마간 누릴 텐데, 그들의 주장이나 의도가 무엇이든 간에, 심리학자들은 본질적으로 비정상적인 마음에 관심을 기울인다. 작가들은 인간성의 모든 양상에 관심이 있다.

작가의 시시콜콜한 관찰 습관으로 말하자면 내게는 또 다른 당혹스러운 기억이 있다. 한번은 친구와 차로 콜로라도를 지나는데 좁은 산길을 내려가다가 사고 현장과 마주쳤다. 픽업트럭과 승용차가 충돌한 사고였는데, 현장에서 약 15미터 떨어진 지점까지 피가 번져 있었다. 우리는 길 한쪽에 차를 대고 구조를 위해 달려갔다. 뛰는 동안에도, 또 배에 관통상을 입은 9개월 임산부가 타고 있는 차의 문을 친구의 도움을 받아가며 비집어 열려고 낑낑대는 동안에도, 나는 내내 생각했다. 이걸 기억해야만 해! 지금의 내 느낌을! 이 광경을 어떻게 쓰면 좋을까? 문학과 무관한 내 친구는 아마 그런 생각을 하지 않았을 테지만, 그렇다고 내가 그 친구보다 구조를 게을리했다는 생각은 안 든다. 아니, 마음속으로 어떤 숭고한 장면을 떠올리며 오히려 더 신속하고 효율적으로 행동했기 쉽다. 그럼에도 불구하고 피가 어떻게 쏟아졌는지, 상처 주위의 살이 얼마나 빠르게 부풀어 올라서 불룩해졌는지 따위 구체적인 사실들에 비인간적으로 몰입하는, 그 상황을 객관화하는 나 자신에게 걷잡을 수 없는 역겨움이 밀려왔다. 차라리 내가 문학에 대해 백치라면 좋겠다 싶은 순간이었다.

소설 쓰기는 좋은 쪽으로든 나쁜 쪽으로든 인간을 바꿔놓는다. 진정한 장편소설가는 다른 분야 전문가는 모르는 것들, 알고 싶어 하지도 않는 것들을 안다. 반면에 가짜 소설가는 정말이지 아는 게 없다. 그의 눈에는 현실이 흐릿하게 보인다는 표현만으로는 부족하다. 그의 나쁜 기교들, 말하자면 학습된 오해들(디스폴리아 작가들이나 과학소설 작가들을 생각해보라)은 그의 시야를 왜곡하여 그를 잘못된 관찰로 이끈다. 진정한 장편소설가가 가짜 소설가를 경멸하는 것은 가짜 소설을 쓰는 사람은 작중 인물들을 이해하려고 애쓰는 대신에 조종하려 들면서 자신을 기만하기 때문이고, 또한 자기 작품을 읽는 독자들에게 (가장 다행한 경우) 아무런 가르침도 주지 못하기 때문이다.

장편소설가들은 가짜 소설을 경멸할 뿐만 아니라 진짜 소설을 쓰려고 노력한다. 그의 복잡한 지성으로 그 다양하고 이질적인 동력들을 그러모아 만족스러운 이야기를 만들어낸다. 이에 대해 더 구체적으로 설명하는 최선의 방편은 좋은 소설의 요건을 이야기하는 것이 아닐까 싶다.

앞서도 이야기했듯이, 좋은 소설은 독자의 정신에 생생하고 끊김 없는 꿈을 불러일으킨다. 온전하고 자기충족적이라는 의미에서 좋은 소설은 '대범하다.' 독자가 품을 수 있는 모든 타당한 질문에 직접적으로 또는 암시적으로 답한다는 점에서 그렇다. 서사 자체가 미진한 결말을 정당화하는 경우가 아니라면, 좋은 소설은 독자를 공중에 붕 띄워둔 채로 끝나지 않는다. 좋은 소설은 스토리텔링을 퍼즐 맞추기와 혼동하여 무의미하게 교묘한 게임을 펼치지 않는다. 좋은 소설은 특정 분야의 지식 없이는 이해할 수 없는 이야기를 하면서 그에 대한 지식을 갖추라고 요구하며 독자를 '시험'하지 않는다. 줄여 말하자면, 좋은 소설은 독자의 약점을 악용하지 않고 만족과 즐거움을 줄 궁리를 한다. 좋은 소설은 지적인 면에서도 정서적인 면에서도 의미 있다. 좋은 소설은 품격 있고 효율적이어서, 이야기 진행에 꼭 필요한 만큼의 장면과 인물과 물리적 세부와 기술적인 장치 이상을 사용하지 않는다. 좋은 소설에는 계획이 있다. 좋은 소설은 감탄과 감동의 시선으로 **공연**performance을 지켜볼 때 얻어지는 특별한 즐거움을 선사한다. 달리 말하면 작가가 멋지게 이뤄낸 것이 무엇인지 주목하면서 독자는 훌륭한 대접을 받고 있다고 느낀다. 그가 얼마나 많은 난제를 경탄스럽게 극복했는지 의식하면서 "거뜬히 해냈군!"이라고 말할 만큼. 마지막으로, 미학적으로 성공한 소설은 지극히 평범한 재료로 삶의 기묘함을 건드릴 것이다.

성공적인 소설의 이러한 특징들을 모두 제대로 이해하고 자기 작업에 시시때때로 적용하고 있는 새내기 소설가라면 이미 잘하고 있으니 자신의 가능성에 대해 궁금해하지 않아도 된다. 그런데 많은 새내기 소설가들이 그중 일부 특징만을 의식하고 관심을 기울일 뿐, 나머지 특징들의 중요성은 부정한다. 그 원인의 일부는 순수성을 잃어버린 데에 있다. 작가라면 이 순수성을 회복해야만 한다. 아이들은 좋은 소설의 요건이 무엇인지 직관적으로 알지만(이야기를 좋아한다고 전제할 때. 어떤 아이들은 좋아하지 않는다) 고등학교 연령기에 가서는 좀 혼란스러워진다. 학교 선생님들이 사실상 쓰레기인 책들을 읽으라고 강요하는가 하면, 괜찮은 만화책을 보고 있으면 깔보고, 《죄와 벌》을 고르면 "얘야, 아직 그 책은 일러"라고 충고하기 때문이다. 대학교 1, 2학년 때는 '주제'가 소설의 가장 중요한 가치라고 상상하는 식으로 더 심각한 혼란에 빠져들기 쉽다.

이 대목에서 짚고 넘어가자면, 주제가 전부라는 이야기만큼 진실에서 동떨어진 주장도 없다. 주제는 이야기의 뿌리다. 작가가 재료들을 선택하고 체계화하는 철학적이고 정서적인 근본 방침이다. 진정한 글 예술가들은 주제 의식을 한시도 내려놓지 않는다. 그러나 그게 좋은 작품을 보장하지는 않는다. 주제와 메시지(즉, 화제와 특정한 훈계)는 프루스트의 《잃어버린 시간을 찾아서 À la recherche du temps perdu》보다 싸구려 서부극 소설에 더 잘 드러나 있다. 그런가 하면 많은 사랑을 받아온 소설들 중에 주제만을 따로 떼어내 말하기 어려운 것들도 있다. 〈잭과 콩나무Jack and the Beanstalk〉의 주제는 정확히 무엇일까? 누구나 안다고 생각하면서도, 유능한 심리학자로 널리 인정받는(아니 적어도 어리석다고 평가받지는 않는) 브루노 베텔하임이 이 동화를 남근 선망에 관한 이야기로 간주한 사실 앞에 멈칫하지 않을 수 없다 ― 분명 소수 의견이다. 누군가는 이 동화가 어린이다운 순수함의 승리를 말한다고 말할 수 있고 또 다른 주장도 있을 수 있다. 요는, 주제에 감동받는 소설도 물론 있지만 우리가 〈잭과 콩나무〉를 좋아하는 이유가 이 이야기를 읽거나 들을 때 어떤 철학적인 근본 문제를 극화해서 밝혀준다고 느껴서가 아니라는 것이다. 《천로역정》의 주된 호소력은 알레고리에 있겠으나 이 소설의 가장 큰 매력은 문체에 있다는 주장도 가능하다. 분명, 허먼 멜빌의 《필경사 바틀비 Bartlevy the Scrivener》나 토마스 만의 《베니스에서의 죽음 Der Tod in Venedig》에서 철학적인 내용은 우리를 빠져들게 만드는 이유의 일부다. 우리가 어떤 소설을 좋아하고 되풀이해서 읽고 친구들에게 권하는 주된 이유가 주제에 있지 않다면, 주제가 좋은 소설의 가장 중요한 특성이라는 주장은 보편성을 잃는다. 주제는 멋진 저택의 바닥면이나 구조적 지지대처럼 꼭 필요하지만, 대개 독자를 매혹하는 요소는 아니다. 대개 주제, 즉 의미는 건축 양식이나 장식이 그 안에 사는 사람들에 대해 들려주는 진술이다. 그러고 보면 흔히 고등학교나 대학의 영어 강의가 주제에 그토록 집착하는 것도 수업 시간에 뭔가 지적이고 대단한 것을 말해야 한다는 교사의 강박관념 탓일 수도 있다. 보카치오, 발자크, 보르헤스가 나무랄 데 없이 써 내려간 작품들을 그저 하나의 이야기로서 다루기는 어렵고, 게다가 모든 이야기는 무언가를 — 때로 특이하고 뜻밖인 무언가를 — '의미'하기에 이야기 자체보다는 의미를 다루려는 유혹을 뿌리치기가 매우 어렵다.

그런 이유로 대학생 나이 때에는, 위대한 작가는 본디 철학자이자 스승이어서 독자에게 뭔가를 '알려주려고' 글을 쓴다는 견해에 쉽게 설득된다. 교사들이나 직업 평론가들이 '진 리스가 우리에게 **알려주는 것**은' '플로베르가 **드러내 보여주는 것은……**' 따위 오해를 불러일으키는 상투어를 동원해가면서 제시하는 것이 바로 작품에 담긴 교훈이다. 문예 창작 강의를 하다 보면 학생들이 자기 작품에 대해 'OO을 드러내 보여주려고 노력했다'라고 설명하는 것을 끊임없이 듣는다. 그런 발언의 오류는 그 설명이 스스로 드러낸다. 과연 스무 살 — 또는 스물다섯 살 — 작가가 독서 대중(의사, 변호사, 교수, 노련한 기계공, 회사원)이 이제까지 들어보지도 생각해보지도 못한 뛰어난 통찰력의 소유자일까? 이 질문에 그렇다고 힘주어 답하는 새내기 소설가가 있다면, 그는 성직자가 되거나 공산당에 입당하여 세상을 이롭게 하면 될 것이다. 내 주장이 장황했다면 그 이유는 오로지, 어떤 학생의 내면에 문학 수업의 영향이 은연중에 깊이 퍼져 있는 모습을 너무나 자주 보았기 때문이다.

모두에게 해당하는 이야기는 아니고 정도의 차이도 있겠으나, 사람은 십 대 후반이나 이십 대에 자기 부모, 나아가 소위 어른이라는 존재 전부가 바보나 변절자, 또는 최소한 실망스러운 존재라고 느낄 수밖에 없는 시기를 거치는 게 아닌가 싶을 때가 종종 있다. 그들의 경멸감은 새끼 동물이 자신의 힘을 공고히 하면서 어미의 자리를 차지하는, 조이스가 당위로 간주했던 성장기 영혼의 투쟁과 무관하지 않다. 당연히 이는 종종 계급적 특성을 띠기도 한다. 하층이나 중하층 가정의 아이들은 출생 환경을 뛰어넘어야 한다는 강압을 한편으로는 공공연히, 다른 한편으로는 은근하게 받는데, 위한다는 마음으로 그것을 바라는 부모와 친구들이 전혀 예상하지 못하는 게 있다. 막상 계급 상승의 꿈이 현실이 되면 아이는 자신이 올라탄 계층의 편견을 답습할뿐더러, 자신이 비집고 들어간 계급의 구성원으로 온전히 받아들여지지 않을지도 모른다는 불안감 때문에 전전긍긍해하며 과거의 삶은 말할 것도 없고 때로는 자신의 존재 자체를 영원히 경멸하게 될 수도 있다는 사실이다. 지난 세대는 실패했고 새 세대가 인류의 희망이라고, 타당성이 전혀 없지는 않은 넋두리를 끝없이 해대는 교사들의 낡은 이상주의 또한 청년기의 교만과 무관하지 않을 게 틀림없다. 이유 불문하고, 젊은이—젊은 소설가—는 그가 생의 희망이고 그가 메시아라고 믿게끔 부추겨진다.

그런 마음에는 전혀 잘못이 없다. 자연스러운 마음이고—자연의 이치가 그렇다—자고로 아무리 어리숙하고 신경과민이고 외고집이라 해도, 자신의 가장 절실한 마음을 거스르면서 위대해진 예술가는 없다. 그럼에도 불구하고 청년기의 정서는 대체로 진정한 예술을 창조하지 못하며, 젊은 소설가는 자신의 성향을 이해할 때 에너지의 부적절한 남용을 피할 수 있다. 자신의 출신지 사람들은 모두 바보이고 호된 비판이나 가르침이 필요한 위선자라고 믿고 싶은 충동은 젊은 작가들이 느끼는 여러 충동 중에 매우 강력한 것이다. 그러다가 나이를 더 먹어가면서 자신이 경멸하던 사람들도 훌륭한 장점을 지니고 있으며, 그들에게도 자신이 생각했던 것보다 더 좋은 두뇌와 가슴이 있음을 운 좋게도 깨닫게 될 것이다. 사람들에게 올바른 신념과 태도를 가르쳐주겠다는 욕망은 소설의 고귀한 원동력을 해친다.

결론적으로 말하면, 중요한 것은 작가의 철학이 아니라(이

것은 어떻게든 드러나게 되어 있다) 등장인물들의 운명이며, 대범함, 고지식함, 인색함, 비겁함 같은 그들 삶의 원칙들이 특정 상황에서 그들에게 도움이 되었는지 해가 되었는지 여부다. 중요한 것은 등장인물들의 이야기다.

문학을 배우는 학생은 자신이나 선생, 동급생들이 에즈라 파운드를 낯설어 하는 사람들보다 나은 사람들이라고 믿기 쉽다. 마찬가지로 그는 이런저런 과목을 이수하는 사이에 문학에서 '오락성'은 천박하다고까지 말할 수는 없을지언정 저급한 가치라고 확신하게 될 가능성이 높다. 이쪽으로 제대로 세뇌되면, 지루하다고 무조건 외면했던 특정 고전 작품들(랭글런드의 《농부 피어스Piers Plowman》와 리처드슨의 《클러리서Clarissa》가 좋은 후보가 되겠다)이 사실은 엄청나게 재미있는 책들이라고 믿어 의심치 않게 될 것이다. 비록 《캔터베리 이야기》나 《톰 존스Tom Jones》 또는 월터 M. 밀러 주니어의 과학소설(《리보위츠를 위한 찬송A Canticle for Leivowitz》)처럼 상식 선에서 흥미진진하지는 않을지라도. 영문학 강좌들을 충분히 섭렵한 젊은 작가 지망생은 자신의 진짜 본능을 모조리 억누를 줄 알게 된다. J. D. 샐린저에 나오는 끈질기고 비열한 성향이나 헤밍웨이에 나오는 강인한 자의 투덜거리는 정서, 레토릭 폭격으로 생생하게 이어질 꿈을 토막 내는 포크너의 나쁜 버릇, 조이스의 매너리즘, 나보코프의 냉담함을 자신의 기억에서 지워버릴 줄 알게 된다. 처음에 꽤 괜찮다고 생각했던, 대개 여성인 작가들(마거릿 미첼, 펄 벅, 이디스 워튼, 진 리스)이 사실은 이류임을 깨달을 것이다. 선생을 제대로 만나면 호메로스의 《일리아스》가 반전시라는 것, 《캔터베리 이야기》가 위장된 설교라는 점을 깨달을 테고, 혹시 스탠리 피시와 그 패거리에게 배운다면 셰익스피어의 작품이 미키 스필레인의 작품보다 '우수하다'라고 말할 객관적 근거가 우리에게 전혀 없음을 알게 될 것이다. 그가 창작 강좌들도 이수한다면, 언제나 자신이 아는 바에 대해 써야 하고, 소설에서 가장 중요한 것은 시점이며, 심지어 플롯과 캐릭터는 구식 소설의 흔적이라는 사실까지도 아마 깨우칠 것이다. 분별력 있고 흔들림 없는 맑은 눈으로 보면 아주 이상하기만 한 이 모든 상황에 대학 강의실에 앉아 있는 학생들은 저항할 수 없고, 항복자에게 주어지는 보상은 여럿이니, 그중 으뜸이 문학 엘리트주의의 유혹적인 달콤함이다.

잘못된 교육이 이처럼 감언이설로 위세를 떨치기 때문에 우리는 젊은 작가의 고집스러움, 심지어 막돼먹음마저도 소중한 장점으로 여겨야 한다. 좋은 새내기 작가, 앞으로 크게 될 작가는 자신이 무엇을 아는지 알며 쉽게 신념을 바꾸지 않는다—요는, 좋은 스토리텔링에서 무엇보다 우선해야 할 점은 스토리텔링이라는 것을 안다. 주제에 치여 인물들이 재미없게 그려지면 아무리 심오한 주제도 하찮아지고, 인물과 그들의 행동을 바라보는 독자의 시선을 공연히 가로막는 기법은 아무리 멋진 기법도 애물단지일 뿐이다.

대학 교육으로부터 작가를 지켜준 고집스러움은, 세상이 그가 얼마나 훌륭한지 알아봐주지 않아도 그의 자존심을 수호하고 지지하고, 혹시라도 그가 명성의 현혹에 빠지지 않도록 지켜주며, 일생 동안 그를 도울 것이다. (명성을 얻은 작가는 무명작가보다 덜 꼼꼼하게 편집되고, 그가 전혀 모르는 화제들에 대해서도 견해가 어떤지 질문을 받고, 친구들이 쓴 엉터리 책의 리뷰나 책표지 선전 문구도 요청받는 경향이 있다.) 고집은 학창 시절에 그랬듯이 나중에도 나쁜 충고를 하려 드는 사람들로부터 작가를 지키는 데 효과를 발휘할 것이다. 대학의 서투른 창작 교수들이 초보 작가들을 제인 오스틴이나 그레이스 페일리나 레이먼드 카버가 쓰는 것처럼 쓰라고 애써 몰아가듯이, 나중에 의욕적이지만 요령 없는 멍청이들(편집자, 비평가, 학자)도 자기가 소설가라면 이렇게 쓰겠다 싶은 쪽으로 그를 틀림없이 밀어붙일 것이다. 물론 작가의 고집이 절대적이라는 뜻은 아니다. 어떤 충고는 처음에 고약하게 들려도 나중에 그 가치가 드러난다.

소설은 뭐니 뭐니 해도 이야기이며 최고의 소설들은 생생하고 끊김 없는 꿈을 불러일으킨다는 사실을 이해한 작가라고 해도, 기법에 전혀 관심을 기울이지 않을 수는 없다. 나쁜 기법이야말로 꿈을 토막 내거나 꿈의 진전을 가로막는 주범이기 때문이다. 그는 다음의 사실들을 재빨리 알아챈다. 작가가 이야기를 타당성 없는 쪽으로 몰고 가면 — 등장인물들로 하여금 작가의 손아귀에 들어 있지 않다면 절대 하지 않았을 행동을 하게 만들거나, 상징주의를 끌어들이거나(그리하여 한갓 지적인 유희에 힘쓰는 동안 허구의 위력은 김이 빠져버리게 만들거나), 이야기 흐름을 깨며 설교를 하거나(설교를 통해 설파하려는 진실이 아무리 중요하다 해도), 가장 흥미로운 등장인물마저 글발에 가려질 만큼 문장에 힘을 주거나 — 그러한 어설픈 행위들로 말미암아 소설을 망친다는 것을. 실책의 발견은 바로잡기의 시작이다.

다른 작가들은 이런 문제들을 어떻게 해결했는지(노골적인 인물 조종을 어떻게 자제했는지) 알기 위해서는 그들의 작품을 읽거나, 창작에 관한 책을 읽는 방법이 있다 — 최악의 창작 지침서조차도 전혀 쓸모가 없지는 않다. 그리고 최선의 방법은 스스로 쓰고, 쓰고, 또 쓰는 거다. 다음 주제로 넘어가기 전에 한 가지 덧붙이자면, 다른 작가들의 책을 읽을 때 새내기 소설가는 영문학 전공자의 자세가 아니라 소설가의 자세로 읽어야만 한다. 영문학 전공자라면 작품의 의미를 이해하고 평가하기 위해서라든지, 그 작품과 당대 다른 작품들 사이의 관계를 알아내기 위해서라든지 등등의 여러 이유로 작품을 공부할 것이다. 새내기 소설가는 어떻게 장면을 효과적으로 만들어냈는지, 어떤 해결책들이 동원됐는지를 알아내기 위해, 때로 나라면 같은 상황에서 어떻게 처리했을지, 내 방식이 더 나은지 나쁜지, 그 이유는 무엇인지 짚어가면서 읽어야 한다. 새내기 건축가가 건축물을 관찰할 때처럼, 의대생이 수술을 지켜볼 때처럼, 온 정신을 기울여, 달인에게 배우고자 하는 마음으로, 아울러 혹시나 있을 실수를 놓칠세라 비판적인 시선을 잃지 않고 읽어야 한다.

소설 쓰기에 충분한 기량을 갖춘 다음에는 한층 단단히 정신 무장을 해야 한다. 출판을 서두르기보다는 자신만의 문체를 공들여 보완하면서 소설 쓰기 기술을 천천히 신중하게 익히고 있자면 사람들이 그를 비딱하게 보기 시작하고 못 미덥다는 듯이 "대체 뭘 하는데?"라고 물을지도 모른다. "어째서 내내 빈둥거리고만 있는 거야? 네 강아지는 왜 그리 비쩍 말랐는데?"라는 뜻이다. 이럴 때 막돼먹음의 미덕이 요긴하다—진지한 생활인의 자세 거부하기, 짓궂게 굴기, 툭하면 울기 같은 행태들. 취해서 울기는 닦달하려 드는 사람 퇴치에 효과 만점이다. 압박감이 점점 심해지면 구강기와 항문기 고착 증세가 저절로 도진다. 물건 물어뜯기, 생각 없이 지껄이기, 옷매무새 고치고 또 고치기 따위 행동으로 스트레스를 푼다.

이건 진지한 문제이며, 나는 이 화제를 사소하게 넘길 생각이 전혀 없다. 내 경험에 비추어 보면, 한창 발돋움 중인 작가에게 가장 힘든 문제는 자기가 지금 스스로를 기만하고, 나아가 가족과 친구들을 속이고 당황스럽게 만들고 있는 것은 아닌가

하는 불안감의 극복이다. 대부분의 사람들, 심지어 책을 별로 읽지 않는 사람조차 글쓰기에는 뭔가 특별한 것, 어딘지 마술적인 요소가 있다고 느끼며, 그래서 자기들이 아는 아무개 — 어느 모로 보나 아주 평범한 — 가 진짜 그 일을 하고 있다는 것이 믿기지 않는다. 그 젊은이를 바라보자면 딱한 녀석이 어쩐지 현실에 뿌리내리지 못하고 있거나 착각에 빠져 있다는 생각에 애정 어린 경탄과 연민이 교차하곤 한다. 내가 아는 한, 인간 활동 중 글쓰기보다 더 세월 죽여야 하는 작업은 없다. 누군가 날마다 몇 시간씩을 타자기 앞에 쏟아붓지 않고도 작가로 성공한다면, 이는 정말 이례적인 일이다. (성공한 직업 작가조차도 글을 쓸 수 있는 분위기로 돌입하기까지 상당히 뜸을 들이고 괜찮은 초안 몇 페이지를 써내는 데 몇 시간을 바치며, 거듭 읽어도 눈에 거슬리는 데가 없을 만큼 가다듬는 데까지 다시 부지하세월이다.) 오후 다섯 시면 일에서 해방되는 친구들과 당연히 처지가 다를 수밖에 없다. 처자식이 있으면 이웃들만큼 가족에게 관심을 기울이지 못한다는 생각에 막연한 죄책감까지 느낀다. 안 느낀다면 소설가가 아니다. 그가 택한 예술가의 길이 이토록 지난하기에, 작가는 그의 주변 사람들처럼 이렇다 할 출세를 할 가능성도 별로 없다. 절친한 고등학교, 대학교 친구들이 일류 법률 사무소의 주니어 파트너가 되거나 장례 사업체를 개업할 때 작가는 여전히 첫 소설을 붙들고 끙끙대고 있다. 꽤 괜찮은 정기 간행물에 소설을 한두 편 발표한 경력이 있는 작가조차도 자신의 앞날을 의심한다. 오랜 세월 학생들을 가르쳐온 나는, 분명 재능이 있는데도 불구하고 자신이 가정도 건사하지 못하고 사회적 의무도 다하지 못하고 있다는, 나아가 자기기만에 빠져 있다는 생각에 — 심지어 여러 편의 소설이 채택됐는데도 — 거의 무기력 상태에 이를 만큼 자학하는 젊은 작가들을 수없이 봐왔다. 거절 편지를 받을 때마다 가슴이 찢어지고 부모의 부드러운 채근 — "자식을 가질 때가 되지 않았니?" — 에도 아찔해진다. 오직 강인한 사람만이, 자신의 가능성을 믿어주는 몇몇 사람의 응원에 힘입어 이 시기를 견딘다. 작가는 자신이 사실은 진지한 삶을 살고 있으며, 그 진지함으로 기꺼이 큰 모험을 감수하고 있다는 자기 확신을 가져야만 한다. 악의든 선의든 자존심을 건드리는 일격을 피할 방법 — 짓궂은 유머든 뭐든 — 을 찾아야만 한다.

이야기를 최고급으로 — 저급한 작위도, 꿈에 난입하는 짓도, 어떤 우쭐댐이나 자의식도 없이 — 풀어내는 것만도 얼마나 어려운 일인지를 깨달은 작가만이 소설에서 '대범함'이 얼마나 소중한 가치인지 제대로 이해할 수 있다. 최고로 잘 쓴 소설에서는 플롯이 그저 일련의 놀라운 일들의 나열이 아니라 무엇인가를 조금씩 더 인식해나가거나 이해해나가는 발전적 과정이다. (소설은 스토리텔링이라고 알고 있는) 젊은 작가들은 흔히, 이야기가 박진감을 얻으려면 어떤 사실들을 숨겨야 한다고, 다시 말해 작가가 독자를 함정에 빠뜨린 다음에 매복 공격을 해야 한다고 착각한다. 작가가 독자를 동등한 동반자로 대하길 꺼려하는 소설이야말로 정말 옹졸한 소설이라 하지 않을 수 없다.

가령 자기 딸이 살고 있는 옆집으로 이사한 남자와 그 남자가 자기 아버지인 줄 모르는 딸의 이야기를 소설로 쓰기로 마음먹은 작가가 있다고 가정해보자. 그 남자는 ─ 프랭크라고 치고 ─ 딸 ─ 완다라고 부르자 ─ 에게 자기가 아버지라는 이야기를 하지 않는다. 그들은 친해졌고 딸은 나이 차이에도 불구하고 상대방에게 이성으로서 매력을 느끼기 시작한다.

이 어리석고 미숙한 작가는 그들이 부녀 관계임을 딸에게만이 아니라 독자에게도 마지막 순간까지 숨기다가 마침내 튀어나와 "놀랐지!" 하고 소리칠 궁리를 한다. 작가가 아버지의 시점을 택해 이야기를 풀어나가면서 그 중요한 정보를 숨긴다면 그는 독자와 작가 사이의 전통적인 계약을 어기는 것이다. 이는 독자를 골탕 먹이는 짓이다. (현대소설이 압도적으로 애용하는 이른바 믿을 수 없는 화자(unreliable narrator) 시점은 이 계약을 깨지 않는다. 우리가 불신의 눈으로 주시해야 할 대상은 스토리텔러가 아니라 가공의 내레이터 역할을 하는 어떤 등장인물이다. 스토리텔러 **자체가** 믿을 수 없어지면 독자는 미친 선장이나 도끼 살인범을 피하듯이 그를 피한다.)

한편으로 저자가 딸의 시점에서 이야기를 전개한다면 독자는 딸이 아는 것만 알 수 있으므로 이 방식은 독자와의 계약을 지킨 셈이다. 그러나 이렇게 되면 작가는 이야기를 서툴게 풀어 나갈 수밖에 없다. 이 이야기에서 딸은 아무것도 몰랐고, 알았더라면 중요한 결심을 했겠지만—마음을 애써 정리하고 딸의 자리로 돌아가기로, 혹은 근친상간의 금기를 깨기로—, 몰랐으므로 단지 희생자일 뿐이다. 중심인물이 희생자, 즉 행위자가 아닌 행위를 당한 자일 때 진정한 서스펜스는 있을 수 없다. 물론 걸작 소설에서 중심인물의 기능을 이해하는 일이 늘 쉽지만은 않다. 헨리 제임스의 《나사의 회전 The Turn of the Screw》에서 여자 가정교사는 자신이 악령과 한통속이 아니라고 완강하게 주장하지만 독자는 그게 사실임을 공포스럽게도 점점 깨달아간다. 어떤 소설들—예를 들어 카프카의 소설들—은 일종의 희극 소설의 중심 장치인 세상사에 치인 어릿광대 주인공을 '진지한' 소설의 용도에 맞게 차용하고, 어릿광대의 당찮은 책략과 신념으로 우리 내면의 그것들을 패러디함으로써 독자의 비웃음을 이끌어낸다. (카프카나 베케트의 주인공들이라고 해서 행동하려고 노력하지 않는 것은 아니다. 다만 하려고 한 행동들이 불발에 그칠 뿐이다.) 결론적으로, 진짜 서스펜스에는 도덕적 딜레마와 용기와 용단이 꼭 갖춰져야 한다. 어처구니없는 일들을 우연하고 의미 없게 터뜨려대는 것은 가짜 서스펜스다.

더 현명하고 경험이 풍부한 작가는 독자에게 그때그때 이야기 이해에 필요한 정보를 준다. 그러면 독자는 읽으면서 "이 인물들에게 이제 어떤 일이 생길까?"를 묻는 대신에 "프랭크는 이제 어떻게 할까? 프랭크가 이러저러하게 나온다면 완다는 뭐라고 할까?" 등을 묻는다. 독자는 이런 식으로 이야기에 끌려 들어가면서 진정한 서스펜스, 바로 등장인물들을 진정으로 걱정하는 마음을 느끼게 된다. 그는 이야기의 발전과 전개에 부차적일지언정 능동적인 역할, 즉 깊이 생각하고 예측하는 역할을 한다. 또한 이미 관련 정보들을 제공받았기에, 작가가 사건을 이상한 방향으로 몰고 가거나 등장인물들에게서 상황에 전혀 맞지 않는 감정을 쥐어짜내며 잘못된 결론 또는 설득력 없는 결론을 이끌어내려 하면, 이를 간파해낼 수 있는 위치에 선다.

프랭크가 현실 속의 인간처럼 생생하게 그려지고 흥미로우면 독자는 그를 걱정하고 이해하고 그의 선택에 관심을 기울인다. 그래서 어느 순간 프랭크가 비겁하거나 우유부단하게도 양식 있는 인간의 눈에 잘못됐다고 여겨질 선택을 한다면, 독자는 마치 자기가 사랑하는 사람이나 자기 자신이 그런 선택을 한 것처럼 당혹감과 수치심을 느낄 것이다. 나중에 어느 대목에선가 프랭크가 용감하게, 혹은 최소한 정직하고 이타적으로 행동한다면 독자는 자기 자신이나 자기가 사랑하는 사람이 올바른 행동을 한 듯이 뿌듯한 긍지를 느낄 것이다—여기서 긍지의 궁극적 의미는, 가공인물의 선의를 통해 모든 인간 마음속 선의를 확인하는 쾌감이다. 프랭크가 마침내 올바르게 행동하고 완다가 예상 밖의(단, 뜬금없지도 작위적이지도 않은) 고결함을 보인다면 독자는 한결 더 흐뭇해질 것이다. 이것이 소설의 윤리성이다. 프랭크와 완다 이야기의 윤리성은 그들이 근친상간을 선택하지 않은 행위, 또는 근친상간을 저지르기로 결심한 행위에 있지 않다. 좋은 소설은 행동 강령을 다루지 않는다 — 적어도 직설적으로는. 좋은 소설은 책임감 있는 인간성을 드러내 보여준다.

프랭크와 완다의 사연을 왜 딜레마, 고통, 선택의 이야기로서 전달하는 게 가장 현명한지 이해한 젊은 작가라면, 이제 좋은 소설의 대범함에 대해 가장 폭넓은 의미를 이해할 준비가 된 것이다. 지혜로운 작가는 이야기의 박진감을 얻기 위해 정보를 감추는, 때로 마지막까지 감추는 — 모든 걸 알게 된 지금, 그들은 근친상간을 저지를 것인가, 아닌가? — 계략이 아니라, 등장인물과 플롯에 기댄다. 다르게 표현하자면, 작가는 높이 걸린 줄 위에서, 밑에 그물망도 치지 않고 남들이 쳐다보는 가운데 춤을 춘다. 작가는 자신이 온갖 기교적 수완을 갖추었음에도 불구하고 이야기에 도움이 되는 기교만을 도입한다는 점에서도 대범하다. 그는 이야기를 자신의 불꽃 제조술을 과시할 구실로 삼는 기사보騎士補가 아니라 이야기의 종이다. 그렇다고 그가 곡예의 가치에 무관심한 것은 아니다. 이야기에 필요하다고 느낄 때 비로소 그 기교를 찬란하게 활용한다. 그는 완전히 이야기에 몸 바치되 품격 있게 몸 바친다. 이 이야기는 나중에 다시 하자.

소설에서는 이 대범함의 가치가 중요하기에 작가가 어느 정도 어린아이 같을 필요가 있다. 강한 정신 집중력과 목표 의식을 가지고 사는 사람들, 기성세대의 보편적 숭배 대상(풍족한 벌이, 가치, 교육 제도, 나보다 잘사는 사람, 영화배우처럼 인기 많고 유명한 사람)을 선망하는 사람들이, 눈에 띄는 트릭 없이 이야기를 유려하게 풀어내기 위해 거쳐야 할 그 수많은 퇴고 과정을 배겨낼 리 없고, 안목 있는 사람이 보기에는 낡고 지루하기만 한 갖가지 트릭을 동원해서 시시한 이야기들을 지어내는 자들의 명성과 부를 참아내지도 못할 것이다. 좋은 작가는 일단 자신의 고집불통스러움과 막돼먹음으로 기성세대가 칭송하는 것들에 경멸을 날린 다음, 뭐든 금세 잊어버리는 아이들 같은 마음과 똑똑하다는 사람들의 판단에 대한 무관심으로 자신의 어리석은 소일거리인 소설다운 소설 쓰기에 복무한다.

이제 좋은 소설의 나머지 특질들, 그리고 좋은 소설을 쓰는 데 도움이 됨직한 작가의 자질들에 대한 이야기가 남았는데, 이 이야기는 장황할 이유가 없다. 좋은 소설은 지적으로, 정서적으로 의미 있어야 한다고 앞서 이야기했다. 그것은 중심 발상이 어리석으면 아무리 전달 방식이 뛰어나다 해도 어리석은 이야기가 된다는 뜻이다. 쉬운 예를 들어보자. 젊은 신문 기자가 있는데 그 아버지는 그들이 사는 시의 시장이고 줄곧 아들의 우상이었지만 아무도 모르게 성매매 업소와 악덕 사채 회사를 운영하고 있었다. 신문 기자인 아들은 이 사실을 세상에 알릴 수 있을까? 아버지의 숨겨진 삶이 어땠든, 그는 신문 기자 아들에게 정직성, 용기, 공동체 의식을 비롯해 인생의 중요한 가치에 대해 자기가 아는 모든 것을 가르쳤다. 신문 기자는 어떻게 해야 하나?

알게 뭔가? 이야기는 통속소설 작가들이 딱 좋아하는, 그러나 예술을 담기에는 쓸모없는 얼간이 구조를 하고 있다. 우선 제시된 내면 갈등의 내용이 너무 진부하다. 개인적인 정직함(사실대로 말하기)과 자식으로서의 도리 중 어느 것이 더 중요하냐니. 이실직고의 가치는 언제나 상대적이라는 것을 알지 못하는 사람이 어디 있단 말인가. 당신이 2차 세계대전 때 독일에 살고 있었고 지하실에 유대인을 숨겨주었다면 문을 두드리는 나치에게 집에 나 말고는 없다고 말하는 게 하늘을 우러러 전혀 잘못이 아니다. 개인의 정직성(거짓말하지 않기)은 그보다 상위의 정직성 앞에서는 너무나도 가변적인 것이어서 이 문제는 논할 가치가 없다. 소설적으로 가상해본 위 사연으로 말하자면, 아버지의 역겨움은 너무 심하고 명백해서(적어도 우리가 설정한 내용만으로는) 바보가 아닌 다음에야 아들로서의 도리를 지키는 문제로 고뇌할 필요가 없다. 개인적인 도리를 지키는 데에도 한도가 있다는 사실에는 의문의 여지가 없다. 지키려는 가치가 명백하고 떳떳해야만 한다. 내가 제시한 소설적 상황이 로버트 펜 워런의 《모두가 왕의 부하들 All the King's Men》의 상황과 거의 똑같다는 반박이 있을 수 있다. 나는 이를 인정하면서, 절묘한 한바탕의 도입부 레토릭에서 고딕풍의 질질 끌기 작전들을 거쳐 대미에 이르기까지 이 작품을 좀먹고 있는 일말의 감상성을 지적하고 싶은 충동을 느낀다. 그러나 이 소설의 성공에 대해 공정하게 평가하자면, 그러한 감상성에도 불구하고, 다른 작가에게 주어졌더라면 망쳤을 나쁜 착상을 살려낸 것은 펜 워런의 작중 인물들이라고 하지 않을 수 없다―이게 이제 내가 하려는 이야기의 핵심이다. 구상이 본질적으로 멜로드라마 같아도, 등장인물들의 복잡성이 그 구상을 풍요롭게 하고 심화시키며 어느 정도 구제해준다.

우리가 이야기한 신문 기자 이야기 구상의 가장 심각한 잘못은 인물이 아닌 상황에 기댄 출발점에 있다. 인물은 소설의 생명이다. 배경의 존재 이유는 거기에 인물을 세우고, 배경의 어떤 요소를 빌려 그를 설명하고, 그가 무엇은 취하고 무엇은 버렸는지 보여주고, 필요하다면 무엇을 먹었는지, 여자 친구에게 무엇을 주었는지까지, 이야깃거리를 만들어나갈 토대를 마련하는 데 있다. 플롯의 존재 이유는 인물이 자신의 진정한 모습을 스스로 발견해나가게(그 과정에서 독자도 알아가게) 해주는 데 있다. 플롯은 인물을 선택과 행동으로 몰아가서, 움직임 없는 관념적 존재에서 결단하고 그 대가를 치르거나 보상을 받는 현실적 존재로 바꾸어놓는다. 주제의 존재 이유는 오로지 인물을 성립시키고 그가 누군가가 **되게** 하는 것이다. 다시 말해 주제는 인물의 주된 고민을 짚어주는, 차원 높은 비평이다.

다시 프랭크와 그의 딸 완다 이야기로 돌아가자. 주제에 대한 고민 없이 이 이야기를 아주 잘 써낼 수도 있다. 작가는 프랭크에게 관심을 끌 만한 고민거리(자세한 내용은 작가가 궁리해내야 할 것이다)가 있음을 명확히 인식하는 것만으로도 충분하다. 어떤 사정으로(뭐든 설득력만 있으면 된다), 프랭크는 자기 딸이 사는 옆집으로 이사했다. 그는 딸인 줄 알고 딸은 아버지인 줄 모른다(이 기묘한 상황에 대해서는, 독자가 의심하지 않을 만큼 그럴싸하기만 하면 어떤 설명이든 충분하다). 그는 딸에게 사실을 털어놓지 않기로 마음먹는다(그의 성격과 상황상의 어떤 이유로. 이 이유 또한 그럴싸하고 다른 세부적인 내용과 상충하지만 않으면 다 괜찮다). 그러면 이 인물의 흥미로운 상황은 다음과 같은 경우가 된다. (a) 적잖이 당황스럽게도, 그는 딸에게 이제까지 몰랐던 부성애, 나아가 자랑스러워하는 마음까지 느끼기 시작한다. 그리고 (b) 딸을 되도록 자주 마주치길 원한다. 그러나 (c) 딸은 그에게 딸로서는 품을 수 없는 사랑의 감정을 느끼기 시작하니, 아버지는 딸에게 사실을 털어놓느냐 마느냐의 기로에 서고, 어느 쪽을 선택하든 문제는 결국 '그들은 어떻게 할 것인가'이다.

    소설을 채우는 세부 내용은 모두 인물들이 겪는 고통의 크기에, 그리고 마침내 그들이 어떤 선택을 하는지에 영향을 미친다. 이를테면 딸이 계부와 살고 있고 어머니는 세상을 떠난 상황이라고 하자. 계부가 그녀에게 무관심하거나 술주정뱅이이거나 정신 이상자이거나 늘 집을 떠나 클리블랜드에 있다면, 딸은 프랭크를 점점 더 흠모하고, 프랭크를 보는 일도 더 잦아질 것이다. 프랭크가 17년을 감옥에서 보내는 바람에 딸과도, 이제는 이 세상 사람이 아닌 아내와도 연락이 끊겼고, 그런 지난날을 쓰라리게 자책하고 있다고 치자. 이 경우, 딸을 향한 애절함도, 딸에게 사실을 털어놓는 일에 대한 두려움도 엄청날 것이다. 작가가 어떤 세부 내용을 선택하는지는 분명 중요하지 않다—영리한 작가라면 남이 쓴 소설을 읽을 때 나라면 어떤 내용에 기꺼이 수긍했을지 생각하면서 단순하게 세부를 고를 것이다. 중요한 것은 선택한 다음이다. 선택한 세부에 중요한 함의를 최대한 많이 담아내려고 궁리해야 한다.

    프랭크-완다 이야기에 살을 붙여나가기 시작했을 때는 이 이야기가 얼핏 신문 기자와 그의 아버지 이야기만큼이나 '시추에이션 스토리'처럼 보였을 수 있다. 그러나 면밀히 들여다보면서 우리는 그렇지 않다는 사실을 알게 되었다. 프랭크-완다 스토리는 애초에 프랭크라는 인물의 내면 갈등 때문에 성립한다.

그는 딸에게 자신의 존재를 알리고 싶기도 하고 숨기고 싶기도 하니, 이 고민을 좀 더 폭넓게 철학적인 표현으로 바꾸자면 독립과 연루를 동시에 원하는—불가능한 것을 원하는 상황이다. 내면 갈등은 필연적으로 쉽게 극화되는 외부의 갈등으로 이어진다. 완다는 자기 아버지라는 사실을 모르는 채 남자를 사랑하게 되고 결국 그런 마음을 남자에게 드러낸 다음, 상대방의 혼란스러운 반응을 지켜본다. 우리는 행위의 윤곽을 이렇게 예측할 수 있다. 기쁨에서 고민으로, 괴로움에서 말다툼으로, 눈물바람에서 진실의 드러남과 결단으로. (플롯이 비교적 예측 가능하다고 해도 전혀 문제될 게 없다. 중요한 것은, 이 일들이 어떻게 벌어졌으며, 벌어진 일들이 이에 직접 얽혀 있는 등장인물들에게, 나아가 그들로 대표되는 인간 일반에게 어떤 의미인가이다. 예측할 수 있는 일들이 예측하지 못했던 방식으로 벌어지게 하는 것이 최선임은 말할 필요도 없다.)

좋은 소설이라면 거의 예외 없이 가지고 있는 기본—거의 필수불가결한—플롯 형식이 있다. **주인공이 뭔가 원하고, 반대(자기 자신의 의구심 포함)를 무릅쓰고 그것을 이루려 하고, 그리하여 마침내 승리나 패배나 무승부에 이르는 것이다.** 장편소설에서는 주인공이 도모하는 일의 가능성과 불가능성이 뒤얽히지만(가부 양쪽 추세는 주변 인물들이나 서브플롯 등에 의해 극화된다) 기본 형식은 위장술에도 불구하고 그대로 남아 있다. 앞에서 설명했듯이 '희생자 스토리'는 절대로 작동할 수 없는 것이, 희생자는 알지 못하고, 알지 못하니 행동할 수도 없기 때문이다. (희생자가 원하는 게 희생자가 되지 않는 것이라면, 따라서 그 또는 그녀가 그 욕구에 따라 행동한다면 그런 희생자의 이야기는 '희생자 스토리'가 아니다.) 내가 앞서 '거의 예외 없이'라고 한 것은 예외도 있기 때문이다. 앞서 카프카와 베케트가 내세웠던 늘 불운하기만 한 광대 주인공의 사례를 이야기했거니와, 말이 나온 김에 조이스가 《더블린 사람들Dubliners》에서 보여준 것과 같은 '에피퍼니epiphany' 소설의 특별한 사례에 대해서도 거론하지 않을 수 없다 ─ 관습적인 주인공의 자리를 사실상 독자가 차지하는 이야기 형식에 대해서. 이 형식 안에서는 능동적으로 애쓰는 것도, 이야기의 정점에서 '승리', 즉 돌연한 개안開眼, 새로운 이해, 한마디로 '에피퍼니(통찰의 순간)'를 얻어내는 것도 독자다. 물론 《더블린 사람들》의 모든 이야기가 이런 방식인 것은 아니다. 예를 들어서 〈죽은 자들〉은 그렇지 않다. 어쨌든 에피퍼니 소설의 효과를 부정할 사람은 없다. 다만 에피퍼니 소설의 작동 방식에 대한 나의 분석이 옳다면, 이 이야기 형식은 얼핏 보기보다 실은 더 관습에 가깝다.

신문 기자 이야기에서 다음 화제로 넘어가기 전에, 우리는 카프카의 사례에 비추어 볼 때 신문 기자 이야기도 성공적으로 풀어낼 수 있는 한 가지 가능성이 있음을 인정하지 않을 수 없다. 모든 미학적 원칙은 코미디에 길을 터준다. 신문 기자가 정말로 얼간이였다고 가정하자 — 그러나 웃기는 얼간이로. 그는 아버지가 했던 말은 무조건 믿는다. 아버지의 말은 자기 삶의 법칙이다. 그는 또 아버지를 뜨겁게 사랑한다. 이렇게 되면 우리는 드라마가 아니라, 막스 형제*나 로럴과 하디** 같은 사랑스러운 바보들이 주인공으로 나오는 광대 드라마에 끌어들여진 셈이 된다. 신문 기자(로럴)와 그의 아버지(하디), 그리고 이 이야기에 얼떨결에 발을 들여놓은 다른 사람들 모두가 사실상 광대인 셈이어서, 이들이 하는 인간 조건에 대한 발언은 사실주의 소설의 그것과 다르고, 심지어 사실주의의 체계적 변조물인 고딕소설***의 그것과도 무척 다른, 특별한 종류의 살가운 풍자다. 이제 이 이야기가, 적어도 이론상으로는 작동한다. 생각의 충돌 자체가 흥미롭지는 않지만 관련 인물들이 만화 같은 방식으로 흥미를 유발하고 관심을 끌기 때문이고, 그들이 우리 눈에는 뻔한 것들에 관심을 기울일 만큼 어리석은 인간들이기 때문이다. 등장인물들이 명백히 우리보다 열등하다 해도 그들의 고뇌와 곤혹스러움과 희열은 우스꽝스러운 방식으로 우리의 그런 감정들에 상응한다. 그래도 그 이야기에 지적 의미가 담겼다고 주장할 사람은 없겠지만, 이제 적어도 작가의 어리석음이 들통날 지경은 아니다. 정서적 의미로 말하자면, 희극 소설에서 이를 판정하려면 독자들에게 읽히고 그들이 웃는지 살펴보는 수밖에 없다.

젊은 작가가 자신의 소설에 지적·정서적 의미를 불어넣으려면 우선 바보 같은 생각과 흥미로운 생각을, 중요한 감정과 사소한 감정을 구별하는 상식을 가져야 한다. 이런 능력은 내가 앞에서 그랬듯이, 인물과 갈등에서 출발하는 소설이 그렇지 않은 소설보다 더 재미있을 수밖에 없다는 식으로 콕 집어서 알려주는 창작 교사의 지도 아래 어느 정도 기를 수 있다 ― 이는 심지어 스릴러물, 농부소설, 호러물에도 적용할 수 있는 원리다. 아울러 어떤 질문이 진정으로 중요하고 어떤 질문은 신경 쓸 필요가 없는지를 판단하는 작가의 감각은 광범위한 독서와 지적인 사람들과의 대화, 그리고 제임스가 말한바 '그 어떤 것도 그냥 넘기지 않는'**** 사람이 되려는 의식적인 노력으로 어느 정도 개선할 수 있다.

대체로, 중요한 것을 알아보는 능력은 재능이다. 이 재능이 작가가 얼간이가 되지 않도록, 시류에 휩쓸리지 않고 독자적으로 생각하는 인간이 되도록 도울 것이다. 또 화려하고 유창한 사색가가 아닌 더디고 깊은 사색가가 되도록 도울 것이다. 타고나길 어리석은 젊은 작가는 성공할 확률이 낮지만, 솔직히 말해서 그렇게 절망적이기만 한 것도 아니다. 중학교 이상

*
미국의 희극 영화배우 형제.
**
20세기 초 무성 영화 시대 2인조 코미디언.
***
공포와 로맨스가 결합된 소설 장르.
****
"경험한 것을, 오로지 경험한 것만을 써라. 그 어떤 것도 그냥 넘기지 않는 사람이 돼라"라는 헨리 제임스가 새내기 소설가들에게 한 충고의 말에서 따온 구절.

의 학교 교사라면 누구나, 신입생 때, 2학년 때, 심지어 3, 4학년 때까지도 어떻게 손쓸 수 없을 정도로 멍청해 보였는데 나중에 성공한 졸업생을 여럿 꼽을 것이다. 사람은 때로 외부적인 요인으로 — 질병, 실패한 결혼, 가족을 잃는 충격, 이따금 사랑 또는 성공까지도 —, 때로 성숙과 되돌아봄의 완만한 과정을 통해 변한다.

낯섦이라는 특질에 대해서는 설명하기가 참 난감하다. 콜리지에 따르면 모종의 낯섦이 없는 위대한 예술은 있을 수 없다. 대부분의 독자들은 대번에 그 말이 옳다고 인정할 것이다. 걸작 장편소설을 읽다 보면, 더할 나위 없이 꼭 들어맞으면서도 완전히 예상을 뒤엎는 전개에 전율하는 순간이 온다 — 《죄와 벌》 후반부 스비드리가일로프의 갑작스러운 등장, 《제인 에어》에서 로체스터의 속임수 장면, 《니컬러스 니클비 Nicholas Nickleby》의 옥탑방 장면, 《오늘을 잡아라 Seize the Day》에서 토미가 우연히 장례식 광경과 맞닥뜨리는 장면, 《에마 Emma》의 자아 각성 순간, 그 밖의 수많은 장편소설에서 경험했던, 평범함과 비범함이 일시적으로 상호 침투하거나, 심상했던 것이 심상치 않은 이면을 급작스레 잠시 드러내는 순간이. 위대한 소설을 쓰려면 아주 살짝 미쳐야만 한다. 때때로 존재의 가장 어둡고 낡고 노회한 구석들이 작품을 장악하도록 내버려둘 수 있어야 한다. 아니면 이따금 삶 자체의 깊은 광기를 향해 문을 조금 열어둘 줄 알아야 한다.《안나 카레니나》에서 레빈이 키티에게, 톨스토이 자신이 아내에게 했던 것과 똑같이 괴상한 방식으로 청혼을 할 때처럼 말이다. 낯섦은 소설에서 절대로 날조할 수 없는 특질이다.

지금부터 내가 하려는 설명은, 내가 제대로 해낸다면 아마도 이제까지 그 누구도 성공적으로 해내지 못한 것을 해내는 셈이 될 것이다. 바로, 창작 과정의 가장 깊은 심연을 드러내 보여주는 일이다. 참으로 불가사의한 것은, 그 심연에 머물러본 경험이 있는 사람조차도, 신비주의자들이 너무나도 자주 그러듯이, 일단 거기서 빠져나오고 나면 자신이 무엇을 겪었는지 이야기하기도 어렵고, 심지어 뚜렷하게 기억하지도 못한다는 점이다. 딱히 뭐라고 설명할 수 없는 방식으로 정신이 작동을 개시하면, 작가는 세상 밖으로 빠져나간다. 그는 현실로 돌아온 다음, 한 장면 또는 몇 줄의 글을 발견한다. 그는 그 내용이 자기가 썼다는 게 믿기지 않을 만큼 생생하고 기발해서 자기가 잠시 넋이 나갔었음을 깨닫는다. (바로 이런 체험이, 비현실적인 경험을 다룬 많은 소설들의 숨은 원동력이 아닌가 싶다. 흔히 마지막 단락에 가서 외계에서 온 침입자가 떨어뜨리고 간 반지나 동전이나 분홍 리본 따위로 지금까지 한 이야기가 사실임을 입증하는, 그런 소설들 말이다.) 모든 창작에는 다만 얼마쯤이라도 이런 유사 최면 상태가 요구된다. 작가는 실재하지 않는 세계에서 어떤 인물을, 광경을 불러내야 하며, 그렇게 불러낸 가상의 장면을 일상에서 타자기나 어질러놓은 책상이나 벽에 걸린 지난해 달력을 바라보듯이 분명하게 볼 수 있을 때까지 마음에 새겨야 한다. 그러나 가끔은—우리 같은 작가들 대부분에게는 너무나 자주—악령이 덮친다든지 악몽이 휩쓴다든지 하는 식으로, 가상의 것이 **현실이 된다.**

내가 《그렌델Grendel》의 마지막 장章을 쓰고 있을 때 이런 의식 변용 상태가 강력하게 나를 덮쳤다. 그때도 이미 나에겐 그런 상황이 새롭거나 놀라운 경험은 아니었지만, 제정신이 돌아온 다음에도 의식 변용 상태에서 겪은 내용을 생생하게 기억할 수 있을 것만 같았던 것은 그때가 처음이었다. 방금 한 팔을 잃은 그렌델은 자신의 죽음을 예감한다. 그는 소설에서 우리에게는 자유 의지가 없으며 모든 생명체는 잔인한 기계 덩어리이고 모든 시적인 상상은 냉소적인 허언이라고 줄기차게 주장해온 터였고 그 순간까지도 같은 생각을 굽히지 않았는데, 그것은 한편으로는 낙관주의는 비겁한 것일지도 모른다는 두려움 탓이고, 한편으로는 고집스러운 자기애 탓이다. 베어울프가 그렌델의 머리를 벽에 밀어붙이며 벽에 대해 시 한 수 지어보라고 윽박질렀지만, 그렌델은 우주가 자신을 집어삼킬 거라는, 그래서 자신의 생각이 곧 자신의 정체성임을 확인하게 될 거라는 공포 속에서 자신의 신념에 필사적으로 매달렸다. 내가 '알 수 없는 힘에 의해' 써내려간 대목은 대략 이렇게 시작한다(내가 이 대목의 미적 가치를 말하고자 하는 것은 당연히 아니다).

> 이제 아무도 나를 쫓아오지 않는다. 나는 다시 비틀거리며 남은 한 팔로 떡갈나무의 뒤얽힌 뿌리들에 매달린다. 나는 무시무시한 어둠 속으로 스쳐 지나가는 별들을 내려다본다. 여기가 어딘지 알 것 같은데, 거기일 리가 없다. "우연이다." 나는 작게 중얼거렸다. 나는 추락할 것이다. 추락하기를 바라는 것 같기도 하고, 버티려고 몸부림친들 별수 없다는 것도 이미 안다. 끔찍한 벼랑 끝을 고작 1미터 앞에 두고, 공포에 떨며 좌절하면서도 나는 놀랍게도 어느새 벼랑 끝으로 다가가고 있다. 끝없는 암흑을 내려다보며 나는 해류처럼 내 안에서 일렁이는 어두운 힘을, 내 안의 괴물을, 깊은 바다의 경이를, 동굴에서 어슬렁거리면서 내가 제 발로 죽음에 **빠**져들도록 천천히 이끄는 두려운 밤의 제왕을 느낀다.

나는 작품 곳곳에서 상상력(변화와 구원을 이끌어내는 힘)에 대한 나의 생각에 크게 영향을 끼친 윌리엄 블레이크의 시와 산문을 때때로 암시했다. 위의 대목에서는, 만일 내가 피 흘리며 죽어가면서 깊은 숲을 헤쳐 도망 다니고 있다면 어떤 기분일지, 그저 상상하면서 그렌델의 뒤를 밟았고, 그러자 전혀 계획에 없었는데 느닷없이 블레이크풍 경관의 강력한 꿈이라고밖에 표현할 길 없는 광경에 빠져들었다. 거대하고 뒤얽힌 떡갈나무 뿌리들이 보이더니 갑자기 눈앞 장면이 아찔하게 뒤집혔다(나는 그가 아래를 내려다보면서 떨어지는 것을 상상했는데, 마치 그렌델이 등을 바닥 쪽으로 향하게 하고 멀어지는 나무를 올려다보는 것처럼 보였다. 그러자 지구가 정말 둥글다면 어느 날 굴러 떨어지게 될지도 모른다는 어릴 적 두려움이 되살아났다). 떡갈나무를 상상하게 된 것은 블레이크 때문이지만, 이 이미지는 내 마음속에서 다른 이미지와 뒤섞였다. 당시 내가 심취해 있던 초서의 시는 떡갈나무를 예수의 십자가로, 나아가 슬픔 자체로 연결시켰다. 드루이드교의 승려나 인간 제물과 연결시키는 구절도 있었다. 초서의 이러한 인식을 나는 어릴 적 '내 낡고 거친 십자가'(성스러운 피로 얼룩진) 따위 노래를 들을 때의 느낌으로 더 칙칙하게 채색했다. 그런 노래에서 어린 나는 목 잘린 닭이나 도살된 암소 같은 소름 끼치고 구역질 나는 이미지를 떠올리곤 했다. 죽음에 대한 어린아이의 그런 관념에는 죄책감과 신이라는 존재의 근본적인 도덕적 일그러짐이 깔려 있다.

    집필 환각 상태에서 나는 위에서 말한 여러 생각들을 구분하지 않았다. 나는 블레이크의 나무를 보았고 그 나무는 내가 초서의 《공작부인의 책 The Book of Duchess》을 읽을 때 본 것과 똑같은 나무였으며, 그 영향력은 내가 어린 시절에 떠올렸던 피와 살점들로 얼룩진 십자가만큼 강력했다(그러고 보니 이단적 이미지다). 확언할 수는 없지만, 블레이크의 나무가 내게 데자뷔 현상을 일으킨 것은 그 나무를 곧장 어린 시절의 장면과 결부시켰던 탓인 듯하다. 나는 그렌델의 공포를 글로 옮기면서(사실상 느끼면서) 나의(그렌델의) 생각에 매달린 채로 그렌델 식으로 반응했다. "우연이다!"— 베어울프의 승리에는 아무런 도덕적 의미가 없다고, 모든 생명은 우연한 것이라고. 그러나 곧바로, 그 모두가 우연한 일이기만 한 것은 아닐 수도 있다는 공포가 밀려왔다. 어린 시절의 십자가에 대한 관념도 그 공포에 일조했을 것이다—어릴 때 십자가는 피와 죄의식을, 그리고 부모는 물론 별들 저 너머에 거하신다는 사실만으로도 인간과는 차원이 다른 존재라는 느낌이 더할 수 없는 위협으로 다가오는 지엄한 아버지(superfather)에게도 사랑받는 착한 어린이가 되겠다는 안간힘을 의미했으니까. 그리하여 그렌델은 이 모두가 우연이라 여기려 애쓰면서도 사실상 신과 한편이 되어(그럼으로써 자기 자신을 구원하려 노력하며) 죽음을 **선택한다.** 즉, 의지에 반해 '추락하기를 바라는' 것 같은 자신을 느낀다. 갑자기 악몽의 광경이 나무를 지나 밤의 심연을 '내려다보는' 구도에서 또 다른 아찔함을 유발하는 벼랑 끝에서 내려다보는 구도로 바뀐다. 나는 그 페이지를 쓰기 전날 밤 잠자리 악몽 때문에 의식적으로 이렇게 바꾼 것이 아니다. 오히려 나는 그런 전환을 하면서 비로소 깨달았다.

지금 쓰고 있는 내용이 이미 꾸었으나 그 순간까지 잊고 있던 악몽임을.

그 하루인가 이틀 전에, 나는 가족들과 함께 올림픽 스키 점프 선수들의 연습 광경을 지켜봤었다 — 내게는 그 높이만으로도 공포스러울 지경이었다. 소설의 위 대목을 쓰기 전날 밤에 꾼 꿈속에서 나는 아주 천천히 — 그러나 멈추지 않고 — 아래로 눈밭이 아찔하게 멀어지는 가운데 스키 점프대의 꼭대기를 향해 걸음을 옮기고 있었는데, 웬일인지 내 의지와 상관없이 추락을 원하고 있다는 바로 그런 느낌이 들었다. 〔나는 '추락(fall)'이라는 단어에 묘한 말장난이 숨어 있다고 느낀다. 어쨌든 나는 다른 작품에서 에덴동산의 의미 맥락에서 이 단어를 종종 사용했던 터라, 이 대목을 쓸 때 — 집필 환각 상태에 머물러 있을 때 — 내가 느낀 두려움은 두려움의 이면에 심술궂게 즐기는 무의식이 존재한다는 도덕적 패러독스와도 아마 관련이 있을 것이다. 그렌델이 죽음을 기꺼이 받아들이면서도 무의식중에 신을 기쁘게 하려고, 그래서 신이 자기를 죽이지 않게 하려고 노력한다는 점에서도 그렇고, '추락'을 자초함으로써 그는 자신이 증오하고 두려워하는 신에게 항거하고 있다는 점에서도 그렇다.〕 그렌델은 자기 안의 움직임을 어떤 의미에서 우주의 움직임처럼 느낀다. 그것은 그렌델을 죽이도록 베어울프를 떠밀었던 것과 같은 바다의 조류다. 그는 자기 안의 무엇(그의 마음, '이드id')인가가 그

조류와 하나가 됨을 느낀다. 이미 소설의 전반부에서 (동굴) '내부에' 살았던 것은 그렌델 자신이었기에, 그의 내면에 '이드'라는 괴물이 자리 잡고 있기에, 그는 제 가파른 비탈을 두려워하는 산이다. 그는 전설적인 불가사의('깊은 바다의 경이')다. 밤하늘 전체가 신의 동굴이라고 상상한다면 '동굴 안에서 활동하는 두려운 밤의 군주'인 그렌델은 신이다. 그 대목을 쓸 때, 나는 아무 궁리 없이 이 모두를 하나로 꿰었다(대양의 조류, 괴물, 바다의 경이 등). 초자연적 합일이 일어나고, 패러독스가 평온하게 수긍되는 현상은 무아지경 고유의 것이다.

이 길고 어쩌면 자기도취적 해석을 통해 내가 하고자 하는 이야기의 요점은, 무아지경에서 깨어났을 때 내게는 오로지 어떤 뮤즈에게 점거당했었다는 확연한 느낌만 남았다는 사실이다. 기억을 최대한 더듬어보면, 잠시 우리가 꾸는 꿈의 기제가 실제로 작동했던 게 아닌가 싶다. 마법의 열쇠를 집어넣으니 잠금장치들이 철커덕 풀리고 문이 활짝 열린다. 말하자면 평소에 개별적이던 정신 작용들이 무슨 이유인가로 통합되어 작동하는 것이다. 물론 나는 《그렌델》을 쓰는 내내, 내가 지금 대체 무슨 이야기를 해보려고(또는 극화하려고, 또는 명확히 밝혀보고자) 이렇게 몸부림치는지 잘 알고 있었다. 나는 내 정신적 경험 내부의 짜증나는, 때로는 고통스러운 부조화에 대해 쓰고 싶었고, 확신을, 말하자면 일종의 소심하고 준법적인 합리성을 희구하는 마음과, 내 어린 시절의 기독교 체험 중 가장 좋았던 것들에 대한 이따금 꺼질 듯 깜빡거리는 긍정이라고 할 수 있을, 어린아이와 같은 낙관주의에 경도되는 마음 사이의 충돌에 대해 쓰고 싶었다. 소위 '종교를 가지기엔 너무 자라버린' 대학 사회 사람들에게 둘러싸여서, 그들의 편에 가담하는 것이 비겁한 굴복이고 내 배경을 저버리는 일이라는 생각에 마음이 불편하면서도, 그렇다고 그러기를 거부하는 것 또한 비겁한 일이고 나 자신을 저버리는 행위이기는 매한가지라는 생각도 하면서, 나는 자기들이 무슨 이야기를 하는지 알고 있다고 자신하는 듯이 보였던(나는 믿지 않았다) 장폴 사르트르 부류의 작가들 사이를 헤매며 우울해했다. 교회의 일원이 되었으나 그들이 마음에 들지 않아 교회도 진작 떠났다. 이러구러 얼마쯤은 우연히 중세 기독교 시가의 전문가가 되었다. 그 한 작품이 두말할 것도 없이 《베어울프》로, 내가 앞에서 다룬 대목의 말미에 등장하는 유사 신비주의적 대우주/소우주 방정식 등의 출처다. 무아지경의 순간으로 녹아들 모든 요소가, 마치 번개가 치기 전의 괴물 프랑켄슈타인 몸체 조립 부품들처럼 구비되어 있었다. 내가 도저히 설명할 수 없는 것은 바로 번개다. 자기 자신에게서 벗어나 등장인물의 경험 세계에 온전히 들어가는 행위라고나 할까(들어갈 등장인물의 내면이라는 것에 작가 자신이 애초에 투영되어 있으므로, 이는 역설이다). 고도의 집중으로 온 정신이 근육처럼 팽팽히 당겨진 것만 같은 순간에 우리가 경험하는 정신적 긴장감이라고나 할까. 어쨌든 운이 좋으면 번개가 치고, 소설적 발상의 핵심에 놓인 광기가, 써내려가는 글 위에서 잠시 빛을 발한다.

4

언어 감각, 정확한 눈, 이야기꾼으로서의 특별한 지성 다음으로 작가가 꼭 갖춰야 할 것은 거의 악마적 강박이다. 자신과 자신을 둘러싼 세상에 대한 불만에 차서 그것들을 어떻게든 뜯어고치려고 몸부림치지 않고는 못 배기는, 극단으로 치닫는 천성은 소설가에게 전혀 해로울 게 없다(적어도 창작 활동에서는).

 정신적 상처도 잘 제어할 수만 있다면 소설가로 매진하는 데 도움이 된다. 어린 시절에 일으켰던, 그에 대한 책임감과 죄책감에서 영영 벗어나지 못하게 된 사망 사고, 부모의 사랑을 한번도 제대로 받지 못했다는 결핍감, 출신과 관련된 수치심 — 인종적인, 촌에서 자랐다는, 또는 부모에게 신체적 장애에 있다는 이유로 생긴 공격적이고 방어적인 죄의식 —, 자신의 외모에 대한 주눅 듦 같은 것들은 모두 앞날을 밝혀주는 조짐들이다. 밝고 적응 잘하는 어린이가 위대한 소설가로 자랄 가능성은 절반이다. 그러나 죄책감이나 수치심이란 인간의 영혼을 내성적으로 만든다는 점에서, 적당하다면(그로 인한 고통이 너무 가볍거나 너무 무겁지 않으면) 작가의 길에 큰 보탬이 될 것이다. 하는 일의 특성상, 소설가는 어떻게든 타인이 아닌 자기 자신에게 의지하는 방식을 배우고, 지나친 절박함이나 의존 없이 사랑하고, 동의나 지지가 필요할 때 자기 내면의 소리에 귀 기울이는 것이(또는 자기만의 기준에 비춰 보는 것이) 중요하다. 흔히 소설가란 괴로울 때 가까이 지내는 사람에게 기대기보다는 자기만의 환상이나 허구, 즉 위안을 주는 작가의 목소리에 기대도록 어릴 때부터 학습된 사람들이라고 여겨진다. 그러나 그렇다고 해도 자신의 재능과 작업에 신뢰를 보여주는 몇몇 소중한 사람이 곁에 있다는 사실이 소설가를 마음 든든하게 해줄 것임은 틀림없다.

장편소설가는 단편소설가나 시인과는 본질적으로 다른 상황에 놓인다. 일반적으로 말하자면, 장편소설가는 일단 성공하면 단편소설가나 시인보다 훨씬 두둑하게 벌어들인다. 상업적으로 성공한 예술적인 장편소설 — 특히 세 번째나 네 번째 작품 — 은 10만 달러 이상을 벌어다줄 것이고(사업가의 기준으로는 이쯤이야 큰 성공도 아니다. 그 작품을 쓰는 데 10년은 걸렸을 테니까), 여기에 지명도와 영예가 더해지며, 아마도 사진발 좋은 낯선 이들의 러브레터도 쏟아질 것이다. 그러나 그 어느 것도 그가 장편소설 장르를 선택한 이유는 아니다 — 또는 이유여서는 안 된다. 그는 본디 특별한 종류의 작가로, 윌리엄 개스가 일컬은바 '큰 호흡의 작가'여서, 사실상 자기에게 가장 자연스러운 일을 하는 것이다. 시인이나 단편소설가와 달리 그는 참을성이 있고 마라토너의 보조步調를 지녔다. 피츠제럴드의 말을 빌리자면, 모든 괜찮은 장편소설가 안에는 농부가 한 사람씩 들어앉아 있다. 게다가 장편소설가들은 그들만의 독특한 야망을 품고 있다—기념비적인 것을 추구한다. 그도 단편소설 작가에서 출발했을 수도 있다. 대부분의 장편소설가가 그러하다. 그러나 이내 자신이 좁은 새장 안에 갇혔다고 느낀다. 더 넓은 공간, 더 많은 인물들, 더 큰 세계를 원한다. 그리하여 장편을 쓰기에 이르고, 앞서 운을 뗐듯이 성공하면 꽤 큰돈을 번다. 문제는(이 이야기를 하려고 여태껏 길게 늘어놓은 거다), 장편소설가에게 성공은 시인이나 단편소설 작가들에게보다 훨씬 드물게 찾아온다는 데 있다. 바로 그래서 장편소설가는 그 일에 사로잡힌 사람이어야 하고, 어쨌든 시시때때로 터지는 박수갈채가 아니라 내공에 기대는 사람이어야 한다. 좋은 시를 쓰는 데는 며칠 또는 한 주일이 걸린다. 좋은 단편을 쓰는 데 드는 시간도 거의 비슷하다. 장편소설을 쓰는 데는 몇 년이 걸릴 수도 있다. 모든 글쟁이는 찬사와 출판을 먹고 자라거니와, 그중 장편소설가는 이익이 날 수도 나지 않을 수도 있는 투자를 크게, 장기적으로 하는 글쟁이다.

성공이 작가에게 가져다주는 것은 찬사와 출판 또는 돈만이 아니다. 자기확신도 불어넣어 준다. 글쟁이들은 고난도 기술을 구사하는 스턴트 라이더나 무용수처럼 지난 성공을 딛고 다음 성공으로 나아간다. 더 많은 모험으로 더 높은 자기 기준을 달성한다. 그들은 점점 발전한다. 바로 이런 이유로, 장편소설가는 단편소설가보다 불리하다. 특히나 성공이 정말로 절실한 견습 작가 시절에, 성공은 거의 찾아오지 않는다.

이제 장편소설가가 거쳐야 할 과정을 좀 더 자세하게 살펴보자. 무엇보다도, 진지한 장편소설가는 시작부터 끝까지 단숨에 두드려대고 재빨리 퇴고해서 팔아넘기는 일이 불가능하다. 그가 품은 구상은 그렇게 쉽사리 해내기에는 너무 원대하고, 만만치 않은 요소들을 너무 많이 껴안고 있다 — 인물들만 해도 그렇다. 그 많은 등장인물을 그저 창조해내는 데 그치는 게 아니라 완전히 이해하고(우리가 실제 삶에서 독특한 사람을 이해하듯이) 설득력 있게 그려 보여야만 한다. 게다가 이야기에 나오는 수많은 장면, 수많은 순간을 작가는 고도의 집중력과 세심함으로 상상해내고 글로 옮겨야 한다. 몇 주일 또는 몇 달씩 초점을 잃거나 혼란에 빠지지 않고 써내려갈 수도 있지만 조만간 — 적어도 내 경험으로는 — 길을 잃었다는 걸 깨닫는 순간에 봉착한다. 쓰고 고치기를 거듭하며 기나긴 시간을 보내는 바람에 인물들과 지나치게 친해져서 갑자기 그들이 지겨워지거나 그들의 말도 행동도 짜증스러워질 것이다. 아니면 그들에게 너무 가까이 다가간 나머지 객관성을 잃어버려 당황하게 될 것이다. 살다 보면 대충 알고 지내는 사람이 어떤 상황에서 어떻게 나올지는 짐작하면서도 정작 나 자신이나 나와 가까운 이의 반응은 도무지 예측 불가능할 때가 있듯이, 작가도 소설을 막 펼쳐나가는 단계에 있을 때, 그로부터 몇 달이 흘러 작업이 잘 굴러가고 인물들이 가족처럼 느껴질 때보다 더 인물들을 명확하게 이해한다. 나로 말하자면 어떤 인물이 주어진 상황을 어떻게 풀어나갈지 감을 잡을 수 없을 때 작업에 급제동이 걸린다. 사소한 상황을 다루던 중에 그렇게 글이 막히면 당혹감에 미칠 것만 같다. 한번은 《미켈슨의 유령 Mickelsson's Ghosts》을 쓰면서 여주인공이 식욕 돋우기용 전채 요리(오르되브르)를 권유받은 대목에 이르렀는데, 그녀가 이를 받을지 거절할지 가늠이 안 됐다. 나는 거절하는 쪽으로 밀어붙였다. 그러고 나자 꽉 막혀버렸다. 사실 그녀의 선택 따위는 전혀 중요할 게 없는 문제였는데도 다음 문장이 써지지 않았다. "아, 말도 안 돼." 나는 혼자 중얼거리며 공연히 진만 몇 모금 마셨다. 문득 내가 이 여자에 대해 아는 게 대체 뭔가, 하는 생각이 들었다. 애초에 이 여자가 파티에 가기는 했을지, 그것부터 자신이 없어졌다. **내가** 그 여자를 파티에 보내지 말았어야 했다. 문학 작품마다 나오는 최고로 멍청한 짓거리가 파티 아닌가. 나는 쓰기를 중단하고 원고를 걷어치운 다음에, 내 좌절감을 공구들에 쏟아부어 목공 작업에 들어갔다. 그로부터 한 주일쯤 지났을까, 띠톱으로 한창 나무를 켜는데 그 여자가 전

채 요리를 먹는 모습이 눈앞에 선하게 떠올랐다. 여전히 그녀가 이해되진 않았지만 그녀가 뭘 할지, 그다음에는 뭘 할지, 그다음엔 또 뭘 할지 이제 확신이 섰다.

장편소설 작업에서는 또한 작품의 전체적 흐름이나 강약 등 전반적인 구조 측면에서 작가가 나무에 집착해 더는 숲을 보지 못하는 교착 상태에 빠질 수도 있다. 나는 종종 장면을 만들고 매만지고 수정하고 삭제하는 데 열정적으로 집중한다. 다시 쓰고 매만지고 손질하기를 거듭하다 보면 나중에는 내가 무엇을 하고 있는지도 모를, 이 장면이 필요하다는 생각을 왜 했었는지 기억할 수도 없는 지경이 된다. 경험이 나에게 가르쳐준 것은, 비록 내키지 않더라도 쓰던 원고를 잠시 치워두었다가 — 몇 달이 될 수도 있다 — 다시 꺼내 읽는 방법이다. 시간이 적당히 흘러가고 나면 — 즉, 원고가 '식으면' — 결점이 뚜렷이 드러난다. 이 장면이 그 앞뒤 장면들에 비해서 너무 자세하다든가, 전체 작품과 따로 돈다든가, — 지금 말하려는 경우는 내게 딱 한 번 있었는데 — 이 장면만 굉장하고 나머지는 다 버려야 한다는 판단이 선다. 시원치 않은 수백 장의 원고를 날려버리는 것은 숙련된 작가에게도 힘든 일이며, 무엇보다도 자신이 쏟아부은 시간과 노력이 얼마인지 되돌아볼 수 있을 만큼 아직 작품에 밀착되어 있다면 어떤 작가에게라도 힘든 일이다. 한두 해가 흐른 후에 서랍 맨 아래 칸에 넣어둔 원고를 꺼내서 새롭게 읽어보면 냉정을 유지하기 쉽다 — 저절로 냉정해지기도 한다.

나는 진지한 장편소설을 완성하려면 정말이지 달리 방법이 없다고 생각한다. 쓰고, 한동안 내버려두고, 쓰고, 다시 한동안 내버려두는 식으로 달이 바뀌고 해가 바뀌다 보면 언젠가 작품 전체를 자신의 눈에 거슬리는 부분이 전혀 없이 읽어내게 될 것이다. (작품이 출간되자마자 책으로 읽으며 다시 수천 가지 실수를 발견하게 되겠지만.) 등장인물에 깊이와 복합성이 갖춰지지 않은 소설, 이를테면 A는 줄곧 인색하고 B는 한결같이 선선하며 실제의 인간처럼 모순투성이인 인물은 찾아볼 수 없는 대중소설을 쓰기 위해서라면 앞서 말한 복잡한 과정이 꼭 필요할지 모르겠다. 그러나 진짜 소설을 원한다면 천천히, 천천히 굽는 수밖에는 없다. 톨스토이가 《안나 카레니나》를, 제인 오스틴이 《에마》를 완성하기까지 겪은 산고는 널리 알려져 있다. 대중소설 작가들이 일반적으로 들이는 것보다 어마어마하게 더 긴 시간을 《죄와 벌》의 집필에 쏟아부었던 도스토옙스키는, 그럼에도 불구하고 이 작품을 설익은 채로 출간할 수밖에 없었다고 얼마나 통탄했던가.

작업 과정의 본질이 이러하므로 장편소설가에게 성공은 정말 드물게만 찾아온다. 그 결과 가장 고약한 점은 소설가가 내가 말한 '권위'를 얻기까지 힘든 시간을 보내야 한다는 것이다. 여기서 권위란 자신감, 즉 나의 예술에 필요하다면 뭐든 해낼 수 있다는 습관적 믿음이 아니라, 글의 행간에 보이거나 작가의 목소리에 실려 있는 어떤 것, 독자가 이 사람은 자기가 무엇을 하고 있는지 알고 있는 사람이라고 느끼고 곧장 신뢰하게 되는 인상이다 — 우리가 위대한 그림이나 음악에서 받는. 어떤 군더더기도 없고, 부자연스럽거나 머뭇거린 흔적도 보이지 않는다. 우리는 작가가 지금 자신이 하고 있는 이야기가 무엇인지, 그 내용을 어떤 운율에 실어야 할지, 나중에 나올 이야기와 어떻게 연결할지 알아내기 위해 치러야 했던 정신적 분투에 대해 조금도 눈치채지 못한다. 마치 전혀 힘들이지 않은 듯이, 그는 이 모두를 동시에 해낸다. 이보다 더 쉬운 일은 없다는 듯이 집필의 무아지경에 들어간다. 내 말이 어떤 의미인지 예시가 필요할 듯하다.

멜빌의 《오무 Omoo》의 첫 단락에 담긴 조심스러움과 머뭇거림에 주목해보자.

> It was in the middle of a bright tropical afternoon that we made good our escape from the bay. The vessel we sought lay with her main-topsail aback about a league from the land, and was the only object that broke the broad expanse of the ocean.
> 우리가 그 만灣을 무사히 벗어난 것은 화창한 열대의 오후가 한창일 때였다. 우리가 찾던 배는 큰 돛대의 중간 돛을

단 채로 육지에서 1리그(4.8킬로미터)쯤 떨어진 곳에 떠 있었는데, 이는 광활한 바다를 거스르는 유일한 물체였다.

위의 글에서 굳이 나무랄 대목은 없다고 본다. 그러나 화자의 성격에 대해 아무것도 느껴지지 않고, 문장 흐름에 어떤 분위기도 뚜렷이 실려 있지 않으며('벗어남(escape)'이라는 표현을 얼마나 심각하게 받아들여야 할지 가늠할 수 없다), 산문의 운문성을 찾아볼 수 없다. 운율감이 있는 독자는 문장들이 그냥 4분의 4박자로 딱딱 떨어진다는 점을 발견할 것이다. 이렇게 말이다.

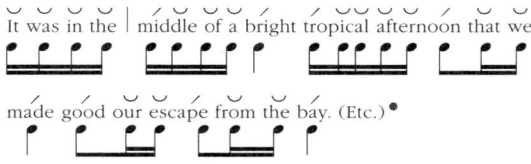

같은 작가가 당당하고 권위 있는 자신의 목소리를 찾았을 때, 그의 문장이 어떻게 달라지는지 비교해보자.

● ᴗ 강세 없는 음절
／강세 있는 음절(음악적 박자와 맞아떨어지는)

Call me Ishmael. Some years ago — never mind how long precisely — having little or no money in my purse, and nothing particular to interest me on shore, I

thought I would sail about a little and see the watery
part of the world……

나를 그저 이스마엘이라 불러주길. 몇 해 전에 — 정확히 얼마나 되었건 상관없고 — 나는 지갑이 거의 텅텅 빈 채, 육지에는 내 마음을 잡아끄는 게 아무것도 없어서, 배를 타고 좀 돌아다니면서 바다 쪽 세상을 둘러보리라 생각했다. ……

내가 말하는 권위란 **이런 것**이다. 더는 설명이 필요 없을 텐데, 다만 문장이 얼마나 유창하고, 미묘하고, 안정감 있게 흘러가는지에 주목해주기 바란다. (읽는 이에 따라서 운율을 달리 분석할 수도 있음은 말할 필요 없겠고, 내게 들리는 대로 표기해보면 다음과 같다.)

《오무》에서는 문장이 둔탁하게 흘러가고 울림도 단조로웠다.

《모비 딕Moby Dick》에서는 문장이 들어 올려졌다가 구르고, 멈추고, 모이고, 다시 구르는 흐름을 탄다. 음표 몇 가지가 기본 패턴을 이룬다. 예를 들어서 ♩♫와 ♩♫♫의 순환 배열에 주목해보자.

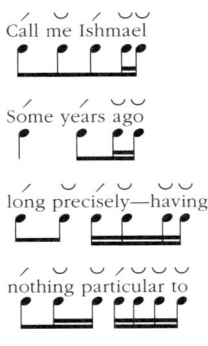

Etc.

분명 멜빌이 작곡가처럼 애써 문장에 리듬을 만들어나가진 않았겠지만, 그의 귀는 운율을, 그 미묘하고 멋진 변용을, 두운

법의 시적 작동을 (《오무》의 'broke the broad expanse of the ocean(광활한 바다를 거스르는)' 대목을 《모비 딕》의 'watery part of the world. It is a way I have(바다 쪽 세상을. 내가 늘상 그래왔듯이……)'와 비교해보라] 도모하는 동시에, 19세기 국회 의원이나 장로교회 목사처럼 원만한 레토릭(마크 트웨인이 구사했음 직한)과 간결하고 힘찬 의미 전달 방식도 도모했다. 그는 권위를 획득했다.

시인이나 단편소설가와 달리 장편소설가들은 잦은 성공을 통해 권위를 얻기를 기대하지 못한다. 나는 《니켈 마운틴》을 쓰기 시작한 1952년에 처음으로 진지한 장편소설가의 길을 가졌노라고 선언했다. 어떤 어려움이 닥쳐도 반드시 장편소설가가 되겠다고 그때 마음을 굳혔다는 거다. 첫 소설을 세상에 펴낸 해는 1966년이다 —《니켈 마운틴》이 아니었다. 1952년에서 1966년 사이에 여러 작품을 썼지만 어느 것도 풋내기인 내 기준조차 만족시키지 못했다. 지금도 마찬가지지만 나는 그때 일주일에 이레를 줄곧 써댔다. 하루에 평균 열여덟 시간을 쓰는 데 바쳤다. 지금은 일하는 시간이 그보다 짧지만, 이제 나에게는 더 많은 요령이 생겼고 한 시간에 더 많은 일을 한다. 자랑하려는 게 아니다. 좋은 장편소설가들은 거의 모두 나처럼 일하고, 세상에는 좋은 장편소설가들이 많이 있다. (게다가 진정한 의미에서 그것은 일이라 칭할 수도 없다. 전에 유명한 농구 선수가 이렇게 말했다.

"농구가 불법이라면 나는 무기 징역을 살겠다." 장편소설가들에게도 이 말을 똑같이 적용할 수 있다. 그들은 설령 장편소설 쓰기가 불법이라 해도 쓸 것이라고. 단, 농구보다는 소설이 불법이겠다.)

그러므로 — 하던 이야기로 돌아가자면 — 장편소설가가 성공을 쌓아 올려 권위를 세울 가능성은 낮다. 긴 수련 기간 동안 그는 푸른 잎 속의 잭(Jack o' the green)*처럼 순진한 배짱으로 버틴다. 그는 꽤 성마른 사람이 되어갈 수밖에 없다. 이때쯤 돈 잘 버는 동창생들은, 가장 똑똑했던 축에 들었던 한 반 친구가 아직도 자기들 눈에 오갈 데 없이 분투 중인 걸로 비친다는 사실에 아마도 어리둥절해할 것이다.

어떤 면에서 소설에 미치지 않고서는 젊은 소설가 지망생이 소설가로 클 가능성은 없다. 대개는 그렇다. 일부는 포기하고, 일부는 곁길로 샌다. 텔레비전과 영화 동네는 반짝이고 상상력 풍부한 젊은이들을 천 마리 미노타우로스보다 더 많이 집어삼킨다. 그들은 진정한 소설가의 창의성에 목말라하면서도 그것을 발견하면 가져다가 몹쓸 꼴로 망가뜨려 사용한다 — 생각은 포기한 쪽대본, 아니면 그보다 더 몹쓸 꼴로. 예전에 잘나가는 할리우드 연출가를 만났을 때 그가 나에게 '미국인들이 좋아하지 않는 것' 목록을 말해줬다. 시장 조사를 해서

*
서양의 노동절 놀이 풍속에서 푸른 잎으로 뒤덮인 피라미드형 큰 광주리에 갇힌 사나이 역할.

얻었다는 그 내용은 미국인들은 설경이 나오는 영화를 좋아하지 않는다, 미국인들은 농부들에 대한 영화를 좋아하지 않는다, 미국인들은 주요 등장인물이 외국인인 영화를 좋아하지 않는다, 따위로 이어졌는데, 나는 거기까지만 들었다. 그 자리에서 베트남 이민자 가정이 아이오와에서 보낸 첫 겨울에 관한 영화 이야기를 꺼낼 참이었기 때문이다. 할리우드의 시장 조사 내용에 귀기울이다 보면, 그들이 반길 영화 대본은 지난해 블록버스터의 싸구려 모방작밖에 없음을 알게 된다.

소설가 지망생들은 다양한 옆길로 샐 수 있다. TV 영화나 '진짜' 영화(이따금 좋은 영화도 있음을 부정하지 않는다)나 일간이 같은 TV 드라마 대본을 쓸 수 있고, 문예 창작 전업 강사가 될 수도 있고, 광고나 포르노물, 〈내셔널 지오그래픽〉지 기고 등에 발을 들여놓을 수도 있고, 흥미로운 동네 건달이 될 수도 있고, 대중소설을 써서 얻은 얼마간의 성공으로 토크쇼의 고정 출연자가 될 수도 있고, 정치에 발을 들여놓을 수도, 〈뉴욕 타임스〉나 〈뉴욕 리뷰 오브 북스〉의 기고가가 될 수도 있다. ……

진정한 소설가 되기는, 그 일에 모든 것을 건 사람이 아니라면 세상에서 가장 어려운 일이다. 모든 것을 건 사람이라면, 아무리 어렵더라도 다른 일보다 이게 쉽다.

어떤 일에 '미친다'는 것은 구원일 수도 있고 죽음일 수도 있다. 진정한 소설가라면 소설에 사로잡힌 동시에 무심해져야만

한다. 반 고흐는 살아생전에 그림을 단 한 점도 팔지 못했다. 에드거 앨런 포는 거의 팔리지 않는 시와 소설에 끝내 매달렸다. 소설 쓰기에 사로잡히되, 자살이 아니라 굉장한 예술 작품을 만들어내는 일로 떠밀릴 만큼만, 판매나 대중의 이해 여부 따위에는 무심해질 만큼만 사로잡혀야 한다. 사로잡힘은 소설가 자신에게도 그의 친구들에게도 곤혹스러운 상황이지만, 이를 겪지 않고 성공하는 소설가는 있을 수 없다. 소설가의 내면에서는 농부와 채찍을 휘두르는 사나이가 함께 살아가야 한다.

5

새내기 작가에게 재능이 있는지 없는지 판정해줄 수 있는 사람은 없다. 새내기 작가에게 그런 질문을 받는 사람들은 대개 이를 판단할 자격이 없는 사람들이다. 대단한 위치에 있거나 명성이 있다 할지라도, 직군을 막론하고 종사자의 87퍼센트는 무능하다는 게 세상사의 진리다. 새내기 작가는 가능한 근거를 바탕으로 스스로 결정해야 한다. 나는 이제까지 그 결정에 도움이 될 근거에 대해 자세히 이야기했고, 여기 요약하자면 다음과 같다.

언어적 재주는 유망한 소설가가 될 징표이지만, 이 재주가 없는 위대한 소설가도 있고, 이 재주는 넘치는데 별 볼 일 없는 소설가도 있다.

    정확하고 참신한 관찰력은 대단히 중요하다. 그러나 이 능력은 타고나지 않았더라도 기를 수 있다. 대체로, 구체적인 것보다 추상적인 것이 더 효과적인 경우는 거의 없다는 사실을 명심하자. '그녀는 괴로워했다'라고 쓰느니 차라리 '그녀는 고개를 돌렸다'가 낫다.

    '아는 것에 대해 쓰라'라는 글쓰기 교사의 지침만큼 어리석은 것도 없다. 그러나 사람에 대해 쓰든 용에 대해 쓰든, 대체 어떤 일이 벌어졌는지 — 어떻게 인물이 실체를 드러냈는지 — 에 대해 작가 고유의 관찰이 있어야 죽은 장면이 살아난다. 자신이 동영상 카메라가 된 듯이 기록하고, 있는 그대로를 포착하라는 정도가 내가 미리 해줄 수 있는 조언이겠다. 사람은 누구나 놀라울 만큼 정확한 눈으로 대상을 바라보지만 그렇다고 모두가 그 내용을 글로 옮길 수 있는 것은 아니다. 남편과 아내가 싸울 때 그들은 열심히 생각하지 않아도 그 싸움을 기가 막히게 잘 이끌고 간다. 그들은 정확하게 싸움의 적정 한계선까지만 가며, 상대방의 약점을 알지만 언제 자제해야 할지도 본능적으로 안다. 무의식은 영리하다. 작가의 내면에서는 이 무의식이 눈부시게 작동한다. 송어 낚시꾼이나 등반인의 무의식만큼이나 확실하게. 까다로운 것은 이 무의식을 끌어내 글로 바꾸는 작업이다. 무의식의 정확한 기록이야말로 '작가의 정확한 관찰력'이 의미하는 전부다. 작가가 진정으로 관심을 기울인 것을 글로 변환하는 행위야말로 — 어떤 어리석은 자가 목격할 법한 것이 아니라 작가 자신이 목격한 것을 기록하는 행위야말로 — 작가의 관찰력이 지닌 **독창성**이 의미하는 전부다. 모든 사람에게는 독창적 시각이 있다. 대다수 사람들은 이를 싸구려로 만들거나 거짓되게 꾸미지 않고는 글로 바꿀 줄 모른다. 대다수 사람들은 헤밍웨이가 말한 '충격에 강한 허튼소리 탐지기'를 체내에 탑재하지 못했다. 그러나 오로지 자신이 보고 느낀 대로 기록하고, 그저 수사나 곁가지로 흐른 부분은 없는지, 기품도 없고 인상적이지도 않으며 우매하기만 한 구석은 없는지 돌아보며 여러 번에 걸쳐 주의 깊게 고쳐 쓰는 작가라면, 세상이 공정한 한, 지브롤터 요새보다 더 오래 버틸 것이다.

소설가의 특별한 지성에 관해서라면 자신에게 그게 있는지 없는지 자문해보기 바란다. 없다면, 그 특별한 지성이 무엇인지 아는 게 아마도 그것을 기르는 데 도움이 될 것이다. 소설가만의 특별한 지성을 좋아하지 않는다면, 소설가가 되지 않으면 된다. 이제까지 내가 한 이 모든 이야기에도 불구하고 당신이 진정으로 원하지 않는다면.

악마적 강박(Daemonic compulsiveness). 당신에게 그게 없는데도 훌륭한 소설을 쓴다면 내가 누구보다 먼저 이렇게 말해줄 테다. "여러분, 경의를 표합시다." 내가 강박의 가치를 강조하는 것은 소설가들의 경기장에 무기 없이 들어가는 사람이 없기를 바라기 때문이다. 어느 분야에나 쉽사리 똑 부러지게 해명할 수 없는 생존 방식도 많이 있다. 고기를 잡으려고 흐르는 강물에 몇 시간씩 서 있는 방법을 쓰는 미국인도 많다. 소설가의 작업이 그런 아마추어 고기잡이의 작업보다 더 쓸모없을 리는 없다. 그리고 짐작건대 대다수 어부는 악마적 강박에 사로잡혀 있지도 않다.

자기에게 소설가가 될 재능이 있는지 알고 싶어 하는 젊은 작가에게는 "소설을 쓰고 싶어요? 진정으로 소설 쓰기를 원해요?"라고 물어보면 된다. "그렇다"라는 답을 들었다면, 해줄 수 있는 이야기는 오로지 "그럼 쓰라"이다. 실은 어떤 이야기를 듣든 그는 쓸 테고.

II.
창작 훈련과 교육

젊은 작가들에게 받는 아주 흔한 질문 중 하나는 소설 창작과 문학 관련 대학이나 대학원 과정을 이수할 필요가 있느냐 하는 것이다. 그 질문이 단순히 "그 과정들이 더 좋은 작가가 되는 데 도움이 됩니까?"라는 뜻이라면, 내 대답은 "그렇다"이다. "그 과정이 자립 가능성을 높여줄까요? 이를테면 예술학 석사를 따면 대학 창작 강사 자리를 얻을 수 있다든지요?"라는 뜻이라면, 대답은 "아마도"이다. 좋은 학교의 문학 석사나 예술학 석사 학위가 도움이 될 수 있지만, 이미 대학이 창작 분야 강사들을 수요를 훨씬 뛰어넘을 만큼 배출하고 있어서, 대체로 예술학 석사 학위보다는 출간 이력이 채용자의 눈길을 더 끈다.

학생들은 까놓고 말하자면 대개 생계 수단을 강구하려고 대학이나 대학원 진학을 고려한다. 많은 분야에서 이런 생각이 타당하지만, 예술 쪽은 그렇지 않다. 유럽이나 영국의 작가들은 주 정부로부터 상당한 지원을 받지만 미국의 사정은 다르다. 연방 정부나 주 정부나 지방 정부가 눈곱만큼 지원하는 시늉은 하지만('미국국립예술기금'을 다 털어봐야 소형 구축함인 프리깃한 대밖에 못 살 거다), 예술가 지원책에 대해 제대로 아는 당국자는 한 사람도 없음이 분명하다. 과거 예술가가 교회나 후원자에게 의지하던 시절에는 문제가 단순했다. 지금은 아니다. 오늘날 모든 분야(음악, 미술, 문학)의 진정으로 진지한 예술가들은, 신학에서 직업적 외설 문학에 이르는 다양한 다른 예술 그룹들과 동떨어져 존재하는 대안 문화 집단과도 같다. 텔레비전 시청이라는 세상 사람들의 일상적인 오락을 헌납하고 시대가 딱히 알아주지도 않는 이상을 추구하다가 운이 따르면 문화계 영웅으로 떠서 주목받기도 하지만, 성공한 작가들조차도 비싼 대가를 치른다. 창작 보조금 세계나 시장에서 소설가는 아마도 다른 예술가들에 비해서는 더 기회가 많을 것이다—진지한 배우, 시인, 작곡가 들에 비하면 분명 그렇다. 그런데도 글로 먹고사는 소설가는 아주 드물다. 글공부는 클래식 피아노 공부와 마찬가지로 실용적이 아니라 귀족적이다. 부자로 태어났다면 예술가의 길을 가볍게 감당할 수 있다. 그게 아니면 예술을 위해 많은 희생이 따른다. 이 이야기는 나중에 따로 하겠다.

화제를 전환해서, 문예 창작 프로그램 수강이나 대학에서 문학을 전공하는 일의 득실에 대해 생각해보자.

사실 문제 없는 창작 워크숍은 거의 없다. 그렇지만 수준급 작가들의 워크숍이라면 얻을 게 있을 것이다. 일단 대단한 스승들이 없다 해도, 서로 도움을 주고받을 만한 여러 그룹의 젊은 작가들이 한데 모인다는 것만으로도 의미 있다. 작가의 길을 가는 과정에서 만난 이 진지한 동료들은 나만 별종이 아니라는 사실을 확인해준다. 서로 이야기를 나누고 동료들의 작품을 읽고 그들의 독후감에 귀 기울이는 일이 작가를 사숙하는 과정을 대신해줄 수도 있다. 작가의 길을 걷기 시작한 사람에게 사회적·

심리적 의지처가 필요하다는 점은 아무리 강조해도 지나치지 않다.

작가가 처음 글을 쓰기 시작할 때 그는 서툰 노름꾼이나 오보에 연주자와 마찬가지로 해냈다는 뿌듯함을 난생처음 맛본다. 노름꾼은 땄다가 잃었다가 하면서 일확천금을 꿈꾼다. 마찬가지로 서툰 오보에 연주자도 겨우 몇 악절을 제대로 연주해내고는 선율에 담아낼 수 있는 충족감과 자기표현의 무한한 가능성에 형언할 수 없는 전율에 휩싸인다. 그러나 이는 어디까지나 노름꾼이나 오보에 연주자 시늉을 해봤을 때의 이야기다. 막상 그것을 직업으로 삼겠다고 마음먹고 나면 이야기는 달라진다. 배워야 할 것이 얼마나 많은지, 자기가 얼마나 모르는지 갑작스럽게 실감한다.

대학 문을 나올 때 새내기 작가는 모두에게 최고 글쟁이 중 한 명으로 인정받던 세계와 작별한다. 졸업 후 그가 이를테면 '아이오와 작가 워크숍Iowa Writers' Workshop'에 간다고 치자. 스탠퍼드나 컬럼비아나 빙엄턴*의 프로그램이어도 상관없다. 그곳에서 그는 한 학급 동료 거의 전원이 대학 시절 나름대로 스타 작가로 통했었다는 사실을 알게 된다. 게다가 자기 작품을 읽은 유명 교수들 반응은 대체로 무덤덤하다. 새내기 작가는 오로지 놀랍고 실망스러울 뿐이다. 도대체 학부 때 교수들은 왜 자신을 착각에

* 뉴욕 주립대 빙엄턴 캠퍼스.

빠지게 만든 걸까 궁금해진다. 왜 높은 안목의 훌륭한 교수들마저 학부생에게는 넘치게 후한 평가를 내리는지, 나조차도 그 이유를 잘 모르겠다. 널리 알려진 전문적 창작 워크숍들 이외의 장에서는 진정으로 장래성 있는 새내기 작가를 발견하기가 상대적으로 어렵기 때문이 아닐까 싶다. 또는 갓 시작한 단계의 작가에게는 기량에 대한 엄격한 평가보다는 격려와 칭찬이 보약이라고 믿기 때문일까.

어쨌든 작가는 달라진 환경에 적응한다(적응하지 못해 포기하기도 한다). 그는 자신이 학부 때 교수들이나 동급생들이 상상했던 것만큼 대단한 존재가 아니라는 사실을 받아들인다. 성공하려면 노력해야 한다는 걸 깨닫는다. 이 우울한 상황에서 작가에게 가장 절실한 것은 자신과 가치관을 공유하는 집단이다. 좋은 경영자, 정치가, 과학자가 되는 것보다 좋은 작가가 되는 게 낫다고 무조건 믿는 집단 말이다. 좋은 작가들은 일단 똑똑한 사람들이다. 경영자, 정치가, 과학자가 **되고도** 남았을 터이다. 그들이 그 일을 좋아하거나 원하지는 않았겠지만, 한다면 해냈을 것이고, 어쩌면 그 일이 더 쉬웠을지도 모른다. 전도유망한 젊은 작가가 세상에서 더 알아주고, 어쩌면 더 쉬울지도 모르는 길에 눈을 돌리지 않도록 지켜주는 것이 함께 배우는 작가 집단이다.

사실 이 작가 집단은 종종 그들의 어리석음으로 새내기 작가를 구원한다. 이 집단에는 바보들이 수두룩하다. 글쓰기보다 다른 일이 더 중요하다고 생각해본 적이 전혀 없는 젊은 숙맥들이나, 이것저것 생각해봐도 글쓰기가 인간 정신이 해낼 수 있는 단 하나 진정으로 가치 있는 일이라고 생각하는 글쓰기 광신도들 말이다. '날 때부터 작가' 유형도 많다. 그들은 다양한 인간 활동에도 가치를 두지만 그중 글쓰기 말고는 전혀 할 생각이 없다. (왜 소설을 쓰냐는 질문을 받고 플래너리 오코너는 이렇게 대답했다. "그걸 잘하니까요.") 어떤 작가 집단이든, 속물들도 반드시 여럿 섞여 있게 마련이다. 글을 쓰는 것, 나아가 작가들과 어울리는 것만으로도 우쭐해지거나, 작가가 되는 건 (재능이 별로 없어도) 낭만적인 일이라고 여기는 유형의 사람들이다. 그들 각자의 이유와 사정이 어떠하든, 그 다양한 사람들이 모여 이루어진 동료 집단은 새내기 작가들이 두려움을 떨쳐버리도록 도와준다. 새내기 작가는 창작 교수를 잘 만났건 잘못 만났건, 작품 독회 참여를 즐기는 몇몇 분석가들을 위시한 모든 동료가 보내주는 세심한 관심에 의지할 수 있다. 자신이 쓴 작품에 확신을 갖지 못하는 새내기 작가는 자신만큼이나 창작에 속 끓이고 있는 걸로 보이는 그들에게 자기 작품에 대한 칭찬을, 아니면 건설적인 비판을, 심지어 아주 부정적인 비판까지도 구할 수 있다.

이는 당연히 어느 분야에나 똑같이 적용할 수 있는 이치다. 젊은 장사꾼이 장사의 부도덕한 면만 보는 집단에 속해 있으면 초심을 잃기 쉽다. 우리는 사회적 동물이다. 공화당 지지자의 집안에서 나고 자랐더라도 교류하거나 존중하는 주변 사람들이 모두 민주당 지지자들인데 변함없이 공화당 지지자인 사람은 드물다. 고집스러움은 작가의 중요한 덕목이라고 앞서 이야기했다. 그러나 고집스러움으로 버티는 데는 한계가 있다. 행복한 가정에서 자라나 비관주의자들의 집단에 속하게 된 사람은 — 예를 들어 인디애나 주의 안락하고 평화로운 농장에서 자라나 뉴욕으로 옮겨 간 사람은 — 버텨내야 할 소중한 무엇인가를 품고 있지 않는 한, 고집스럽게 버텨내기 어렵다. (그 반대도 마찬가지다. 맨해튼에서 나고 자란 사람은 오하이오 시골 마을의 털 냉소적인 인생관으로 쉽게 갈아타지 못한다.) 문제를 단순화하려는 의도는 없다. 인디애나의 행복한 가정에서 태어난 태생적 비관주의자가 없으리란 법도 없다. 그러나 자신의 성향과 반대되는 환경에 놓이면 — 낙관주의자 집단에 혼자 끼게 되었다든가 — 자신의 비관주의를 예술로 승화시키기는 어렵고 그저 불행한 외톨이가 될 뿐이다.

바로 이런 이유로, 창작 워크숍은 젊은 작가로 하여금 자신이 비정상이 아닐뿐더러 도덕적이라고 느끼게 해준다는 점에 가장 큰 가치가 있다. 워크숍 집단 안에서 작가들의 대화 주제는 거의 대부분 글쓰기다. 그곳에서 오간 이야기 거의 전부에 동의하지 않는 참여자라 할지라도, 그 어떤 자리보다 중요한 대화의 장이라는 사실만큼은 인정하게 될 것이다. 그저 그런 작가 집단에서 나눈 것일지라도 창작에 대한 대화는 흥미롭다. 그들이 누구든, 그들과 이야기를 나누는 동안은 '나만의 기준으로 볼 때 난 아직 멀었다'라는 생각을 잊을 수 있다. 그러면 불안감이 밀려와서, 여기서 나가 집에 가서 작품을 쓰고 싶다는 생각이 솟구친다. 작가를 만드는 것은 다른 무엇도 아니다. 오로지 쓰는 수밖에 없다.

한편으로, 작가 워크숍(또는 다른 종류의 결속력 있는 작가 모임)을 기피하는 작가는 어려움을 겪게 될 수도 있다. 이를테면 잭 런던 같은 인물의 전설에 혹해서 선원이나 벌목꾼이 되는 게 작가로 가는 지름길이라고 여길지도 모른다. 잭 런던은 지금과는 달리 작가가 민중의 영웅이고 글쓰기 기법이 지금처럼 중시되지 않던 시대의 인물이다. 그는 비극적이고 고상한 인간이었지만 상대적으로 글을 잘 쓰는 작가는 아니었다. 좋은 글 선생들에게서 더 배웠어야 했다. 언젠가 헤밍웨이는 '작가가 되는 가장 좋은 방법은 잠적해서 쓰는 것'이라고 말했다. 그러나 정작 자기 자신은 쟁쟁한 작가들이 수두룩한 파리로 가서 당대 최고의 이론가이자 아주 명민한 작가 중 한 사람인 거트루드 슈타인에게서 배웠다. 우리가 고독한 천재로 여기는 경향이 있는 조지프 콘래드도 실은 포드 매독스 포드, H. G. 웰스, 헨리 제임스, 스티븐 크레인을 비롯한 여러 작가들과 가깝게 교류하며 글을 썼다. 멜빌에게는 호손과 그의 친구들이 있었다. 위대한 작가들은 거의 어김없이 어떤 문예 계통과 연관을 맺고 있다. 예외를 찾기 어렵다. (믿기지 않겠지만 맬컴 로리*에게도 교류하는 작가군이 있었다.) 그러니 정신적 지지가 되어준다는 점 하나만으로도, 나쁜 워크숍에라도 참여하는 것이 어떤 워크숍에도 참여하지 않는 것보다는 낫다.

나쁜 워크숍에서도 얻는 게 있을진대 좋은 워크숍이야 당연히 그 이상이다. 그럼 어떤 작가 워크숍이 좋은 워크숍인가? 가장 역사 깊고 잘 알려진 아이오와 워크숍은 늘 좋은 학생들의 관심을 끌고 좋은 교수들이 참여할 때도 많다. 빙엄턴 대학은 좋은 소설 창작 프로그램을 운영하고 있어서 나도 교수로 참여하고 있다. 앞서 언급한 컬럼비아나 스탠퍼드의 프로그램도 신뢰할 만하고 그 밖에도 추천할 만한 프로그램을 얼마든지 더 나열할 수 있다. 그러나 어느 것을 강력히 밀기는 좀 망설여진다. 참여 교수진을 포함해서 해마다 변수가 있기도 하거니와, 어떤 참여자에게는 좋았던 워크숍이 다른 참여자에게는 지독하게 안 좋은 경험으로 남을 수도 있기 때문이다. 나 자신은 이른바 실험적인 작법에 별 관심이 없다. 가끔 시도해보고, 윌리엄 개스(창작 강의를 좀처럼 하지 않는다)나 맥스 애플(라이스 대학에 가면 그에게서 배울 수 있다)의 소설을 감동적으로 읽거나 즐겁게 읽곤 하는 정도다. 한번은 내 창작 수업에 내가 선호하는 전통적인 유형에 드는 소설에 전혀 관심이 없는 학생이 들어왔다는 사실을 알고 그 학생도 나도 큰일이구나 싶었다. 아무리 도와주고 싶어도 나는 그에게 맞지 않는 의사였다. 반면에 존스홉킨스 대학 창작 프로그램을 이끌며 그와 마찬가지로 새롭고 낯선 것을 추구하는 흥미로운 작가 무리의 옹위를 받는 존 바스는 젊은 사실주의자에게 파괴적인 영향을 미칠 수도 있다. 따라서 창작 프로그램을 고를 때는 문학적 관심사가 자신과 가장 가까운 교수들이 참여하는 프로그램이 어느 것인지 잘 따져봐야 한다.

좋은 창작 워크숍은 아주 뛰어난 학생이 적어도 한두 사람은 섞여 있다는 점에서도 유익하다(여기에 성실하고 현명한 학생 대여섯 명, 그리고 시건방지거나 굳세게 관습적인 다수가 더해진다). 최고 명성의 워크숍일지라도 교수보다 참가 학생들에게서 배우는 게 더 많을 가능성이 높다. 좋다고 알려진 워크숍에는 좋은 학생들이 모이게 마련이고 그들은 배우는 단계이기에 작품의 면밀한 검토자이자 격려자, 유용한 비평자가 되어줄 것이다. 유명 워크숍의 교수진은 도움이 될 수도, 안 될 수도 있다. 워크숍들은 되도록 유명 작가들을 초빙하려는 경향이 있는데 모든 유명 작가가 다 좋은 글선생인 것은 아니다. 게다가 유명 작가들은 대개 자기 작품에 매여 있다. 학생들에게 아무리 관심을 깊이

* 알코올중독에 시달리며 폐쇄적인 삶을 살다가 48세에 요절했다.

기울인다 해도, 본업은 엄청난 시간을 바쳐야 하는 자신의 소설이다. 그래서 그들은 가장 뛰어난 학생에게만 집중하고 나머지는 소홀히 하는 해결책도 종종 쓴다. 좋은 선생이 새내기 작가에게 도움을 줄 수 있는 존재임은 내가 생각해도 의심의 여지가 없는데, 실제 워크숍 현장에서 참가 학생들은 부업으로 가르치면서 최선을 다하지 않는 좋은 작가나, 아주 좋은 작가는 아니어서 부분적으로 틀리게 가르치기도 하는 좋은 선생이나, 전혀 가르칠 줄 모르는 좋은 작가를 만날 뿐이다.

얼마나 좋은 가르침을 주느냐와 무관하게, 유명 작가들은 창작 프로그램에 막대하게 기여한다. 어쩌면 그 자리에 나와 앉아서 롤 모델이 되어주는 것 자체가 가장 큰 기여인지도 모른다. 여러 날 그 인물과 한 공간에 머무는 것만으로도 새내기 작가들은 그가 무엇을 어떻게 읽는지, 세상을 어떻게 인식하는지, 타인이나 자기 직업과 어떻게 교감하는지, 심지어 그의 일상생활이 어떻게 돌아가는지까지 알게 된다. 유명 작가와 함께하면서, 새내기 작가는 자신의 목표가 터무니없지만은 않다고 뚜렷이 확신하게 된다. 억세게 운이 좋은 경우, 그 유명 작가는 좋은 선생이기도 할 것이다. 그는 진정한 예술이 무엇인지 알 뿐만 아니라 설명할 줄도 알 것이다.

내가 방문하거나 가르쳤던 창작 프로그램에서 발견했던 뛰어난 선생들은, 그들도 단편 몇 편을, 오래전에 장편 한 편을, 또는 그렇고 그런 장편 여러 편을 발표했겠지만 결코 독창적인 작가는 아니었다는 사실을 덧붙여야겠다. 자기 글의 흠은 못 봐도 학생 글의 흠은 잘 짚어내는 사람이 있고, 생각은 훌륭한데 개인적인 한계로 생각에 값하지 못하는 책을 쓰는 사람이 있다. 뛰어난 창작 선생은 때로 소설가라기보다는 비평가다. 아무런 문학적 경력이 없는 대학 교양영어 강사가 초급 창작 강의에 투입되어 이쪽 자질을 드러내기도 한다. 이런 선생을 만나려면 행운이나 소문에 기대는 수밖에 없다. 존경하는 작가에게 지금 새내기라면 어떤 프로그램에 등록하겠느냐고 물어보는 것도 한 방법이다. 아니면 그저 일반적으로 평판 좋은 대학교를 선택하고 좋은 결과를 기대하든가. 어디든 좋은 대학교라면 도움 될 사람을 만날 확률도 높아진다.

문예 창작 프로그램들의 기이한 점을 하나 꼽자면, 창의적 글쓰기를 어떻게 가르칠지에 대한 표준적 방법론이 없다는 것이다. 많은 사람들이 ─ 심지어 문예 창작 교수조차도 ─ '글쓰기를 배운다는 게 정말 가능할까?'라고 묻는다. 그림이나 작곡을 두고 그렇게 묻는 사람은 없다. 글쓰기는 '천부의 재능'이나 '영감'의 영역이라는 믿음이 너무 강하다 보니, 다른 예술 분야처럼 체계적으로 전수할 수 있는 게 아니라고 흔히 예단한다. 소설 쓰기는 그림 그리기나 작곡만큼 특수하지도, 감지되지도 않는 기술이므로 이런 인식은 어느 정도는 옳다. 그러나 글쓰기가 배울 수 있는 기술이냐는 의문에는 역사적 이유도 일부 작용했다고 본다. 고대에는 그림이나 음악 분야는 시나 소설 창작과 달리 종교적·정치적 기능을 직접적으로 수행했다. 도시 국가 피렌체의 교회와 정치권력에게 조토의 솜씨가 필요했기에 조토는 자신의 그림 그리는 방식을 가르쳤다. 반면에 그와 거의 동시대인인 단테나 보카치오의 정치 참여와 문학 교육은 별개 행위였다.

어쨌거나 지난 20-30년 사이 미국에서는 문예 창작 프로그램이 활발해지면서 글쓰기 교육법도 개발되어왔으며 해를 거듭할수록 전반적으로 교육의 질이 높아지고 있다. 이러한 변화가 바로 우리 시대 소설들과 시들을 따분한 닮은꼴로 만든 주된 원인이라고 개탄하는 사람들도 있다. 그러한 견해에도 분명 근거가 없지 않다. 그러나 내가 볼 때 적어도 기술적인 차원에서, 소설에 진보는 전혀 없었다. 어느 시대에나 원래 천재 작가들이 여럿 있을 뿐, 실수하지 않도록 — 꿈이 생생하고 끊김 없이 이어지는 것을 방해하는 불명확하고 어색한 형식을 사용하지 않도록 — 가르침 받는다고 더 흥미롭고 독창적인 작가가 되는 것은 아니라고 말하는 게 어쩌면 진실에 가까울 듯하다. 좋은 창작 프로그램에 참여하는 학생들은 훌륭한 창작 기술 이론들이 개성과 자발적인 모험을 해치는 경향이 있다는 점을 가장 경계해야 할지도 모른다.

나쁜 창작 워크숍에는 몇 가지 특징이 있다. 자신이 선택한 워크숍에서 그중 몇 가지를 느꼈다면 그만 중단하기를 권한다.

나쁜 워크숍에서 교수는 비판을 허용하거나, 심지어 권장한다. 작가 워크숍에서는 일반적으로 학생들이 자신이 쓴 단편(대개 스승과 함께 검토와 토론 과정을 거친 작품)을 읽고 교수와 참여 학생들의 의견을 듣게 마련이다. 좋은 워크숍이라면 교수는 경쟁심이나 물어뜯기가 아닌 협력의 분위기를 조성한다. 제대로 굴러가는 워크숍이라면 낭독 작품 작가의 동료들은 '나라면 이 이야기를 이렇게 썼을 것'이라는 말로 소감을 시작하지 않고, 여기는 괜찮은데 저기는 이상하다는 따위 맹목적 편향을 드러내면서 시작하지도 않는다. 바꿔 말하자면, 처음부터 다른 이야기를 지어내거나 다른 형식을 강요하지 않는다. 그들은 낭독된 소설을 그 자체로서 이해하고 감상하려고 노력한다. 설사 내심 미심쩍더라도, 일단 작가가 주도면밀하고 명민하게 이야기를 꾸렸을 터이니 내 눈에 거슬리는 점들에도 나름의 이유가 있을 거라고 믿어본다. 왜 이렇게 썼는지 이해할 수 없으면 질문한다. 학생들로 하여금 이해가 안 되는 부분은 말이 안 되는 부분이라고 속단하도록 버릇 들이는 것은 형편없는 선생들이 저지르는 흔한 잘못이다. "이 부분은 말이 안 돼요"라고 호전적으로 말하지 않고 "이 부분은 이해하지 못했어요"라고 말하려면 자신감과 선의가 있어야 한다. 당혹감을 감춘 채 자신이 제대로 이해하지 못한 내용을 공격하는 것은 어리석은 사람의 특징이다. 현명한 사람은 혼란스럽다고 털어놓고(무오류를 가장하는 자는 천국에서 아무 선물도 못 받는다) 문제가 된 대목에 대한 설명을 들은 다음, 자신의 불찰을 자조하거나 어떤 점이 이해를 가로막았는지 합리적으로 설명함으로써 작가로 하여금 전달에 실패한 이유를 깨닫게 해준다.

말하자면 워크숍에서 이뤄지는 좋은 비평도 일반적인 좋은 비평과 다르지 않다는 뜻이다. 대단한 작품이라고 널리 인정받는 작품을 읽을 때 지각 있는 사람이라면 왜 그 작품이 작가를 위시해서 지성인들의 심미안을 충족했는지 이해하려고 노력한다. 좋은 소설 워크숍에서 참가자는 작품이 얼핏 신통치 않아 보이더라도, 상당히 긴 시간 동안 고민하며 써내려간 작가에게는 관대한 반응을 얻을 자격이 있다고 인정한다. 사실 워크숍에서 낭독되는 소설 중에는 졸작도 당연히 있고, 그 조악함에 대해 제대로 된 질문이 전혀 나오지 않는 경우도 종종 있다. 내놓고 멜로드라마 같거나, 뭘 말하는지 모르겠거나, 겉치레뿐이거나, 발상이 부적절하거나, 세부 묘사만 집착하거나, 감상에 치우쳤거나, 전혀 흥미롭지 않게 상스러운 작품들도 마주친다. 나는 개인적으로 진짜 조악한 소설은 워크숍 낭독회 문턱을 넘을 수 없어야 한다고 생각한다. 배울 것도 별로 없고 학생들의 비평 능력을 벼려주지도 못할뿐더러 작가 자신도 난처하게 만들기 십상이기 때문이다. 기왕 졸작을 다룰 수밖에 없게 됐다면, 잘못된 점은 작가는 물론 워크숍에 참여한 다른 작가들도 절대 답습하지 않도록 명확히 짚어주고, 장점은 인정하면서 신속하고 정중하게 다루고 넘어갈 일이다. 그러나 워크숍 낭독회에 오른 작품들은 대개 단점을 그렇게 콕 집어 말하기도 어렵다. 교수와 작가 동료들이 할 일은 일단 작품의 의도와 의미를 파악하는 것이다(모르겠으면 물어보고). 그다음에 왜 그런 의도와 의미가 읽는 이에게 와닿지 않았는지 원인을 신중하고 사려 깊게 짚어 보인다.

 작가에게 비웃음은 약이 되지 않는다. 낭송 중에 참여자 전원이 뚜렷한 결점과 약점을 꼼꼼하게 기록했다가 나중에 작가에게 읽어주면 도움이 되는데, 누구의 작품이든 비슷한 결점을 안고 있다는 생각을 참여자들이 공유하고 있을 때만 도움이 된다. 구성원들끼리 서로 공박을 일삼고 교수가 이를 용인하는 분위기에서는 역효과만 낳는다. 교실 비평의 유일한 궁극적 가치는 내 작품을 어떻게 비평하고 바라볼지, 내 것과는 다른 남의 좋은 소설을 어떻게 이해할지에 대해 참여자들끼리 서로 가르치고 배운다는 데 있다. 작가는 종종 교실 비평을 통해 자신이 구체적으로 어떤 부분에서 독자의 오해를 낳았는지, 어떤 장면에서 독자에게 보여줘야 했을 중요한 요소를 누락했는지를 발견한다. 뭘 쓰겠다고 작정하고 써내려가는 작가의 눈에는 자신이 쓴 문장들이 실제보다 더 많은 내용을 담고 있는 걸로 읽히기 때문에, 이런 실수들을 작가 스스로 발견해내기란 불가능하다. 예를 들자면 작가는 여성 등장인물이 입은 외투가 불룩 튀어나왔다고 묘사하는 것으로 그녀가 총을 지니고 있다는 사실이 명확히 전달된다고 믿겠지만, 낭독을 듣는 사람은 작가 마음속의 이미지를 알 길이 없으므로 그 인물이 임신했다고 여길 수도 있다. 자신의 오판이 어떤 결과를 빚는지 확인하면 작가는 자기가 구사한 말들이 어디까지 농간을 부릴 수 있는지에 대해 더 신중해지고 경계하게 마련이다. 교실 비평을 통해 작가는 자기도 몰랐던 편견에 눈뜨기도 하는데, 이를테면 뚱뚱한 사람은 태평하다거나, 지옥불을 믿는 근본주의자들은 모두 천박하다거나, 호모들은 모두 소년을 유혹하려 든다거나 하는 고정 관념을 돌아본다. 수업에서 나온 다양한 의견은 작가에게도 — 특히 스타일이나 목표나 태도가 교수와 완전히 다른 작가의 경우에 더욱더 — 공정한 발언 기회를 늘려주고, 학급 전체가 한 작가의 작품에 집중하면 작품에 숨어 있는 오류나 효과 없는 전략들을 놓치지 않고 짚어낼 가능성도 높아진다. 최상의 교실 비평은 참여자 모두에게 도움이 되는데, 그러려면 비평 행위에 상대방을 이해하는 마음이 깔려 있어야 한다. 악의적 비평은 당하는 사람과 공격한 사람 모두를 작가 폐색(writer's block)으로 몰아간다.

나쁜 워크숍에서 교수는 학생들에게 자신의 방식을 강요한다. 용납할 수 없지만 자연스러운 경향이다. 교수는 여러 해에 걸쳐 자기만의 양식을 구축했고, 그러는 동안에 고집스럽게 다른 선택들을 물리친 사람이다. 따라서 조심하지 않으면 자기와 완연히 다른 성향의 작품, 더 나아가 정반대 성향의 작품에 거부감을 보이기 쉽다. 문체주의자가 평범하기 짝이 없는 문장들을 마주했을 때를 떠올려보면 이해가 될 것이다. 교수는 학생이 **자신의** 길을 스스로 찾아가도록 돕는 존재여야 한다. 교수이자 시인인 데이브 스미스가 이 점에 대해 정곡을 찔렀다. "내 목표는 학생들이 10년 후에 자기가 쓴 시를 대할 때 어떤 점이 당황스러울지 지금 당장 알아채게 하는 것이다." 달리 표현하자면 그의 목표는 순전히 개인적인 잣대를 들이대는 게 아니라 학생 자신이 고수하는 시작 원칙의 틀 안에서, 나중에 돌아보면 부끄러울 대목이 어디인지 지적해주는 것이다. 가볍고 율격에 충실하고 서정적인 시를 쓰는 시인을 엄격한 앵글로색슨 운율의 송시頌詩 쪽으로 몰아가는 시 선생이나, 자기가 혐오하는 종류의 실험적 작품은 참고 읽어낼 생각이 없는 소설 선생 ― 의식적으로든 무의식적으로든 제자의 개성을 근본적으로 바꾸려 드는 선생 ― 은 그 제자 된 입장에서는 해롭거나 적어도 부적절한 선생이다.

좋은 작품에 대한 기준이 없는 워크숍도 나쁜 워크숍이다. 앞에서 나는 좋은 소설의 일반적인 일련의 기준들에 대해 이야기했다 ― 생생하고 끊김 없는 꿈의 창조, 작가의 대범함, 지적이고 정서적인 의미, 고상함, 효율성, 독특함에 대해서. 아마도 가르치는 사람에 따라 저마다 다른 미적 가치들을 말할 것이다—바라기는, 그들도 대부분 내가 제시한 가치들의 타당성을 인정해주길. 가르치는 이가 기준을 제시하지 않으면 그의 강의실은 아무것도 해내지 못할 가능성이 크고 그들이 하는 평가의 말들은 선호나 사견의 차원에 머물고 만다. 작가는 분발하거나 삼가야 할 어떤 목표점도, 판단의 확실한 근거도 얻지 못한다. 지나친 엄격함은 해로울 수 있다고 앞에서 말하긴 했지만, 일련의 엄격한 기준들조차도 명확하고 어느 정도 타당하다면 학생에게 도전할 목표를 제시해준다는 점에서는 유용하다. 개인의 작품 양식은 모방만큼이나 저항을 통해서도 발전한다. 기준을 제시하려 들지 않는 선생의 제자들은 성공한 문학은 모조리 행운이거나 대중의 변덕이라는 '필리스티아 인의 설득'에 빠질 위험이 있다. 그런 분위기의 강의실에서라면 어부와 돌고래에 관한 뛰어난 단편을 쓴 학생이 바다에 관한 이야기는 무조건 질색인 학생의 반대에 부딪히지 않으리라는 보장이 없다. 그렇다고 기준이 확고부동하다는 이야기는 아니며, 기준도 새로운 성공 사례에 따라 변해간다. 내 원칙들을 제시하는 순간에도 내게는 어떤 총명한 학생이 의도적으로, 게다가 멋지게 그 원칙들에 도전해주길 기대하는 마음이 있다. 그럴 경우 진지한 글쓰기 선생으로서 나는 내 교수 원칙들—다름 아닌 내 솔직한 생각과 감정 — 을 잠시 접어두고, 그 작품이 잘됐는지, 다시 말해 나를 잡아끌고 감동시키는지 판정해야 한다. 기본적인 방법론, 공들여 수립한 일련의 미적 가치 기준을 가지고 있지 못한 선생은, 그가 이끄는 강의와 함께 그저 그런 수준에 머물 수밖에 없다. 결국 소설에 대한 비평적 이해를 대체할 것은 없다 — 소설이 철학이라고 주장할 생각은 없지만.

경험 많은 선생이라면 학생의 작품을 그 고유성을 인정하면서 검토하는 일이 얼마나 어려운지 안다. 나는 대개 꽤 높은 단계의, 주로 대학원 수준의 강좌를 맡기 때문에 내가 아주 안 좋게 여긴 작품이 내가 존중하는 다른 작가이자 글쓰기 선생에게 칭찬 받았거나 출판할 작품으로 뽑혔던 것임을 나중에야 알게 되는 경험을 종종 했다. 최근에 내가 읽은 단편은(내 강좌에 받을지 말지 그 작품을 보고 결정해야 했다) 앞서 두 사람의 창작 교수에게 높은 평가를 받았던 작품으로, 둘 다 좋은 선생이라는 평판을 받는 중견 작가였다. 나는 그 학생을 받았다. 작품이 더할 나위 없이 힘차고 생기 넘쳤기 때문이다. 그러나 내용에는 혐오감을 느꼈다. 일인칭 시점으로 어떤 미치광이의 내면세계를 펼쳐놓았는데, 악의가 끓어 넘치고 소름 끼치게 냉소적이고, 이야기는 시작과 똑같은 지점에서 끝나는, 폭력과 외설의 절묘한 도가니였다. 장면이 생생하고 (역겹고 불편한 쪽으로) 흥미를 유발한다는 점을 빼고는 내가 소설이 갖춰야 한다고 믿는 것들을 전혀 갖추지 않은 작품이었다. 문장들은 세심하게 가다듬어져 있었다. 이런 이야기를 별로 좋아하지 않는다고 내가 최대한 자제하면서 말했더니 학생은 한숨을 쉬면서 자기도 안 좋아한다고 털어놨다. 그가 말하길, 몇몇 동사들은 지나치게 가라앉아 있는데 좀 더 활기찬 동사들을 끼워 넣으려고 시도해보면 그것들이 지나치게 도드라질 것 같았다고 했다. 물론 여기까지 듣고 나는 내가 생각이 부족했음을 깨달았다. 그 학생은 자기 작업의 문제점을 충분히 의식하고 있었고, 자신의 집필에 적용할 카드놀이의 규칙이나 검투사의 맹세 같은 규범을 제시해줄 교수의 도움을 간절히 구하는, 실로 재능 있는 작가였다.

우리는 미학적 규범의 어디까지가 개성이고 어디까지가 방어용 갑옷이며 어디까지가 세상에 대한 희망 사항인지 그 경계선을 잊는다. 객관적인 미학의 법칙이 존재한다 해도 매번 그 모두가 적용되지는 않으며, 종국에는 그 어느 것도 성과와는 상관이 없다. 나도 다른 책에서 주장했거니와, 누군가 — 설명적으로 말하건대 — 생명이 긴 소설은 대개 윤리적인 소설이라고, 다시 말해서 냉소적인 조작에 아주 조금만 의존하고, 삶을 거스르기보다는 수용하는 긍정적 인생관을 지향하는 경향이 있다고 주장할 수 있다. 그런 주장의 연장선에서, 자신이 실제로 느껴보지 못한 절망이나 허무주의를 소설로 날조하는 이들은 대개 경솔한 작가들이라고 주장할 수 있다. 작가라면 반드시 윤리적인 소설의 창작을 목표로 삼아야 한다고 주장할 수는 없다. 아름답거나 유쾌하거나, 나아가 정직하거나 보편적인 관심사에 관한 창작을 목표로 해야 한다는 주장도 마찬가지로 어불성설이다. 어떤 작가가 그런 기준들을 학생들에게 제시하고 싶어 할 수는 있다. 그러나 그가 진정으로 교수답고 싶다면, 그에 대한 지적인 항거도 받아들여야만 한다.

학생에게 비평적 상상의 공간을 허락하지 않는 워크숍도 나쁜 워크숍이다. 워크숍을 이끄는 사람이 그 자신 훌륭한 작가일 뿐만 아니라, 이야기 구조나 양식상의 난맥상을 꿰뚫어보고 해결책을 제시해주며, 자신이 왜 그렇게 생각하는지 학생들에게 명확히 밝혀줄 능력이 있는 노련하고 논리정연한 선생일 때, 워크숍이 그렇게 흐를 우려가 커진다. 이렇듯 논리 정연한 가르침은 당연히 긴밀한 사제 관계로 이어진다 — 학생 작품에 간간이 의견을 메모해주는 정도의 관계가 아니라 모든 작품을 장점이든 단점이든 단 하나도 놓치지 않을 정도로 모조리 꼼꼼히 뜯어 읽을 만큼 긴밀한 관계 말이다. 최고 교수의 지도와 관심이 학생의 발전을 방해할 수도 있다는 — 학생 작품을 평가하고 손질하는 시범을 보여주는 값진 행동이 결과적으로 학생들의 정신세계를 스승 머릿속의 복사판으로 만들어버리는 결함으로 돌아올 수 있다는 — 점에 교수도 학생도 예민해질 필요가 있다.

나는 학생들과의 정규 실기 수업 이외에도, 바이올린 선생이 그러듯이, 이를테면 한 주에 30분에서 한 시간 정도 개인 지도를 하는 것이 최선의 창작 교수법이라고 생각한다. 이때 학생의 작품을 자세히 분석하고, 가르치는 사람의 취향이 아니라 소설에 내재된 논리에 의거하여 잘된 점과 잘못된 점, 개선해야 할 점을 제시한다. 이는 개인적인 의견이나 느낌 차원의 이야기가 아니다. 어떤 이야기든 극적으로 보여줘야 할 부분이 있는가 하면 간추리거나 함축적으로 처리해야 할 부분이 있다. 그에 대한 일반적인 규칙은 간명하다. 줄거리의 전개에 꼭 필요한 이야기는 극화해서 보여줘야 한다. 예를 들어 어떤 남자가 자기 개를 때린다는 문장만으로는 그 남자가 폭력적인 인물인지 개가 그를 괴롭혔는지 설명이 부족하다. 독자는 그 남자가 어떻게, 왜 폭력적인 인물이 되었는지를 **알아야** 하거나, 개가 그를 괴롭히는 장면을 **보아야** 한다. 새내기 작가들은 때로 어느 부분을 극화해야 할지, 어떻게 극적으로 묘사할지 판단하기가 어렵다. 바로 여기서 문제가 발생한다.

학생에게 이야기의 문제점에 대한 해결책을, 나아가 아예 문장들을 알려주는 것보다 더 손쉬운 방법은 없다. 한창 성장 중인 젊은 작가는 어떤 단계에서 그런 도움을 매우 요긴하게 소화하여 한 수 배우고 넘어갈 수도 있다. 그러나 본질적으로 선생은 이야기를 어떻게 고칠지를 가르치는 게 아니라 학생 스스로 어디가 잘못됐는지 알아내고, 개선할 방법을 모색하도록 가르쳐야 한다. '브레드 로프 작가회의'에서 나는 조교들 — 첫 발표작들로 세상에 막 이름을 알리기 시작한 젊은 장편소설가들—과 함께 창작 강의를 종종 이끌어왔는데, 가르친 경험이 없는 이 조교들은 자신들이 지도해야 할 습작이 지닌 문제점을 놓고 최선의 해결책을 찾는 일에만 집중했다. 다시 말해서 학생들에게 그 이야기가 제대로 작동하게 하려면 어떻게 해야 하는지 시범을 보이려고만 했다. 나중에 내가 개별 습작을 한 편 한 편 읽어보니 문제 해결의 꽤 여러 갈래 길이 보였고 — 어느 방법이 얼마나 효과를 발휘할지는 작품을 쓴 학생의 취향에 달려 있을 것이다 — 내 조교는 자기 취향에 맞는 하나의 해결책만 쥐여줌으로써 본의 아니게 학생에게 피해를 준 셈이었다. 초보 작가가 배워야 할 것은 소설가답게 사고하는 방법이다. 중간 과정에 대한 설명은 생략하고 답만 가르쳐주는 대수학 선생처럼 자기식의 해결책만 강요하는 선생은 필요 없다. 새내기 작가가 배워야 할 것은 **과정**이기 때문이다. 소설의 문제점은 대수학의 문제와는 달라서, 답이 얼마든지 여러 개일 수가 있다. 선생이 할 일이란, 적절한 시점에 — 어쩌면 이르면 이를수록 좋은지도 모른다 — 그저 "아직 멀었군", 한마디 하고 사라지는 것이다.

끝으로, 나쁜 워크숍은 '워크숍스럽다.' 감정이나 진정한 내러티브보다 주제나 밑그림에 더 무게를 두려 든다. 너무 많은 새내기 작가들을 지도하고 있거나 애초에 가르치는 재주가 전혀 없는 교수는 학생의 독창적인 생각들을, 좋은 편집자라면 누구나 금세 알아볼 워크숍 공식에 욱여넣는 식으로 자신의 임무를 슬쩍 단순화한다. 이런 해악과 관련해서는 시의 경우를 들면 더 쉽게 설명할 수 있겠다. 어떤 창작 교수는 시를 자연스럽게 발전시켜간 과정을 되짚어보도록 학생을 이끄는 대신에 형식이라는 단순한 관습적 잣대―예를 들어서 시의 말미에서는 뮤지컬 코미디처럼 중심 개념들과 이미지들을 마지막 연에 재현해야 한다는 '오케스트레이션' 개념―에 의존한다. 소설에서도 같은 잘못을 저지를 수 있다. "재현! 재현!" 하고 부르짖는 선생들은 경계해야 한다. 재현성 엔딩과 마주친 독자는―시나 소설 읽기에 충분히 익숙하지 않다면―그것을 알아보며 피상적인 전율을 느낄 것이다. 그러나 비슷한 경험이 반복될수록 그런 바보짓이 괴로워질 것이다.

작가(또는 선생)가 작가 입장이 아니라 문학을 공부하는 학생의 입장에서 너무 많이 고민해도 소설이 워크숍스러워질 수 있다. 스토리텔러답게 무슨 일이 왜 일어났는지에서 거시적인 문제(이 이야기가 어떤 점에서 우리 모두의 이야기인지, 즉 항구적이고 보편적인 주제를 표출하고 있는지)로 차근차근 이동해나가는(실제 그 순서로 쓰지는 않을지언정 생각의 추이가) 대신에 주제나 상징 등속에서 시작해, 사실상 아직 다 드러나지도 않은 이야기를 두고 가상의 신비평주의 분석에서 거슬러 올라가며 작업하기 때문이다. 이런 경향은 워크숍 현장에서 금방 알아차릴 수 있다. 작품에 대한 학급 토론부터가 엉뚱한 지점에서 출발한다. 잘된 소설의 직접적인 미덕들(흥미롭고 독창적이지만 산만하지 않은 형식, 명확하고 잘 짜인 플롯, 생생한 성격 묘사와 배경 설정, 특정 장르의 흥미롭고 인상적인 활용)이 갖춰졌는지를 살피기보다는 문학 강의들이 통상 중요시하는 쟁점들(주제와 상징)만을 논한다. 물론 작품에 따라서는 그런 덜 직접적인 요소들에서 토론을 시작하는 것이 더 적절할 수도 있긴 하다. 실제로, 주어진 작품에 맞추어서 평가의 가장 중요한 근거가 될 지점으로 토론을 신속하게 몰아가는 능력이야말로 유능한 창작 교수가 지닌 특징 중 하나다.

워크숍이 워크숍스러워지는 또 다른 이유는, 창작 선생들이 종종 가르치기 좋은 작품은 자기도 모르게 과대평가하고 그 반대인 작품은 과소평가하거나 심지어 도외시하는 데 있다. 그 결과 직설적이고 정교하게 짜인 사실적인 소설보다는 상징적이거나 우화적인 소설이 유리해지고, 한창 이야기가 펼쳐지는 단계인 장편소설의 문어발식 산문은 거의 모든 단편소설에 밀린다. 창작 선생 입장에서는 멋진 우화소설은 자신과 학급 전체가 몇 시간씩이라도 원하는 만큼 가지고 놀 수 있는 즐거움이자 퍼즐이다. 나는 이번 학기에 맡은 소설 워크숍에서 〈제이슨Jason〉이라는 단편소설을 읽었고, 이 작품을 내가 편집주간으로 있는 문학잡지 〈MSS〉*에 실으려 한다. 소설의 초반에 제이슨이라는 아이가 신 한 짝을 잃어버린다. 뒤로 가면 크고 오래된, 여러 층에 원형이며 복도가 뱀의 똬리 형상으로 휘감겨 있는 버몬트의 여관이 나온다(작품에는 이 부분이 더 잘 표현되어 있다). 이야기가 사실적인 세부 묘사들을 동원하면서 어찌나 능수능란하게 펼쳐지는지, 작가가 제이슨과 메디아 신화를 차용하고 있다는 사실을 독서량이 상당한 대학원 학생들 중 오직 한 학생만이 알아챘다. 감춰졌던 사실이 드러나자 학생들의 갑론을박이 이어졌고 그들은 작가나 그가 쓴 소설의 해체주의적(또는 수정주의적) 계략에 거의 맞먹을 치밀함으로 이러쿵저러쿵 논쟁에 탐닉했다. 그 강의실에 있던 사람이라면, 아니 그 소설을 읽은 사람이라면 아무도 그 작품이 흥미롭고 감동적이라는 사실을 부정하지 않을 거라는 게 내 생각이다. 그러나 내가 하고 싶은 말은, 톨스토이의 《안나 카레니나》 첫 장章도 그만큼 활발한 논쟁을 불러일으키진 못했으리라는 거다.

밴텀급 선수가 숙련된 헤비급 선수와 링에서 겨루길 바랄 수 없는 것처럼, 상징주의나 우화 방식의 단편소설들은 이제 구조가 탄탄한 장편소설들의 각축장에 끼기 어려워졌다. (각자가 서야 할 자리가 따로 있음은 두말할 필요도 없다.) 그런데 작가 워크숍에서는 헤비급이 무사하지 못할 수도 있다. 현실적인 이유로(일단 새내기 장편소설가들이 단편소설로 자신을 검증해보려 하기 때문에) 대개의 창작 강좌들은 단편에 치중한다. 새내기 장편소설가들로서는 고민스럽지 않을 수 없다. 그의 재주는 묻히기 쉽다. 마라토너의 행보로는 단거리 주자만큼 관심을 끌어낼 수도 없거니와, 워크숍들이 후벼 파는 흠결 유형들은 단편소설에서나 중요하지 장편에서는 그만큼은 아니다. 시인이나 단편소설가들은 시각예술로 치면 세밀화가에 해당하는 세심함을 가지고 작업하는 방법을 배워야 한다. 장편소설가는 때로 뒤로 물러나 벽에다 페인트를 뿌릴 수도 있다. 다만 뿌리는 솜씨가 좋아야 할 텐데, 노련하게 페인트를 뿌리는 화가와, 심장의 박동과 박동 사이에 화면에 붓질을 하는 일본 장인은 비교 대상이 아니다. 가끔은 새내기 장편소설가가 같은 강좌에서 공부하는 단편소설가와 경쟁하겠다고 자기 작품을 일그러뜨리는 일도 벌어진다. 장마다 독자에게 일격을 가하거나, 두터운 상징성을 가미하거나, 당황스럽게 호화로운 문장을 구사하려고 용을 쓰는 거다. 그러느라 장편소설가다운 걸음새만 망가뜨린다.

이상적으로는, 장편소설가들을 위한 워크숍이 따로 있어야 마땅하다. 새내기 장편소설가와 새내기 단편소설가의 차이는 새내기 단편소설가와 시인의 차이만큼이나 크다. 그가 풀어야 할 미학적 과제들은 단편소설가가 마주한 미학적 과제들과 다르며, 장편소설가의 일은 그 성격이나 작

* manuscripts의 약어. 미출간 원고들을 발굴, 소개한다는 잡지 정체성이 리틀 매거진의 제호에 실려 있다.

업 방식이 다르다. (하기야 장편, 단편 모두 잘 쓰는 사람들도 있긴 하다. 여기서는 양쪽 극단에 해당할 사례들에 대해서만 이야기하는 것이다.) 나는 3-4년에 한 번씩 장편소설 워크숍을 연다 (나머지 워크숍에서는 참여를 원하고 참여할 만한 글 솜씨를 갖춘 사람이면 누구나 받아들인다). 일단 들어오면, 참가자는 장편소설 워크숍이 만만치 않은 과정임을 알게 된다. 내 학생이 된 작가들은 구릉 지대의 범법자들처럼 강좌 개설을 기다리다가 마침내 개설이 공지되면 똬리 틀고 있던 뱀들처럼 공격한다.

최근의 워크숍에는 학생을 열 명 받았다. 그들에게 수업에서 함께 검토할 장편의 개요를 작성해서 제출하게 했고, 그다음부터는 (수업에서 토론한 내용을 토대로) 매주 고쳐 쓴 한 장(章)과 그다음 장을 제출하게 했다. 솔직히 그 강행군을 배겨낼 학생이 있으리라고는 생각하지 않았다. 수업의 가장 이상적인 진도를 제시해주어, 잘 따라오면 잘 따라올수록 에피소드의 주기나 전체 구성 등에 대해 더 많이 배워갈 수 있을 거라고 귀띔해주려는 의도였다. 그런데 오직 한 학생을 제외하고는 모두 일정을 따라왔다. 못 따라온 유일한 학생은 도시에서 직장에 다니는 여성으로, 과로로 병원에 실려 갔다. 내가 이 학생들에게 다른 워크숍 학생들보다 더한 강행군을 시킨 것은 아니다. (사실 나는 어떤 수업도 밀어붙이는 식으로 하지 않는다. 학생이 안 쓰고 싶어 하면, 나는 안 읽어도 될 뿐이다.) 그들은 자진해서 강행군했고, 이는 본디 장편소설가들의 특징이다. 진정한 새내기 장편소설가는 스태미나, 인내심 그리고 짐수레 끄는 말과도 같은 외골수 정신의 소유자다. 그들 중 그 학기에 다른 대학 강좌들도 등록했던 학생들은 그것들을 모조리 중도 포기했다. 열 명 중 여덟 명은 나중에 장편소설을 출간했다.

시나 단편소설 작가들의 우아하고 여유로운 세계에는 이들이 편안히 머물 자리가 없다. 평범한 창작 강좌에서 내공이 좋은 새내기 장편소설가는 심지어 아둔해 보일 수도 있다. 지금은 성공한 작가인, 내가 가르쳤던 매우 우수한 새내기 장편소설가 중 한 사람은, 고등학교 때 성적이 나빴고 그 대학 최하 언어 적성 점수 기록을 세우며 대학에 (럭비 선수로) 입학했다. 그는 문법도 엉망이었고 사회 적응 능력도 부족했다. 재치 있고 세련된 작가가 여럿이건만, 그는 내게 젊은 장편소설가의 표상이다.

참여한 작가들이 대부분 거기에 있다는 것 자체를 행복해하고, 학기 내내 글쓰기도 글쓰기에 대한 토의도 점점 더 흥미롭게 펼쳐지고, 그들이 작가로서 더 튼실해진다면 그 강좌가 좋은 강좌라는 증거다. 가르치는 사람의 천박함은 나쁜 창작 강좌의 가장 뚜렷한 증거다. 그가 '리틀 매거진'은 그저 그런 작품들의 온상이자 번식처라고 비웃는다면 경계해야 된다. 그자는 속물이니까. 그가 작은 잡지들을 예찬하고 〈에스콰이어〉 〈뉴요커〉 〈애틀랜틱〉 같은 잡지는 혐오한다면 경계해야 한다. 그자는 변장한 속물이니까. 그가 강의 시간에 비참한 기분을 안겨줬다면 개별 면담에서 꼭 말하고, 그래도 별로 나아지지 않으면 그 강의는 그만 들어도 된다. 나쁜 창작 강좌는 글쓰기만 못 가르치는 게 아니라 수강자의 의지까지 꺾어놓는 수가 있다.

물론 대학 교육을 받지 않고도, 더 구체적으로는 문학 강의를 안 들어도 좋은 작가가 될 수 있다. 예민하고 지적인 인간이 되는 데 대학 교육이 꼭 필요한 것은 아니다. 사실은 고등 교육이 가져다주는 미묘한 선민의식에 젖지 않은 채 이른바 민중의 자리에 머물러 있는 것이 작가로서 이로운 점도 없지 않다. 글쓰기 능력은 교육을 통해 얼마간 기를 수 있다고 해봤자, 크게 봐서는 타고나는 거다. 대학에 들어가지 못했다 해서 작가가 되겠다는 꿈을 접을 필요는 없다.

반면에 대학 교육에도 가볍게 무시해 치울 수 없는 장점은 있다. 대학 교육을 받지 않은 작가도 자기 주변 사람들의 이야기를 성공적으로 꾸릴 수 있고, 그들의 갈망과 고통에 대해 재미있게, 가슴 뭉클하게, 장엄하게 써낼 수 있다. 독학으로 깨우친 작가라면, 책을 읽고 좋은 영화들을 찾아보고, 친구들이나 직장 동료들 사이에서 나오는 이야기들을 열심히 경청하면, 정교하고 독창적인 이야기꾼이 될 수도 있다. 그러나 그런 방법으로는 소박한 작가, 다시 말해 민간 작가(folk writer)로 남을 가능성이 높다. 삶에 대한 진실성만이 아니라 영민함과 작품성으로 독자를 압도하는 대작가가 되기는 어렵다는 뜻이다.

좋은 교육을 통해 내면 깊숙이 셰익스피어 희곡의 수려함을, 제임스 조이스나 안드레이 벨리나 토마스 만의 특이한 천재성을 이해하는 작가와, 오로지 '세상'을 아는, 여기에 보탤 수 있는 지식이란 동네 잡화점이나 북클럽이나 월든북스* 지점에서 손에 넣을 수 있는 대중 서적 정도인 작가는, 똑같이 총명하다 해도 설명하기 어려운 격차를 지닌다. 교육을 받지 못한 작가는 우선 자신만의 시공간에 갇혀 있다. 호메로스도 라신도 남아메리카의 동시대 소설도 (제대로) 모르고, 영웅담 시인의 굵은 삼베 올처럼 거칠게 이야기 잣는 솜씨에서 중세 프랑스의 우화적인 멋 부린 기교까지, 인도나 중국이나 동시대 전위적인 아프리카 인이나 폴란드 인이나 미국인의 생경한 방식들까지, 이야기를 전개해나가는 다양한 방식에 대해서도 모른다. 그러니 마치 망치, 칼, 드릴, 집게 같은 투박한 연장 몇 개밖에 가진 게 없는 목수와도 같다. 다른 시공간에서 사용하는 정교한 도구들에 대해 전혀 모르는 탓에 어떤 이야기를 전달하는 최선의 방식이 무엇이 되어야 할까 혼자 궁리해도 그저 두어 가지 방법을 떠올릴 수 있을 뿐이다. 달리 말하자면 그에게는 전범으로 삼을 대상이 거의 없다. 물론 자기 나름의 전범을 찾아 뛰어나게 활용할 수 있으며, 그

* 서점 체인.

리하여 멋진 셰이커 체어 창안자에 필적할 족적을 문학에 남길 수도 있다. 그러나 그가 다른 방법과 수단도 알았더라면 그 결과가 어땠을지 우리는 영영 알 수 없다.

대학에 진학한 작가가 무엇을 공부해야 할지에 대해서도 논쟁의 여지는 있다. 창작과 함께 좋은 철학 강좌들도 수강하면 어떤 질문이 중요한지 — 다시 말해 어떤 걱정이나 집착이 작가의 소설에 진정한 중요성을 부여할지 — 를 가리는 작가의 판단력이 길러질 것이다. 명백한 위험도 도사리고 있다. 모든 학문이 그렇듯이 철학도 그들만의 닫힌 학문으로 흐르는 경향이 있어서 보통 사람들이 뻔하게 우스꽝스럽다고 생각할 만한 문제들에 관심을 기울인다. 이를테면 미학에 관한 주요 저널들을 읽다 보면 예술에 대해 글을 쓰는 대다수 사람들은 예술이 실제로 어떻게 행해지는지 한 번도 본 적 없을 것 같다는 사실을 알아차릴 수밖에 없다. 프로 미학자들은 엄숙한 전문 용어와 도해를 동원하여 소설이 독자에게 감정을 실제로 불러일으키는지 아닌지를 증명하려고 애쓴다. 또는 연구라는 대단한 쇼를 통해서 소설이 진정 '의미'를 지니는지 아닌지를 증명하려고 애쓴다. 모든 인간의 사고에는 헛소리 지수가 적용되는데 사고에 대해 전문적으로 사고하기의 헛소리 지수는 최고로 높다. 그럼에도 불구하고 심리학 과목들도 덤으로 얹어서 철학을 공부해두면 젊은 작가들은 왜 우리 시대는 이처럼 불안한지, 왜 우리 시대 사람들은 다른 시대, 다른 장소의 사람들과는 다른 방식으로 고통받는지 명확하게 인식하게 될 것이다. 비록 평범한 가정주부, 정치인, 야구 선수만이 아니라 대학 구성원들조차 니체, 비트겐슈타인, 하이데거를 전혀 읽은 적이 없다 해도, 이 철학자들의 사상은 평범한 현대인의 문제를 명확하게 하는 데 — 또는 일으키는 데 — 도움을 준다. 게다가 어떤 종류의 작가는 철학 자체에서 재미를 느끼기도 한다. 작가는 언제나 자기가 가장 관심을 기울이는 것에 대해 쓸 때 가장 잘 쓴다. 다른 그 무엇보다 (글쓰기 빼고) 철학에 관심이 가는 작가라면 철학을 공부해야 한다.

어떤 작가에게는 자연과학 공부가 가장 가치 있는 공부일 수도 있다. 세련된 과학소설에 가장 크게 매력을 느끼는 진지한 작가라면 명백하게 이 경우다. 대부분의 과학소설이 쓰레기인 게 사실이라 해도, 일부 뛰어난 작품도 있다. 몇 작품이 곧장 떠오른다. 레이 브래드버리의 몇 작품, 또는 커트 보니것의 작품들, 《멋진 신세계Brave New World》나 《1984》 같은 몇몇 현대 고전이 그것들이다. 고급 독자 지향 소설들인 토머스 핀천의 《중력의 무지개Gravity's Rainbow》, 윌리엄 버로스의 《폭발한 티켓The Ticket That Exploded》, 미국 바깥 주요 작가인 아베 고보, 이탈로 칼비노, 레몽 크노, 도리스 레싱의 작품들도 당연히 언급해야겠다. 미학적으로 가치 있는 과학소설의 수효는 일반적으로 아카데미가 알아주는 것보다 훨씬 많다. 월터 밀러의 (앞서 언급한

바 있는) 《리보위츠를 위한 찬송》, 새뮤얼 R. 딜레이니의 소설, 로버트 실버버그, 로저 젤라즈니, 아이작 아시모프의 몇몇 작품, 파시즘을 자제했을 때로 한정한 로버트 하인라인에서 우리는 지성과 호소력을 느낄 수 있다. 앨지스 J. 버드리의 《성미카엘 축일 Michaelmas》, 흥미로운 이야기 전개라는 좋은 소설의 기본 미덕을 희생시키지 않으면서 존 바스를 능가하는 소설들(예를 들어 《슈뢰딩거의 고양이 Schrödinger's Cat》)을 쓴 로버트 윌슨의 작품들에서 우리는 상당한 문학적 가치를 발견한다. 끝으로, 생존하는 가장 위대한 작가 중 한 사람인 스타니스와프 렘의 영역도 과학소설이다.

꼭 과학 쪽 학력이 작가를 과학소설로 이끈다는 이야기를 하는 게 아니다. 많은 작가들 — 예를 들어 워커 퍼시나 존 파울즈 — 이 우리 삶 주변을 소재로 한 소설 작업에 과학적인 지식을 활용해서 작품을 더 풍요롭게 했다. 우리는 점점 과학과 문학이 동행하는 사례가 늘어나는 세상을 살고 있다. 나보코프의 나방들, 과학 중에서도 천문학과 식물학에서 끌어낸 업다이크의 상징주의, 필립 애플맨의 다윈에 관한 시들 같은 예를 들 수 있다. 20세기의 과학이 점점 우리 삶의 은유 — 상대성, 불확실성, 엔트로피, 무한 변용 — 의 토대가 되는 일이 잦아지고, 우리가 고층 빌딩 안에서 살고 있건 우주 정거장에서 살고 있건 과학 기술 기반에 발을 딛고 있는 현실에서, 과학적 지식은 소설가의 도약에 점점 더 유리한 발판이 되어가고 있다. 과학 지식이 별 볼 일 없는 작품을 훌륭한 작품으로 바꿔줄 문학적 능력을 기르는 데 도움을 줄 수는 없어도, 다른 훈련들이 그렇듯이 젊은 장편소설가에게 중요한 이야깃거리들을 제공할 수는 있다. 작가 자신이 이 훈련에 관심을 기울이기만 한다면.

사회과학, 역사, 법학 같은 다른 학문으로 화제를 옮겨서 그 공부에서 얻는 것, 잃는 것에 대해 계속 따져보지는 않으려고 한다. 좋은 작가는 어떤 지적 수련 과정을 통해서도 나올 수 있다. 모든 예술과 과학은 작가에게 그 분야 고유의 관찰법을 알려주고 흥미로운 사람들과 함께하는 경험을 제공해주며 글을 쓰는 동안 버팀목이 될 생계 수단을 제공해줄 가능성도 있다. 아주 좋은 작가들을 비롯해 극소수 작가들만이 작품 활동으로 자기 자신과 가족이 먹고살 만큼의 돈을 버는데, 낮 동안 힘든 육체노동이나 사무직의 긴장을 견뎌내고 나서 다시 정좌하고 소설을 쓰기는 어려운 일이므로, 원하면 일 부담을 조금 줄여서 글쓰기에 시간을 할애할 수 있는 전문직에 필요한 훈련을 해두는 게 현명하다. 파트타임 변호사로 일했던 작가들도 있고(앨버트 레보위츠), 성직자를 겸했던 작가들도 있으며(프레더릭 뷰크너), 의사 일을 겸했던 작가들도 있다(워커 퍼시). 교직을 겸했던 작가는 헤아릴 수 없이 많다. 자신이 좋아하고 작가인 당신을 먹여 살려줄, 그러나 시간을 전부 바치지는 않아도 되는 직업을 찾는 게 비결임은 말할 것도 없다.

젊은 작가에게 문학 전공이 필수는 아니다 — 어쩌면 권고할 만한 선택조차 아닌지도 모른다. 기회가 주어지는 대로 좋은 문학 강의를 최대한 많이 들으라는 권고는 가능하다. 어떤 언어로 쓴 작품이든, 지난 시대 위대한 문학 작품들을 꼼꼼히 공부하다 보면 문학으로 가닿을 수 있는 정서적·지적 경지가 눈에 환히 들어올 것이다. 그러한 문학 공부를 통해서만 눈뜰 수 있는, 오로지 현대 문학 작품들만 읽는다면 아예 모르고 넘어갔을 기법들이 있다. 롤 모델을 찾지 못한 채 최고 작가가 되는 경우는 없다. 그들이 멀고 가까운 과거의 소설들을 탐구할 때 좋은 교사들이 옆에서 도울 것이다. 바야흐로 그들은 이른바 신비평(뉴크리티시즘)이라는 기술을 배우게 될 터이다(클린스 브룩스, 로버트 펜 워런 공저 《소설의 이해 Understanding Fiction》, 자비스 서스턴의 《현대 단편 강독 Reading Modern Short Stories》, 레니스 던랩과 존 가드너 공저 《픽션의 형태들》 같은 책이 이를 다루고 있다. J. 피커링이 엮은 《소설 100선 Fiction100》 같은 비교적 최근의 저술은 세밀한 분석을 덜 강조하면서도 엄밀한 읽기 능력이라는 동일한 목적을 충족시켜주는 편이다). 문학 작품을 제대로 읽는 방법을 공부하면 더 복잡하고 흥미로운 소설을 창작하는 데 도움이 된다. 가능하면 가장 위대한 작가들에 대해 공부하는 강좌를 선택해야 한다. 스스로 쉽게 파악할 만한 대상에 대해서는 공부할 필요가 전혀 없다. 같은 맥락에서 대부분의 개론 강의도 피해야 한다.

학생의 전공이 무엇이든, 선택 과목으로 무엇을 골랐든, 학부 공부는 젊은이가 인생의 그 시절에 하는 어떤 활동보다 풍요롭고 자극적이다. 할 수만 있다면 외국어, 역사, 철학, 심리학, 자연과학 한두 과목, 미술까지, 학문의 주요 분야를 가능하면 다양하게, 곁눈질이라도 해봐야 한다. 두루 곁눈질을 해두면, 언제든 어느 분야에 대해 더 잘 알아야 할 필요가 생겼을 때 ― 작중 인물에게 필요할 수도 있다 ― 혼자 힘으로 더 파고들 수 있다. 대학을 졸업하고 다방면에서 활동하다 보면 유에프오나 식물학, 러시아 혁명에 대한 문고판 책들을 사보거나, 모임에서 장의사나 고고춤 댄서나 개 훈련사와 나누는 대화에 깊이 빠져들거나 하면서 자연스럽게 새롭게 끌리는 관심 분야가 생길 것이다. 약간의 배움조차도 새 세상을 열어준다. 대부분의 작가들은, 인정할 건 인정하는 게 나은데, 제대로 교육받지 못했다. 그리고 그들은 글쓰기에만 마음이 쏠려 있어서 존중감이 부족하다. 작가는 이를 너무 자랑스럽게 여겨서는 안 된다. 최소한 철자법은 익혀야 한다.

III.
출판과 생존

습작 단계의 작가는 출판을 염두에 두어서는 안 되며 오로지 글 실력을 갈고닦는 데 전념해야 한다고 말하는 창작 교사들도 있다. 기량이 무르익으면 출판 기회는 자연스럽게 찾아온다는 가정 아래 하는 이야기다. 그 가정이 아마도 옳겠지만, 나는 그런 주장을 하는 교사들이 미심쩍기도 하다. 실은 출간 문제로 학생들에게 시달리지 않고 싶어서 그렇게 강조하는 것은 아닌가 싶은 것이다. 어쨌거나, 출간할 가치가 있는 작품을 쓰기 전까지는 책을 내지 말아야 한다는 것, 일단 출간할 가치가 있는 작품을 쓰면 출간 기회를 얻는 게 하늘의 별 따기는 아니라는 것이 일반적인 진실일지라도, 풋내기 작가들이 자기 작품이 출간되길 간절히 원하는 것은 인지상정이며, 그들에게 "잠자코 내공을 열심히 쌓아라"라고 말하는 것은 진정한 문제를 회피하는 일이다.

풋내기 작가들은 확신이 없기 때문에 출간을 원한다. (대체로) 제아무리 재주 있는 작가 지망생이라 할지라도 같은 길을 가는 동료들의 추임새나 교수에게 받은 A마이너스 학점 이상의 어떤 재확인도 받지 못한 채 하염없이 쓰고 또 쓸 수는 없는 노릇이다. 자신을 모르는 어떤 편집자든 아이오와 주 로스트 네이션에 사는 어떤 평범한 독자든, 아무튼 '현실의' 사람들이 자기 작품을 좋아해주길 바라는 것은 좋은 풋내기 작가의 큰 미덕에 든다. 창작 교수에게 능력 있는 학생들의 작품 출간을 위해 더 애쓰라는 것도 어쩌면 무리한 요구다. 이미 할 만큼 해왔을 테니까. 학생들이 제출한 두어 벌의 리포트에 등급을 매기는 것으로 한 학기 자기 임무를 다하고 나머지 시간에는 낚시나 즐기는 문학 분야 교수들보다는 훨씬 애쓸 터이고. (나는 양쪽 다 해본 사람으로서 말하고 있다.) 그러나 최소한 교수들은 학생의 바람이 정당하고 건전함을 인정해야 하며, 제자의 작품이 정말 출판하기 충분할 만큼 좋다면 그 제자의 바람을 비웃지 말아야 한다. 널리 존경받는 창작 교수들 — 예를 들어 소설가 로버트 쿠버 — 은 제자들의 작품을 그에 걸맞은 편집자에게 밀어붙이는 공력과 높은 성공률로 이름났다. 학생들은 글쓰기에 확신이 필요하고 상당한 수준의 출판사에서 책을 내보는 경험은 확신을 얻는 길 중 하나이므로, 교수는 자기 힘으로 줄 수 있는 도움과 격려를 학생에게 제공해야 마땅하다.

더 중요한 것은, 출판 분야가 어떻게 돌아가는지 배우는 것이다. 직업 작가가 되려는 학생이 배워야 할 까다로운 내용 중에 그것만큼 자기를 지키는 데 필요한 것도 없으므로, 아직 학생일 때 배우기 시작하는 편이 좋다. 어찌 보면 풋내기 작가에게는 출판 분야 관련 상식이 글쓰기 기술만큼이나 중요하다. 거절의 편지는 아무리 최고 평판의 잡지에서 날아온 것이라고 해도 신중하고 유익한 내용을 담고 있기보다는 기계적인 것이기 쉽다. 자기 말고는 그 누구도 상징주의 작품이라고 일컬을 리 없어 보이는 작품을 두고 "너무 두드러지게 상징주의를 내세웠다"라고 불평을 하며, 정신이 멀쩡한 독자라면 그 소설의 최고 대목임을 단박에 알아볼 부분을 삭제하라고 권고하는 편집자를 나는 많이 봐왔다. 편집자란, 나라면 진정으로 감동적이라고 평가할 만한 이야기를 감상적이라며 불평할 수 있는 사람들이다. 이야기를 재빨리 대충 훑어보고는, 실은 구성이 더할 수 없이 명확한데도 플롯이 모호하다고 불평할 사람들이다. 어쨌거나 편집자가 편지를 보내왔다는 것은 당연히 관심의 표시이긴 하다—인쇄된 종잇장을 발송할 정도로 작가를 충분히 생각했다는 뜻이니까. 작가는 이런 거절 편지를 지나치게 심각하게 받아들이지 않는 훈련을 해야 한다. 풋내기 작가에게 그렇게 하기는 쉽지 않은 일이다. 편집자는 힘이 있다. 분명 영리한 사람일 것이다. 게다가 편지를 보낼 만큼 작품에 호의적이었다. 아마 조금만 손질하면—비록 무의미한 손질로 보일지라도—작품을 받아주고 인쇄해줄 것이다.

보내고, 보내고, 끝없이 보내고, 인쇄된 쪽지든 편지든 거절을 담은 통보만 줄곧 받다 보면 마침내 전도유망하던 작가가 날개를 접고 포기하는 순간이 온다. 학창 시절에 스승과 동급생들은 그를 치켜세웠지만 그의 아내는 배우자가 숱하게 거절당하는 모습을 지켜보며 좌절한다. 그러나 당사자의 절망만큼은 아닐 것이다. 5년씩, 10년씩 줄곧 쓰고 줄곧 퇴짜 맞는 건 고약한 일이다. (내가 안다.) 그리하여 마침내 또 한 사람의 훌륭한 작가가 퇴장한다. (누가 말하는가. 좋은 작가는 모두 결국에는 자기 책을 내줄 출판사를 만난다고.) 포기할 마음을 먹은 이 위태로운 순간에 작가에게는 다음 세 가지가 필요하다. 자기 작품이 출판하기에 충분히 좋다는 사실에 대한 신뢰할 만한 재확인, 편집자 때문에 자존심 상하는 일을 최소화해줄 만큼의 편집 작업에 대한 명확한 이해, 스승과 친구들의 가능한 최대치의 지지. 여기에 보태도 무방할 당연한 한 가지는 연줄이다. 작가든 출판 관계자든 유명한 비평가든, 도움을 줄 수 있는 이라면. 이 세 가지, 아니 네 가지에 대해 잠시 이야기하고 넘어가야겠다. 풋내기 작가가 절망의 시간을 견디는 데 필요한 것들에 대한 이야기다.

퇴짜 맞는 소설은 대개 안 좋아서 퇴짜를 맞는다. 그러나 모조리 그런 것은 아니다. 앞서 말했듯이 어떤 작품은 작가가 출판사의 성격을 잘못 파악하고 문을 두드려서, 어떤 작품은 산더미 같은 투고 더미를 앞에 둔, 지치고 아마도 아주 명석하지는 않을 검토자의 눈에 띄지 못해서, 어떤 작품은 투고한 출판사에 당면한 출간 목록이 이미 차고 넘쳐서, 어떤 작품은 편집자가 젖소에 대한 이야기들을 못 견뎌 해서 거절당한다. 그러나 대개는 작품이 나빠서 퇴짜 맞는다. 그렇다면 작가는 더 나은 선생을 수소문할 필요가 있다. 그도 어렵다면 창작에 대해 쓴 이런저런 책들로 공부해야 한다 — 몇 년씩 계속 써댔으나 여전히 작품이 명백히 형편없는 경우라면, 작가가 어떤 수업을 새로 듣든 어떤 창작 교본을 새로 찾아 읽든 별 도움이 되지 않겠지만.

좋은 작품이 그 가치를 알아봐줘야 할 바로 그 편집자에게 퇴짜를 맞는 수도 더러 있다. 작가는 편집자들을 좋게 생각하고 싶은 유혹과 죽기로 싸워야 한다. 그들은 예외 없이 — 최소한 가끔씩은 — 무능하거나 제정신이 아니다. 지나치게 읽어대는 게 직업병인 탓에 지쳐 있어서 바로 눈앞에서 새로운 귀재가 춤을 추어도 보이지 않는다. 작가와 마찬가지로 그들도 견딜 수 없는 중압감에 짓눌린다. 잘 팔리거나, 아니면 적어도 출판사의 명성에 도움이 될 원고를 골라야 한다는 생각에 눈에 불을 켜고 원고의 흠을 찾아대며, 겁쟁이이고, 비관적이다. 때로 의식적으로, 또는 (더 자주) 무의식적으로 자신이 일하고 있는 출판사나 잡지의 불문율에 따라 움직인다. 예를 들자면 (최고 중에서) 〈뉴요커〉는 애초에 고상하고 좀 소심한 태도를 유지해온, 값비싼 의류나 고급 도자기를 팔기에 꼭 알맞은 잡지이며, 이 잡지의 소설 편집자들은, 필시 자기도 모르게, 강렬한 정서나 거세고 남성적인 캐릭터들을 회피하며 세련되고 조심스러운 쪽을 선호한다. 최고로 평가받는 소설 출판사 중 하나인 앨프리드 A. 크노프 Alfred A. Knopf는 밑바닥까지 염세적인 소설은 펴내기를 꺼려하는 편이다. 간단히 말해서 풋내기 작가들은 편집자를 가능하면 공손하게 대하되, 부족한 사람들로 치는 게 좋다.

편집자들을 겪다 보면 작가는 어느 순간 더는 그들을 적으로 생각하지 않고 친구로 여기기 시작했음을 깨달을 것이다. 소심하고 때때로 진짜 재능을 알아보지 못하더라도 그들은 야심 찬 이상주의자일 가능성이 높다. 오로지 근사한 책 — 최소한 꽤 괜찮은 책 — 을 발굴해서 펴내고 싶어 하는. 요는, 그들은 지쳐 있기 쉽다는 거다. 그들이 어떤 신진 작가의 책을 펴내고 싶지만 확신이 없을 때, 작가가 받았던 상, 장학금, 문예진흥금 같은 것들이 효과를 발휘한다. 이미 다른 곳에서 평가받았음을 확인한 편집자는 자신의 선택을 한결 안전하게 느낀다. (끌리는 작가에게 무조건 걸었는데 결과적으로 그 작가를 자신이 발굴한 셈이 된다면 편집자에게 그보다 기분 좋은 일은 없다.) 한 잡지에 작품이 실리면 다른 잡지에서 선택되는 일은 훨씬 쉬워진다. 물론 그 작가가 괜찮은 작가인 경우에. 여러 잡지에 작품이 실리면 — 〈조지아 리뷰〉나 〈애틀랜틱〉이나 〈뉴요커〉 정도로 평판 좋은 잡지라면 특히나 — 장편을 탈고했을 때 출판사의 선택을 받을 가능성이 높아진다.

일단 특정 작가에게 자신의 운을 걸어보겠다고 마음먹은 편집자는 자기 결정이 옳았다고 심증을 굳히는 쪽으로 생각을 굴리게 마련이다. 그러니 점점 더 작가의 장점만 캐낸다. 작가에게 충고를 하고 원고에 골치 아픈 수정까지 할지도 모르지만 본질적으로 작가의 어머니도 못 따라갈 정도로 작가에게 애정을 쏟을 것이다. 주위 사람들 모두에게 — 자기 아내, 아이들, 리뷰를 쓰는 친구들, 동료 편집자들 — 이야기하고, 출간일이 다가오면 작가 다음으로 공황 상태와도 같은 기쁨에 온통 휩싸일 것이다. 작가가 비평가들에게 짓밟히면 최소한 작가만큼 흥분할 것이며, 작가가 다음 작품을 보내오면 그 작품을 위해 싸울 것이다. 한편으로는 그 작품이 좋아서, 다른 한편으로는 자기 신용을 그 작가의 앞날에 걸었으므로. 이 국면에서 편집자들은 지구상에서 가장 용맹스럽고 가장 경이로운 존재가 된다. 막 발굴된 작가는 굳이 안 해도 될 일까지 시키는 대로 무리해서 하다가 편집자와 등 돌리게 된다.

여기서 잠깐 장편소설 편집자들이 하는 일에 대해서 몇 마디 짚고 넘어가자. 작품은 대리인을 통하거나(그러면 더 신속하다) '요청받지 않은 제출'의 모양새로 — 다시 말해 작가가 직접 건네는 방식으로 — 편집자의 손에 들어간다. 보통 짧은 편지가 첨부되어 있다. 작가의 출간 이력을 내비치는 게 편집자의 마음을 얻는 데 도움이 된다고 생각해서(작가나 작가 대리인의 희망 사항) 그러기도 하고, 정중함의 표시이기도 하다. 대리인 발신의 편지라면 틀림없이 특정 편집자를 수신인으로 명기했을 것이다. 어느 편집자가 흥미를 느낄 만한 책인지 감이 있을 테니까. 아이다호 주 필러, 또는 미주리 주 세인트조지프에 사는 젊은 소설가라면 콕 집어서 수신인으로 지정할 편집자 이름을 알아내기까지도 가시밭길일 것이다. 어느 편집자가 어떤 취향인지에 대해서도 깜깜할 테고. 이 경우 '편집자 귀중'이 무방하겠다. 대리인을 통하는 편이 더 나을 게 명백하지만 여의치 않다면 말이다. (출판사 투고와 마찬가지로 잡지 투고도 특정 편집자를 수신인으로 명시해서 보내는 게 더 바람직하다.)

편집자는 투고된 작품을 형편껏 서둘러 읽는다. 그게 언제가 될지는 그날, 또는 그 주에 들어온 투고 작품이 몇 편인지에 달렸다. 큰 출판사라면 검토 절차를 마냥 질질 끌지는 않는다. 리틀 매거진의 편집자는 잡지 일은 무보수로 하고 강의 같은 다른 일에 매여 지내는 수가 많고 아무튼 봐야 할 원고가 쌓여 있어서 신속히 처리하지 못하지만, 출판사의 검토 과정은 대체로 효율적이다. 일은 편집자들이 산더미 같은 투고 작품들을 읽어 명백하게 나쁜 작품들을 솎아낸 다음에 나머지를 상급자들에게 넘기는 식으로 진행될 것이다. 그렇게 해서 그중 나은 원고들이 고참 편집자 손에 들어가는데, 그는 내가 앞서 말했듯이 넘겨받은 작품을 상당히 재빠르게, 그리고 내가 본 바로는 나름대로 세심하게 읽는다. 읽는 동안에는 유난히도 다음과 같이 다양한 고려를 한다. 잘 팔릴까? 출판사 체면 좀 세워줄까? 우리 출판사에 걸맞은 작품인가? (출판사마다 특화된 분야가 있어서 그 범위에서 크게 벗어난 작품을 추진하려는 편집자는 많은 위험을 감수해야 한다는 점을 그들은 늘 의식한다. 편집 위원회에 최종 결정권이 주어진 출판사라면 — 일반적으로 그렇다 — 그는 다른 편집자들과의 싸움에서 질 것이다. 한두 사람의 고참 편집자가 최종 결정권을 가진 소규모 출판사라면 그는 싸움에서 질뿐더러 상사 또는 상사들의 신망까지도 잃을 것이다. 만일 출판사가 해오던 분야가 아닌 책을 내자고 우겨서 받아들여진다 해도 영업 부서의 오해나 만류에 부딪힐 것이다. 출판사 영업자들은 감당해야 할 관할 구역이 매우 넓다. 일일이 찾아다니며 눈도장을 찍어야 하는 책방 주인이나 관리자 수효가 어마어마하다. 영업 담당자가 생뚱맞은 신간에 대한 기대가 강력해서 그 책의 존재 이유에 대해 그들에게 각별히 힘주어 설명하고 돌아다니는 아주 희귀한 — 있기는 있다 — 경우를 제외하곤, 기계적인 소개에 무반응이 돌아오고 다음 이야기로 서둘러 넘어갈 뿐이다. 이런 사정을 알기에 편집자들은 영업 부서에서 골칫거리로 받아들일 게 뻔한 책은 여간해서 강하게 밀어붙이지 않는다.) 뭐니 뭐니 해도 편집자가 자기 자신에게 하는 가장 중요한 질문은 '이 작품이 내 마음에 드는가?'이다. 노련한 편집자들에게는 일정한 기준(상업적 또는 탐미적 기준)에 따라 좋은 것을 가려내는 예리한 촉이 있다. 그들은 훌륭한 독자들이다. 소설 결말이 실망스럽거나 여기저기 아둔한 대목이 보이거나 납득 안 되는 방식으로 독자들을 짜증나게 할 낌새가 보이면, 그들은 그걸 알아차린다.

대체로 잘 쓴 작품이고 지성적인데(의도했을 독자층에 견줘 보건대), 출간해도 승산이 없다는 결론이 났을 때, 편집자는 작가 또는 대리인에게 편집자의 깊은 생각과 도움을 주려는 마음으로(종종 실제로 그러한) 편지를 쓴다. 어느 부분이 좋았고 어느 부분은 안 좋았으며 어떤 점이 성공적이고 어떤 점이 부족한지를 설명하는 편지다. 이런 편지를 받은 작가는 편집자가 자기 작품을 흥미롭게 읽었다는 사실을 알아야 한다(그렇지 않다면 통상 사용하는 거절 편지 문안을 출력해서 날리거나 아무 대꾸도 하지 않았을 테니까). 작가가 편집자의 지적에 동의한다면(물론 그 전에 분노나 실망감에 휩싸인 자신을 진정시키기까지 꽤 시간을 쓰게 되겠지만), 작품을 손질하여 편지를 보냈던 편집자에게 다시 보내는 편이 현명하다. 동의하지 않는다면 당연히 다른 출판사의 문을 두드려봐야 한다. 편집자는 고쳐 써서 보내온 작품을 읽고 받아들이거나 편지로 더 깊은(또는 새로운) 반론을 제기할 것이다. 이번에도 편집자에게 마음으로 승복한다면 다시 고쳐 써서 새로 보내면 된다. 아마도 이제 가능성이 조금씩 낮아져가는 게 사실일 거다— 그는 그 낙폭을 두 번째 거절 편지의 어조에서 가늠할 수 있다. 투고작을 한 번 이상, 매번 세심하고 이성적인 편지를 곁들여 퇴짜 놓는 편집자 중에는 실은 무엇 때문에 퇴짜를 놓고 있는지 자기도 잘 모르는 사람도 있다. 그럴지라도, 되돌아볼 때 편집자의 지적들이 옳다는 생각이 든다면 고치고 또 고치는 게 상책이다. 그는 그 편집자에게 끝내 확신을 안겨주지 못할지도 모르지만, 좋은 충고라면 출처가 어디든 받아들이는 게 신중한 작가의 자세이므로, 편집자가 기꺼이 작품에 대한 자기 견해를 들려주는 한, 그는 유용하다. 작가들은 ─ 툭하면 낙심하는 작가라면 특히나 ─ 종종 이성적인 편지와 함께 날아오는 거듭된 거절 통보를, 이 일이 끝내 제대로 성사되기는 틀렸다는 조짐으로 받아들인다. 이는 결코 사실이 아니다. 모든 편집자가 멋진 책을 펴내기를 소망하기에(자기가 몸담은 출판사의 수익 요건이 허락하는 범위 안에서), 기대되는 작가가 그 기준을 충족하도록 기꺼이 돕는 것이다.

그렇다고 긴가민가한 수정 요구까지 다 받아들이라는 뜻은 아니다. 지적들이 충분히 받아들일 만하다는 확신이 필요하다. 때로 편집자들이 혹시 작품의 상업성을 강화하는 방향으로 수정 제안을 한 것은 아닌지 의심이 들 수 있다. 내 경험으로 보건대 그렇지는 않다. 성공한 작가들을 대상으로 한 최근 조사에서 이에 대해 답을 들어보니, 대부분의 작가들이 나와 생각이 다르지 않았다. 편집자는 투고작이 스릴러물이면 이를 가능한 최고의 스릴러물로 만들려고 노력한다. 투고작이 진지한 문예물이면 그 최고치에 이르도록 노력할 뿐이지, 이를 스릴러나 할리퀸 로맨스로 바꿔놓으려는 게 아니다. 문예 잡지의 편집장으로, 아니 말단 편집자로라도 일해본 사람이라면 알 거다. 평범한 투고작들이 얼마나 다 비슷비슷하게 읽히는지를. 쓰는 사람은 자기가 낡은 수법을 쓰고 있다는 사실을 전혀 알아차리지도 못하겠지만—예를 들자면 삼인칭 제한적 시점의 강박적 채택이나 이야기를 날씨에서부터 풀어나가는 버릇('그날 아침은 계절에 걸맞지 않게 선선했다' 또는 '태양이 바로 머리 위에 걸려 있었다')은—받아 읽는 편집자 눈에는 너무 진부해서 자기라면 그 수법만큼은 절대 회피하리라는 생각이 들게 만든다. 편집자로서의 경험은 그들을 이러한 상투성에 민감해지게 만들기 때문에, 현명한 작가라면 이를 최대한 객관적으로 귀담아들어야 한다. 자기 작품에 대한 편집자의 의견이 틀렸다고 느껴진다면 답장으로 반박하길 권한다. 작가의 반박 편지가 우스꽝스럽거나 보잘것없으면(편지가 작가의 인격이 작품으로 짐작했던 것보다 훨씬 더 형편없음을 폭로한다면) 편집자는 아마도 이 소설가를 포기할 것이다. 어떤 편집자가 괴상한 펜팔을 원하겠는가? 그러나 작가 태도가 온당하고 자기 작품을 영민하게 변호하고 있다는 느낌을 주면, 편집자는 귀 기울일 것이다.

    내 작품을 꽤나 흥미롭게 검토해주었던 첫 편집자는 크노프 출판사의 로버트 고틀리브였다. 이미 이야기했듯이 나는 누군가 발견해주길 기다리는 소설들을 여러 편 보유한, 출간작 없는 작가로 긴 세월을 보냈다. 《그렌델》을 고틀리브에게 보냈을 때 그는 당황해서 조심스러운 칭찬과 우려로 가득한 편지를 보내왔다. 젊고 어리석었던 나는 그가 나를 무시한다고 짐작하고 다른 출판사들의 문을 두드렸지만 헛된 일이었다. 나중에 다시 그에게 《태양의 대화 The Sunlight Dialogues》를 보냈고, 작품의 3분의 1을 날려버리라는 충고를 들었다. 나는 엽서로 물었다. "어느 3분의 1 말입니까?" 몇 달이 지난 뒤, 당시 뉴 아메리칸 라이브러리 출판사에서 일하던 고故 데이비드 시걸이 내 작품을 읽게 됐다. 부분적으로는 나를 자신에게 추천했던(그리고 당시 편집자 시걸과 손잡고 《오멘세터의 운수 Omensetter's Luck》 출간 작업 중이던) 윌리엄 개스의 영향으로, 부분적으로는 검은 가죽 모터사이클 재킷 차림에 원고로 가득 찬 쇼핑백을 들고 사무실에 나타난 나의 행동에 힘입어 — 쇼핑백에는 《부활 The Resurrection》《아가톤의 파멸 The Wreckage of Agathon》《그렌델》이 담겨 있었다. (어차피 시작한 이야기이니 나머지도 창피하지만 적어본다.) 나는 오토바이에 싣고 온 그 소설 세 편을 시걸의 책상 위에 올려놓으며 "시걸 씨, 이 소설들을 검토 바랍니다"라고 말하고 잠시 멈췄다가 덧붙였다. "지금요." 데이비드 시걸은 친절한 사람이었지만 닦달을 감수할 만큼은 아니었다. 그는 두어 페이지 대충 읽기 시작하더니 이렇게 말했다. "가드너 씨, 그렇게 지켜보고 있으면 읽을 수가 없습니다." 나는 사무실을 나왔다. 그다음 날 오전 열 시에 사무실에 출근한 그는 내게 세 작품 다 채택하겠다고 말했다. 그는 한 작품을 뉴 아메리칸 라이브러리에서 펴낸 다음 하퍼로 옮겨 가 다른 한 작품을 펴냈고, 다시 크노프로 옮겨 갔다. 크노프에서 《그렌델》과 나중에 받은 《태양의 대화》 출간 작업 도중에 그는 출판계에 크나큰 빈자리를 남긴 채 세상을 떴다.

    데이비드 시걸은 출판계에서 별난 방식으로 일한 사람에 들 것이다. 그는 자기가 본 장점들을 근거로 내 작품을 선택했고 그다음에는 줄곧 부정적인 지적만 했다. 《태양의 대화》에 관해 내게 쓴 긴 편지에서는, 여기는 상징적인 표현이 어긋났다든지, 저기는 표현이 넘친다든지 따위 지적들을 해댔다. (대놓고 말하지는 않았지만 그 편지에서 그는 작품의 3분의 1을 날려야 한다고 암시했다.) 나를 진지한 소설가로서 대하고 작품은 근거를 가지고 공격하는 방식으로 작업을 풀어나갔기에, 나는 그의 말을 편안히 경청했다. 나중에 그가 세상을 떠나고 난 뒤에 보브 고틀리브와 작업하게 되면서 나는 그 두 편집자가 같은 양식을 지닌 사람들이고 차이는 스타일이었음을 깨달았다. 보브 고틀리브는 잘못을 넌지시 빗대어 언급하고 문제점을 때로 비유적으로 표현했다. (소설가 해리 크루스는 언젠가 〈에스콰이어〉지에 실린 통렬한 기고문에서 보브 고틀리브가 자기더러 소설에 '숨통을 틔워야' 한다고 말했다며 비웃었다. 크루즈의 작품을 읽어본 사람이라면 고틀리브가 옳았다고 말할 것이다.) 그 밖의 편집자들은 다른 방식으로 일한다. 어떤 편집자는 소설을 처음 읽고는 길고 철두철미한 편지를 보내오고, 어떤 편집자는 작가와 편안하게 대화하는 편을 선호한다. 거의 아무런 코멘트 없이 작품 자체를 받아들이는 편집자도 있다(드물다). 그 모두가, 비록 때로 핵심을 벗어날지언정, 진지하고 사려 깊은 사람들이다.

일단 소설을 받아들이고 나면 편집자는 줄이거나 보완할 부분, 늘여 쓸 부분, 고쳐 쓸 부분을 표시하며 원고를 다시 샅샅이 뜯어 읽는다. 편집 작업을 가볍게 해나가는 이가 있는가 하면, 거의 행마다 질문을 달아놓는 편집자도 있다. 나는 대체로 어느 쪽이든 즐겁다. 드물게 완고하고 외골수인 편집자가 걸리면 곤경에 빠지게 된다. 내 소설 편집자 중 한 사람은(고틀리브도 시걸도 아니다) 내 구두점 찍는 방식을 고쳐달라고 고집했다. 자기가 예일대에서 배운 원칙을 준수하라고 강요하며 구두점도 작가의 표현 방식일 수 있다는 견해를 완전히 부정했다. 그 소설에는 사람들의 이름을 기억하지 못해서 머리에 떠오르는 대로 아무 이름이나 불러대는 인물이 등장했다. 편집자는 그것들을 모두 바로잡았다. 나는 분노하여 울부짖었지만 그는 아무 말도 하지 않았고 원래대로 되돌리기를 거부했다. 이런 일을 당했을 때 작가가 어떻게 대처해야 하는지 모르겠다 — 원고를 도로 거둬들이는 수는 있겠다. 분명 그런 편집자를 다시 찾지는 않을 것이다. 그런 종류의 경험은 드물다. 아니, 적어도 내게는 드물었다. 대체로 편집자들은 융통성이 있고 작가의 희망 사항들을 존중한다.

이제 원고는 교정 단계를 거친다. 내용에 관여하던 편집자는 원고를 다른 종류의 편집자에게 넘긴다. 시시콜콜한 것에 열렬히 집착하는 이 편집자가 철자법에 틀린 데가 없는지 비문은 없는지, 표기 원칙에 어긋난 데는 없는지 등등을 살피며 읽는다. 식자공에게 필요한 지시어도 기재한다. 이 작업이 끝나면 교정 담당 편집자는 교정 본 내용이 담긴 원고에 교정본 편집자의 질문을 적은 분홍색 종이쪽지들을 삽입해 작가에게 돌려보낸다. 작가가 편집자의 수정을 버리거나 취하는 작업이 끝나면 원고는 식자공에게 넘어간다. 그리고 얼마 뒤에(내 경험으로는 몇 주일) 작가는 교정쇄 — 교정자가 오식자를 바로잡은 표시들이 되어 있는 길쭉한 종이뭉치 — 를 받는다. 작가는 교정자가 확인한 것들을 다시 살펴보고 눈에 띄는 잘못을 메모하여 돌려보내고, 이제 책이 나오기를 기다린다. 어떤 작가들은 교정쇄 단계에서도 여전히 글을 고친다. 이 단계의 수정에는 비용이 들기 때문에, 작가가 이 시점에 작품에 대해 중요한 생각의 변화를 일으키면 출판사는 틀림없이 골치 아플 것이다. 고급 문예물이거나 출판사가 큰 성공을 거둘 것으로 확신하는 책이라면 교정쇄 단계의 수정이 걱정거리는 아니다. 그러나 일반적으로 교정쇄 수정은 자제해야 한다.

책이 작가의 우편함에 도착하고 서점에 깔리면 작가는 새로운 숙제에 묶이게 된다. 바로 판촉이라는 숙제. 출판사가 자기 책을 충분히 밀고 있다고 느끼는 작가는 별로 없을 것이다. 광고를 더 잘, 더 크게, 자주 실어달라고 불평하고 압박하거나 언론 홍보 담당 부서에 텔레비전 인터뷰 추진을 채근하는 것 등은 전혀 잘못된 행동이 아니다. 다만 작가가 명심해야 할 점이 있으니, 이미 게임은 자신의 영역을 한참 벗어났다는 사실이다. 대개의 출판사는 공격적인 판촉이 먹힐 책, 아무리 밀어도 그 영향을 받지 않을 책을 구분할 줄 안다. 일반 사업가와 마찬가지로 출판사 경영자도 이익이 기대되는 쪽에 투자한다. 존 어빙의 《가프가 본 세상 The World According to Garp》은 출판사가 능수능란한 홍보 전략으로 밀어붙였는데(알록달록한 표지에, 주요 신문·잡지에 대형 광고 게재는 물론이고, 생뚱맞게도 티셔츠며 범퍼 스티커 판촉물까지), 효과를 톡톡히 보았다. 반면에 똑같은 방식으로 밀었더라도 다른 소설이라면, 심지어 그전에 나온 존 어빙의 소설조차도, 시간과 돈만 낭비했을 수도 있다. 《가프》는 순수 문학으로도 대중용으로도 받아들일 수 있는 소설이다. 소설에 빠질 수 없는 섹스와 기이한 폭력이 등장하고, 그 당시의 중요한 문제들(예를 들어 페미니즘)을 다뤘다. 그 소설이 막상 펼쳐보니 출판사가 떠들어대던 내용에 비해 별 것 없었다면 출판사는 신뢰를 잃었을 테고, 독자들과 서점 직원들은 분통을 터뜨렸을 테고, 존 어빙은 다음 소설에서 고전했을 터이다. 홍보 부서 사람들은 대체로 유능하므로, 그들에게 거칠게 항의하거나 분노를 터뜨려서는 별로 이로울 점이 없다. 계약서에 홍보비 수준을 명기하라고 우기는 행동도 마찬가지다. (홍보에 더 많은 비용을 할애한 출판사는 그만큼 어디선가 깎는다. 이를테면 선인세 일부를 깎는다든지. 홍보비를 얼마만큼 쓰면 적정한지, 얼마 이상 쓰면 이익 체감 요인이 될지에 대한 출판사의 판단이 옳다면, 홍보 비용을 높여 잡으라고 요구하고 그 대신 선인세 삭감을 감수한 작가는 스스로 제 주머니를 털고 있는 셈이다.) 텔레비전 인터뷰 등속에 대해 말하자면ㅡ출판사에 전혀 비용이 발생하지 않는 종류의 홍보ㅡ작가는 원하는 만큼, 가능한 만큼 수락해도 된다(당연히 전혀 응하지 않아도 된다). 출판사 홍보 담당 부서에서는 여러 도시에서 작가와 함께하는 점심 식사 같은 행사가 열리도록 주선하거나, 작가를 심야 라디오 토크쇼에 밀어 넣으려고 애쓸 것이다. 작가가 비상한 매력을 뿜어내준다면 이런 홍보 전략들은 기적을 불러올지도 모른다.

출판사와의 관계에 대해서는 이쯤 해두자. 다음으로 할 이야기는 작가에게 필요한 주변 사람들의 지지에 대한 것이다. 제아무리 강인한 농부 정신으로 무장한 작가라 하더라도 자신을 믿어주고, 때로 기대어 울라고 어깨를 내주고, 자신이 소중하게 여기는 것들을 존중해주는 사람이 필요하다. 작가는 그 필요를 충족하지 못했을 때 친구를 바꾸려고 노력할 것이다. 내 생각에는 차라리 다른 작가들에게 눈을 돌려보는 편이 이롭다 — 창작 강의에 등록하거나, 마음에 끌리는 작가의 작품을 읽거나, 여름에 열리는 창작 컨퍼런스에 참여하는 방법이 있다.

때로 여름 창작 컨퍼런스는 시작 단계의 작가에게 편집자나 에이전트를 만나고, 유명한 선배 작가들과 급부상 중인 젊은 작가들에게 자기 소설을 평가받고, 예술적으로 정신적으로 그리고 사회생활에서 비슷한 어려움을 겪고 있는 다른 진지한 풋내기 작가들을 만나는 좋은 기회를 제공한다. 이런 자리에서 알게 된 작가들의 인간관계는 행사가 끝나도 이어진다. 1년 내내 서로 편지를 주고받고 적당한 도시에서 한두 번씩 만나는 식으로 교류를 이어가고, 오랜 시간이 흐른 뒤에도 그때 배운 강사들에게 도움을 구하는 게 일반적이다. 이런 컨퍼런스가 일종의 작가 간 짬짜미를 조장한다는 비판도 있다. 한 강사가 또 다른 강사의 책 표지에 찬사를 적는다거나 〈뉴욕 타임스〉에 서평을 써준다거나 하는 현상이다. 이런 종류의 일에서 거의 언제나 빠지지 않는 것은 후배 강사나 컨퍼런스 참여 학생의 책을 밀어주는 컨퍼런스 고참 강사의 역할이다. 컨퍼런스가 뜨거운 우정(애정은 말할 것도 없고)을 맺어주기도 한다. 짧은 컨퍼런스가 사람들을 열띤 분위기로 몰아넣은 덕분일 것이다 — 하나라도 더 배워가겠다는 학생들의 갈망, 그에 응하는 교사들, 중압감 없는 향연으로의 일시적인 도피가 어우러진. 교사나 동료 학생들에게 무시당하고 있다고 느껴 중도에 짐을 싸는—다시 말해 올 때보다 더 심약해져서 떠나는—불행한 작가의 경우를 제외하곤, 창작 컨퍼런스는 여러모로 젊은 작가들에게 훌륭한 자아 충전의 장이다.

젊은 소설가에게 일과 관련하여 가장 소중한 지지자는 에이전트다. 시인이나 단편소설 작가라면 에이전트의 필요성이 그만큼 절실하지는 않을뿐더러 마땅한 에이전트를 구할 수도 없을 것이다. 시나 소설이란 보통 에이전트가 본전을 뽑을 만큼 충분히 이익이 발생하는 분야가 아니기 때문이다. 〈뉴요커〉처럼 고료가 높은 잡지에 단편이 몇 편 실린 작가라면 에이전트의 관심을 끌 수도 있지만 에이전트가 필요할 리 만무하다. 그는 스스로 작품을 팔 수 있을뿐더러, 잡지와의 거래에서 고료를 올려 받기 위해 에이전트를 고용할 수는 없다. 그러나 젊은 장편소설가라면 에이전트가 거의 필수다. 유능한 친구가 있거나 일이 기이할 정도로 운수 좋게 풀려서 자기 작품을 스스로 팔 수 있는 경우에조차 그렇다. 좋은 에이전트는 저작권 요율 시세와 편집자들 면면을 두루 꿰고 있어서 해당 작품으로 어느 수준까지 밀고 당길 수 있을지 정확하게 가늠할 수 있다. 순진한 작가는 출판 계약에서 홀딱 털리기 십상이다. 일반적으로 출판사는 영화 판권, 외국어 판권을 비롯해서 챙길 수 있는 몫은 다 챙기려고 든다. 경험 많은 에이전트는 계약서를 앞에 두고 언제 거부 의사를 밝혀야 할지 알고 있다.

에이전트는 작품을 파는 일에서도 당연히 가치를 발휘한다. 에이전트가 작가 자신보다 더 그 작업을 열심히 하진 않을지 모른다. 손잡고 일하는 소속 작가가 한두 사람인 것도 아니니, 특별히 애태울 일도 없다. 에이전트는 확보한 좋은 작품은 언제고 팔리리라는 것을 경험으로 알기 때문이다. 작가 스스로 팔려고 애쓴다 해도 대체로 무방하다고 본다(어쨌거나 10퍼센트는 자기들 몫이니까). 성격 좋은 작가라면 계약 협상은 에이전트의 일로 남겨두더라도 작품을 파는 일에는 일조하고 싶을 것이다. 반면에 에이전트는 작가로 하여금 부담감에서 벗어나게 해줄 수 있다. 작가는 몇 번 거절을 당하고 나면 포기하기 쉽지만 에이전시는 자전하는 중성자별처럼 한결같이 보내고 되돌려 받고 다시 보내기를 반복한다. (에이전트는 작가보다 언제 포기해야 할지 더 잘 안다.) 게다가 작가는 작품을 어떻게 뜯어고쳐야 할지를 적은, 필시 어리석은 충고를 곁들인 거절 편지로 풀이 죽거나 격분하기 잘하는 반면에 에이전트는 무덤덤한 편이다. 에이전트는 작가용 지침서에서도 편집자들의 조언 내용을 전혀 전하지 않는다 — 편집자가 에이전트 눈에도 중요해 보이는 제안을 한 경우만 제외하고. 작가는 자기불신이 있을 수 있고 — 책을 스무

권이나 출판한 지금도 나는 여전히 때때로 내가 정말 작가인지 자문한다 ― 편집자는 지독한 직업의식의 소유자들이지만, 에이전트의 볼일은 단순히 성사냐 결렬이냐, 얼마를 더 받느냐 덜 받느냐이다. 자신의 판단에 희망을 걸 이유가 있는 한(고객의 원고를 반복해서 판매하면서) 그는 편집자들이 자신의 판단에 눈을 돌려주리라고 기대하며, 그 확신의 힘이 희망을 현실화하는 동력이 된다. 간단히 말해서 에이전트는 작가가 곁에 두기에 나무랄 데 없는 사람들이다.

좋은 에이전트를 구하는 일은 거의 출판사를 찾는 것만큼이나 어렵다. 검토비를 요구하는 에이전트와는 절대 거래하지 말아야 한다. 이는 문학 에이전시 협회의 정책에도 반하며 그런 요구를 하는 에이전트는 아마추어 작가 뜯어먹기 장사를 하고 있을 가능성이 높다. (검토비를 충분히 챙기면 책을 팔 이유가 없어진다.) 믿을 만한 에이전트 정보를 구하거나 에이전트와 접촉하고 싶다면 ILAA('독립 문학 에이전트 협회')에 연락하면 된다(Box 5257, FDR Station, New York, N.Y. 10150). 이 협회에는 유명 문인의 강력한 추천장이 없는 신인 작가와의 계약이 성사될 가능성이 가장 높은 소장 에이전트들도 가입되어 있다. '작가대리인협회 Society of Authors' Representatives'로 연락해도 된다 (P.O. Box 650, Old Chelsea Station, New york, N.Y. 10113). 에이전시 대표에게는 당신이 어떤 종류의 작가이며 어떤 종류의 원고를 팔고 싶어 하는지 간단명료하게 이야기하면 된다. (에이전시에서 답장이 오지 않아도 괜찮다. 거기는 당신이 원하는 데가 아니니까.) 편지를 세련되게 써야 한다는 점은 두말할 것도 없다. 편지에 조악한 구석(지루한 잡담, 알아들을 수 없는 말, 난해한 문장)이 눈에 띄면 그는 이 작가는 내가 원하는 작가가 아니라고 감 잡는다. 다른 일에서와 마찬가지로 에이전트와의 관계에서도 유명인의 이름을 넌지시 내비치는 게 도움 된다. 유명 작가에게 사사했다면 그렇다고 알리는 게 좋다. 작품 발표나 수상 경력도 마찬가지다.

보통 한두 에이전시에서 작품을 보고 싶다고 답을 보내올 것이다. 보내라. (깔끔한 상태로 보내는 것이 중요하다. 에이전트는 물론, 알아보기 어려운 상태의 원고를 읽어내는 중노동을 좋아할 사람은 아무도 없다.) 접촉했던 모든 곳에서 끝내 거절당한다면 작품이 부족했거나, 너무 좋거나 둘 중 하나다. 너무 좋았던 쪽이라면 계속해서 쓰고, 가능한 작가 커뮤니티와도 관계를 지속하면 된다. 그러다 보면 결국 빛 볼 날이 온다.

에이전트와 관련된 마지막 이야기를 하겠다. 에이전트의 거절은 대개 편집자의 거절보다 더 의미 있다. 에이전트들은 거절 이유를 자세하게 늘어놓는 법이 거의 없지만, 이유가 있다면 단 하나다. 그 작품을 팔 자신이 없다는 것. 작품을 훌륭하다고 평가했건 형편없다고 평가했건 그것은 별개의 문제이고, 어쨌든 팔릴 가능성이 없다고 본 것이다. 당신이 원하는 유일한 에이전트는 당신을 원하는 에이전트다. 앞서도 말했듯이, 유명 작가가 당신을 추천해준다면 일에 도움이 될 것이다—풋내기 작가라면 기댈 수 있는 모든 유명 작가의 옷자락을, 그의 심기를 건드리지 않는 선에서 당연히 부여잡아야 한다. 그러나 결국 에이전트들이 믿는 것은 오로지 자기 자신들이다. 그게 바로 그들이 번창하는 이유이고, 그들의 고객들이 번창하는 이유다.

창작 기술을 배우고, 연마하고, 에이전트를 구하고, 그들에게서 회신용 주소가 적힌 답장이 오기를 기다리기까지, 먹고살아야 한다. 모든 작가는 중세 기독교도들처럼 고귀한 고통의 시간 끝에 지극한 복락을 누리게 되길 소망한다. 그래서 하찮은 파트타임 일을 하거나 부모 또는 배우자에게 생계를 의지하면서 쓰고, 기도하고, 기다린다. 언젠가 빛을 보게 되면 생활고는 옛말이 될 거라고 되뇌며.

    천만의 말씀이다. 적어도 진지한 작가에게는 해당하지 않는 이야기다. 진지한 소설가 천 명 중 한 사람이나 글로 밥벌이가 될까 말까 하다. 작가라면 유치하더라도 이 사실을 직시하고 해결책을 찾아야 한다.

    수백 년에 걸쳐서 작가들은 갖가지 생존 수단을 강구해왔다. 고대 시인들은 구걸하거나 왕에게 빌붙었다. 세상 곳곳에는 되돌려 받겠다는 생각 없이 유망한 작가를 경제적으로 후원하는 품위 있는 부자들이 있다. 부자들이 고상한 빈자를 후원하는 흔한 방법은 재단 설립이다 — 구겐하임 재단이 그런 사례다. '국립예술기금'이나 여러 주에 설치되어 있는 문화예술위원회도 작가 후원 제도를 운영한다. 아주 뛰어난 작가이면서 특별히 자신의 가치를 보증해줄 유명 작가를 알고 있다면 이런 기관들의 후원을 받을 기회를 잡을 수 있다. 그러나 재단이나 원조 프로그램들에는 어쩔 수 없는 불투명한 구석이 있다. 누군가 작가의 가치를 판정해야 하는데, 판정자에게는 친분이 작품 평가에 유리하게 작용할 친구들이 있다. 친구가 없는 작가는 불리하다. 재단의 작가 선정위원회가 선호하는 소설 유형이 있으면 아무리 뛰어난 지원자가 보여도 기금은 다른 작가에게 간다. 젊은 작가가 개인적으로 후원해줄 부자를 알게 된다면 자존심을 꾹 누르고 그 기회를 잡아야 한다. 좋은 글선생을 찾고 장학금에 대한 정보를 얻는 것 같은 일에 도움 받고 싶다면 '시인과 작가들(Poets & Writers)'에 편지하거나 전화를 걸어라(201 West 54th Street, New York, N.Y. 10019 / [212] 757-1766). '시인과 작가들'에서 펴내는 잡지 〈코다Coda〉(1년 정기 구독료 10달러)는 콘테스트, 장학금, 문화예술위원회나 재단의 지원금 등에 대한 정확한 최신 정보를 담고 있다.

　　아마도 작가는 일자리를 찾아야만 할 것이다. 거의 모든 전

일제 일자리는, 설령 실제로 할 일이 전혀 없는 사무직일지라도 글쓰기를 어렵게 만든다. 나 자신이 사람들과 섞인 상태로는 글을 쓰지 못한다—혼자여야 한다. 집중을 위해서도, 어떤 장면을 정확하게 묘사하기 위해 종종 주변의 곤혹스러운 반응을 우려하지 않고 내 맘대로 손짓, 발짓을 하고 움츠렸다 중얼거렸다 하기 위해서도. 나는 또한 긴 시간이 통째로 주어지지 않으면 소설 쓰기가 불가능하다—열다섯 시간 정도 줄곧 쓰는 게 내게는 가장 이상적이다. 500쪽 소설을 짬짬이 완성하려고 전전긍긍하다가는 미쳐버릴지도 모른다. 그래서 이런 고민을 해결해보려고 화재 감시인으로 취직해서 높은 망루에 홀로 앉아 가끔 지평선이나 바라보는 작가들도 있다. 이론상으로는 이상적인 형세이나, 실은 고통이다. 무전기가 그를 내버려두지 않기 때문이다. 야간 경비나 야간 호텔 프런트 안내 같은 일자리라고 더 나을 것이 없고, 고등학생 가르치는 일을 호구지책으로 삼았다가는 훨씬 난감해진다—이보다 골 빼먹는 노동은 없다. 사명감에 불타는 교사가 아니어도 마찬가지다. 언론사가 나은 선택인데, 이쪽 일은 작가의 문체와 감성을 좀먹는다.

　근년에는 대학 강사가 작가들이 선호하는 일로 꼽혀왔다. 대학 강사는 여름에는 일에서 놓여나고, 겨울에는 풀타임 룸펜만 빼고 그 누구보다 글 쓸 시간을 많이 확보할 수 있다. 세 강좌를 맡았다고 치자. 한 강좌마다 한 주 세 시간이라 해봤자 매주 학생을 대하는 시간은 그리 길지 않다(게다가 운이 좋으면 수업 시간을 화요일이나 수요일 한날에 몰아 엮을 수 있다). 여기에 (유별난 양심가라면) 수업 준비로 몇 시간을 보낸다고 해도 나머지는 모두 자기 시간이다. 적성에만 적합하다면 작가에게 대학 강의는 탁월한 호구지책이다. 문제는 강사 자리 따기가 점점 하늘의 별 따기라는 거다. 석사나 박사 프로그램들은 수요를 훨씬 웃도는 강사 지망 작가들을 배출하고 있다. 그렇다고 너무 실망할 필요는 없다. 뛰어난 학생은 그래도 채용될 수 있다. 교수의 강력한 추천서, 소설 분야든 자기 전공 분야든 좋은 출판 경력은 다른 이에게는 닫힌 걸로 보이는 녹슨 문도 비틀어 열어줄 것이다. 그런가 하면, 괜찮은 분야의 박사 학위는 — 영문학이라든지 철학이라든지 — 정부나 광고업체, 상사 등 다른 분야의 문을 깨부수는 데 효험이 있다.

그러나 글쓰기를 가르쳐서 먹고사는 작가는 가르치는 일이 자신의 예술을 좀먹고 있음을 깨닫는 날이 온다. 날이면 날마다 초보 작가들과 부대끼는 사이에, 예전 같으면 다르게 풀어갔을 문제들에 어쩔 수 없이 기계적인 분석틀을 들이대는 제 모습을 발견할 것이다. 학생들의 습작에서 어느 부분이 잘못되었는지 정확하게 깨우쳐주기 위해 작가 강사는 의식적이고 지적인 방식에 충실할 수밖에 없다. 작가라면 누구나 어느 시기에 분석적 단계를 거쳐야 마땅하지만 이윽고 자기만의 해법을 체화하게 마련이며, 그다음부터는 작품을 써내려가다 문제에 부딪쳤을 때 자신의 문학적 지식을 동원하지 않는다. 자기만의 해결책을 **느낀다**. 가공의 세계에서 빠져나와 자기 작업을 검토하는 대신에 가공의 세계에 더 깊이 빠져드는 방식으로 문제를 해결한다는 뜻이다. 창작 교사로서 지성적인 분석 습관을 기르는 것은 작가에게 해롭다.

문제는 그뿐만이 아니다. 재능 있는 학생들을 더 많이 접하게 될수록 그들에게는 없는 아슬아슬한 쇼맨십, 현란한 수사, 치밀함으로 그들과 자신을 차별화하면서 의식적으로 무의식적으로 자기를 옥죄기 시작한다. 그는 점점 까다롭고 예술가연하고 학구적인 인물이 되어간다. 게다가 학생들이 세상에 소설가는 도널드 바셀미밖에 없는 줄 알고(바셀미 대신에 헤밍웨이든 샐린저든 해당 강의에 가장 강한 영향을 끼치고 있는 그 누구의 이름을 넣어도 무방하다) 죄다 엇비슷하게 써대지 않도록 당대 소설의 다양한 가능성에 대한 안목도 틔워줘야 한다는 명분 아래, 스스로 당대 다른 작가들에게 지나치게 감화되는가 하면, 이론을 지나치게 밝히기도 한다. 물론 이런 꼴을 전혀 보이지 않는 창작 선생도 틀림없이 있다. 그러나 학생들이 이런 불평을 많이 하는 것도 사실이다.

여하간 남에게 아쉬운 소리 하지 않아도 될 만큼 경제적으로 풍족한 경우가 아니라면, 자기 에너지와 시간을 모조리 털리지 않고도 해낼 수 있는, 적성에 맞는 일을 찾는 게 급선무다. 예를 들어서 지방 무료 우편배달 구역 배달원 일은 기막히게 환상적이다(정오에 일에서 벗어날 수 있다). 자신의 예술을 위해서라면 현실적인 제약에 적응해서 사는 방법을 배워야 한다. 텔레비전에서 본 모든 것을 탐할 바에야 작가 수업을 때려치우고 돈 버는 일에 진지하게 나서거나, 아예 자기 집 텔레비전을 마음이 가난한 이에게 내줘버리는 편이 낫다.

경쟁적이고 소비 지향적인 문화의 소모적인 영향력에서 벗어나는 지름길은 그 문화를 떠나는 것이다 — 멕시코나 포르투갈이나 크레타 섬으로 가라. 많은 작가들이 바로 그런 선택을 하고 있는데, 비용이 덜 드는 삶을 선택한 대가를 애초에 상상했던 것보다 훨씬 더 크게 치를지도 모른다. 게다가 자신의 문화권을 떠난 작가는 소재를 잃어버린다. 허황된 이야기나 써대는 비현실적인 작가에게는 국외 탈출이 무방하다. 그러나 자기가 가장 잘 아는 민족을 — 자신이 속한 특정 문화권을 — 떠난 작가는 결국 자기 문학의 원천을 잃게 된다는 것을 역사가 말해준다. 영국 소설가 아널드 베넷이 그랬다. 그는 런던의 양지를 찾아 시골 고향을 떠난 뒤로 자신이 기운 빠진 작가가 되었음을 느꼈다. 이런 사례는 얼마든지 들 수 있다. 물론 이주해서 잘된 작가들도 있다. 레슬리 피들러는 20여 년을 살았던 몬태나 주 미줄라야말로 자기에게 최적의 도시였다면서, 그 이유로 미줄라와 뉴욕의 극명한 차이가 자신의 상상력을 자극했다는 점을 들었다. 게다가 밤이 길고 쓰는 일 말고는 달리 할 일도 많지 않은 곳이기도 했다. 단테는 말할 것도 없고 맬컴 라우리, 그레이엄 그린, 헨리 제임스에게도 낯선 문화에서 받은 충격은 혜택으로 작용했다. 그러나 분명 위험한 시도이기에, 각오가 필요하다. 환경이 너무 생경해서 위축감과 비현실적인 느낌에 사로잡힐 지경인 장소에 정착해야 할 때—대개 강사 자리를 얻음으로써 생기는 고민이다—고통받는 작가들이 많다(뉴잉글랜드 사람이 남부 캘리포니아에 떨어졌다든가, 텍사스 사람이 클리블랜드에 떨어졌다든가). 그중 특별한 경우가 하층 계급 작가가 이를테면 대학 사회 같은 곳에 발을 들여놨을 때다. 그는 신사로 변신하면서 자신의 언어와 가치관을 훼손당하거나, 반대로 새로운 세계에 대한 자신의 경험을 변질시킬 것이다.

작가가 창작에 매진할 여건을 만드는 최선의 방법은 그의 (또는 그녀의) 배우자에게 얹혀사는 것이다. 그런데 이 방법에는 정신적 고통만도 만만치 않게 따른다. 배우자가 부자인 경우조차 그렇다. 우리를 세뇌시켜온 거짓 교훈 중에 가장 강력한 것이 남에게 의존적인 존재가 되어서는 안 된다는 조항이기 때문이다. 그리하여 흔들리는 자신감을 지켜내기에만도 힘겨운 풋내기 작가, 또는 오랫동안 성공하지 못한 작가들은 수치라는 짐까지 함께 짊어져야 했다. 이는 작가를 비롯한 예술가들이 알게 모르게 그저 만만한 상대 — 말하자면 인심 좋은 매춘부 — 를 생계 의지처로 애용해온 한 이유이기도 하다. 좋은 작가이자 뒤가 켕기는 인간으로 살기는 힘들다. 자존감 부족은 글에도 스며든다. 그러나 예상되는 많은 반론에도 불구하고 배우자나 애인에게 기대어 사는 방법은 탁월한 생존 전략이다. 사업가 중에는 아내나 애인의 예술적 성취에서 더없는 기쁨을 얻을 사람도 있다. 마찬가지로 어떤 여성들은 냉소적인 사람들에게는 병적으로 보일지 몰라도, 예술가 남편이나 애인의 작업을 후원하는 일에서 자긍심과 만족을 느낀다. 그렇다고 작가가 누구 피를 빨아먹을까 찾아다니는 뱀파이어라는 소리는 아니다. 다만 순수한 동기에서 자기 작업을 기꺼이 밀어주는 누군가와 함께하는 작가인 그 또는 그녀는, 관습적인 도덕률을 떨치고 주의 은혜를 받들어 그의 권능 아래 사랑하는 이의 인자함에 값할 수 있도록 분골쇄신할 일이다.

운 좋게도 마침내 돈을 버는 작가가 될 수도 있다. 소설이 영화로 팔리거나, '이달의 소설 클럽'에 선택될 수도 있고, 어떤 이유로 젊은 층의 마음을 사로잡을 수도 있다. 그러나 그런 행운을 기대해서는 안 된다. 매우 훌륭한 소설가들을 포함해 대다수 소설가는 절대 예술로 생계를 해결하지 못한다. 직업 작가의 평균 수입은 한해 오륙천 달러쯤 될 거다. 젊은 작가는 언젠가 책을 내면 죄책감에서도 빚에서도 벗어나리라는 기대로 버틸 수밖에 없다. 그러나—적어도 통계가 말해주는 진실로 보자면—언젠가 그 모든 기대가 산산조각이 나도 전혀 놀랄 일은 아니다. 한 조사 결과에 따르면 해당 연도에 첫 소설을 발표한 작가의 70퍼센트가 영영 다음 작품을 발표하지 않았다. 누군가 진짜 작가답게 쓰길 내켜 하지 않는다면 그 사람은 자신의 열정을 문학 아닌 다른 데 쏟아야 할 사정이거나, 그러는 편이 더 현명하다.

IV.
자신감

내 경험상 대학 강당이나 강의실에서 문답 시간에 가장 자주 받는 질문은 "글을 펜으로 쓰십니까, 타자기를 사용하십니까, 아니면 어떤 도구를 쓰십니까?"이다. 이 질문은 겉으로 드러난 것보다 훨씬 중요한 질문이 아닌가 싶다. 상습적인 도박꾼들이 고려한다는 것과 유사한 종류의 주술적인 선택지를 상기시키는 질문이다. 룰렛 게임으로 말하자면 모자를 쓸까 말까, 쓴다면 왼쪽 차양을 젖혀 올릴까, 오른쪽 차양을 젖혀 올릴까, 어떤 색깔 모자를 써야 운수대통일까에 해당하는. 필기도구에 관한 질문 또한 작가 폐색이라는 해묵은 악령에 대한 질문이자, 장면 떠올리고 고쳐 떠올리기(vision and revision)에 대한 질문이고, 궁극적으로는 질문하는 그 젊은 작가에게 정녕 희망이 있느냐는 질문인 것이다.

1

경험이 많든 일천하든, 작가라면 누구나 안다. 어느 날 글이 잘 풀리고 안 풀리고의 문제에는 어딘지 불가사의한 구석이 있다는 것을. 원기가 넘치거나 뭔가에 '들린' 날, 작가는 마치 보이지 않는 벽이 물러난 듯 작중 현실로 편안하게 쭉 미끄러져 들어간다. 영감이 메마른 날, 작가의 눈에 세상은 온통 기계적이고, 번호 매겨진 조각들로 이뤄진 것처럼 보인다. 전체는 사라진 채 조각들만 눈에 들어오고 정신은 간 데 없고 물질만 보인다. 이런 상태에서 작가는 자기가 종이에 써내려간 낱말들을 끊임없이 바라볼 뿐이다. 생생한 꿈의 유발 인자들이 아닌 그저 낱말에 불과한 것들을. 글이 잘 풀리는 날 — 영감이 온 날 — 은 허구적 꿈이 눈앞에 선하게 펼쳐진다. 작가는 종이 위 낱말들에서 벗어나 자기 방에서 활보하거나 벽장 속을 샅샅이 뒤지거나 짜증스럽게 편지를 훑어보거나 쥐덫을 놓거나 권총을 장전하는 작중 인물을 본다. 그 꿈은 밤잠을 잘 때 꾸는 꿈만큼이나 생생하고 강렬해서 그것들을 글로 옮기면서 생기는 부족한 표현들조차 그의 몰입을 깨는 게 아니라 그 꿈을 확실히 붙들어 매준다. 그래서 꿈이 잦아들면 그는 자기가 써놓은 것을 읽으며 다시 꿈 속으로 빠져들 수 있다. **다름 아닌 이것이 바로 필사적으로 추구하는, 가엾도록 허약한 작가의 작업 과정이다. 상상 속에서 그는 가공의 인물들의 움직임을 바라보고 — 또렷하게 본다 —, 그들의 다음 행동은 무엇일까 궁금해하다 보면 그들의 실제 다음 행동이 보이고, 그것을 모두 가능한 최선의, 가장 정확한 언어로 옮긴다. 써내려가는 순간에도 그는 차후에 더 적합한 말들을 찾아내야 할 거라고, 그런 수정이 장면에 선명성과 깊이를 더해줄 거라고, 그가 꾼 꿈 또는 환상은 점점 더 명료해질 거라고 여긴다. 이에 비하면 오히려 현실이 차갑고 지루하고 활기를 잃을 만큼.** 작가는 자유자재로 이 작업 과정에 시동을 걸고, 이를 방해하는 정신 작용을 물리칠 줄 알아야 한다.

모든 작가는 이 기이하고 마술적인 상태를 잠깐씩이라도 경험한다. 학생의 습작 소설을 읽는 사람은 글쓴이가 어디서 마법에 걸리고 어디서 깨어났는지, 어디까지 '영감', 다시 말하자면 깊고 출렁이는 환상에 힘입어 썼고, 어디부터 오로지 머리를 싸매고 끙끙댔는지 대번에 짚어낼 수 있다. 꿈이 넘실대는 마법의 방, 그 신비의 핵에 한 번도 가닿지 않은 채로 장편소설을 완성하는 수도 있다. 인물과 플롯과 배경을 짜고, 마치 색칠 공부 책에 붙여진 번호 순서로 색을 메워가듯이 내용을 채워나갈 수 있다. 그러나 단편이든 장편이든 적확한 몸짓, 숨 막히도록 적합한 비유, 벽지 또는 고양이의 움직임에 대한 간결한 묘사, 문장들 사이에서 나름대로 빛나거나 감동적인 문장, 허구지만 '생생하게 다가오는' 순간 등 진짜배기 대목들이 나와야 한다. 인물이나 장면이 그것들 자체의 기이한 힘으로 현실로 쳐들어와서, 자기가 쓴 글이 비유적으로가 아니라 말 그대로 살아 움직이는 것을 바라보는 경험, 그리하여 작가가 자신이 창작자가 아니라 한갓 도구적 존재, 마법사나 주술에 걸린 사제라고 여기게 되는 경험 — 마법을 구동해보는 이런 경험이야말로 작가를 창작을 위해 거의 모든 것을 기꺼이 포기하는 중독자로 만드는 계기가 된다. 실패할 경우 비참하기 짝이 없는 평범한 인간에 머물게 되는 것이고.

독인지 기적의 약인지 알 수 없는 이것은 — 그중 하나일 수도 둘 다일 수도 있다 — 처음에는 조금씩만 얻어진다. 젊은 작가들의 일반적인 경험으로 말하자면 초고를 써내려가는 동안에는 자기가 쓴 모든 것이 살아 움직이고 흥미진진하다고 느낀다. 그러나 하루가 지나 다시 읽어보면 거의 다 시시하고 맥 빠지는 내용으로 다가온다. 그런 중에 질적으로 완전히 다른 짧은 한순간의 느낌과 만난다. 작은 한 조각의 진짜배기를. 이런 순간이 잦아질수록 거기서 발생하는 중독성도 강력해진다. 그런데 그 마법의 순간은 **주제**나 일반적인 의미의 **상징성**과 무관하다. 문학 강좌가 통상 다루는 주제와도 사실상 무관하다. 이는 그저 심리적 접촉점이요, 행성을 살아 움직이게 하는 파동이요, '가상의 정원에 있는 진짜 두꺼비'다. 이 짜릿하면서도 낯선 기이한 순간, 다른 단계의 의식 세계로 들어가는 순간, 순식간에 일상의 시공에서 탈출하는 느낌이 예술의 정수이고 사람들이 그 길을 가는 이유다. 이는 종교적 신비주의자가 추구하는 순간과도 분명 유사하고, 임사 체험자의 경험과도 닮았다. 그러므로 그런 순간이 언제 들어왔다가 나가는지 알고 그런 순간이 오지 않으면 불만족스러워지는 단계에 이르려고 충분히 애태운 새내기 작가라면 이미 자기 의지로 그것을 불러들일 수 있는 경지를 향해 가고 있는 것이다. 비록 그 현상이 어떻게 일어나는지는 끝내 이해하지 못하더라도. 그 실체가 무엇이든, 마법의 열쇠를 자주 발견하다 보면 작가 영혼의 더듬이는 그곳에 마침내 가닿게 된다. 세상사가 모두 그렇듯이 마법의 세계에서도 성공은 성공을 부른다.

그러나 마법이 다는 아니다. 작가가 일단 자신이 추구하던 그 경지가 어떤 느낌인지 경험적으로 알게 되었다면 그 개시를 촉진하기 위해 할 일이 있다. (어떤 작가는 훈련을 통해서 언제든 창작 모드로 진입할 수 있게 되지만, 어떤 작가는 평생 동안 어려움을 겪는다.) 모든 작가는 가능하면 자기만의 최선의 방법을 스스로 알아내야 한다.

펜이냐 연필이냐 타자기냐의 문제로 되돌아가보자. 질문이 "펜으로 써야 할까요, 타자기로 쳐야 할까요, 아니면 다른 어떤 방식으로?"라면 정답은 당연히 없을뿐더러, 창작 과정의 어떤 점을 드러내주는 게 아닌 한 이 질문엔 대답할 가치도 없다. 고등학생이거나 대학 저학년 재학 중인 애송이 작가를 잠시 떠올려보자. 아직 타자기 손놀림도 엉성한 채 그는 타자기에 끼워 넣은 종이만 노려보며 앉아 있다. 종이에 찍힌 글자꼴에, 종이가 반듯하게 끼워지지 않았다는 사실에, 서투른 타자 솜씨에, 전동 타자기라면 초조하고 골 때리는 웅웅거림에 마음 산란해하면서. 그는 조만간 타자하는 일에 익숙해지면 타자기로 글을 쓰는 속도가 빨라지리라는 걸 알지만, 그때쯤 되면 한 글자도 써내려갈 수 없는 사람이 되어 있을지도 모른다는 것도 안다. 결국 그는 타자기에서 종이를 뜯어내어 거칠게 구겨서 휴지통에 던져 넣고 펜을 들어 손글씨로 다시 시작한다. 이제 쓰려고 마음먹은 장면으로 들어간다. 인물들이 그러기로 되어 있는 대로 움직거리며 작가가 계획한 곤경에 차츰 빠져드는 모습이 보이기 시작한다. 그러다가 글이 막힌 지점에서 흐름을 되찾으려고 이제까지 쓴 내용을 훑어보니 잉크가 번진 게 눈에 띈다. 무시하고 꾸고 있던 꿈으로 다시 빠져들려고 노력하지만 그 얼룩이 줄곧 거슬린다. 결국 새 종이를 꺼내 이제까지 쓴 것을 베껴 쓴 다음, 꿈속으로 뛰어들려고 애쓰며 처음부터 다시 읽는다. 그러자 꿈에서 깨어났던 대목에 이르렀을 때 꿈이 탄력을 받아 저절로 흘러가고 인물들의 다음 행동이 어떻게 되어야 할지 눈에 보인다.

문제는 손글씨에 말씨처럼 의사 표시가 가득 담겼다는 점이다. 아마추어 손글씨 분석가가 아닌 다음에야 평소에는 그것들에 신경을 쓰지 않는다. 그러나 지금은 아니다. 말하는 사람이 입술을 비죽거리거나 시선을 피하는 동작으로 부지불식간에 감정의 신호를 보내는 것처럼 손글씨도 시시각각 만족감, 망설임, 피로감, 남모를 불성실함, 허세의 신호를 뿜어낸다. 이미 쓴 원고를 다시 읽으면서 그 신호들을 다 알아볼 필요는 없는데도 어느새 글씨의 모양새에 주목한다. 그러면 나와 소설적 꿈 사이를 이 돌담이 가로막기 시작한다. 쓰레기통을 뒤지고 있는 개는 보이지 않고 '한 마리 개가'라는 낱낱의 글자만 보인다.

    초짜 작가 시절에 나처럼 그런 고뇌를 스스로 떠안고 진정으로 고통스러워했던 사람이 또 있을지 모르겠다(타자기 자판 익히는 대목을 제외하고는 아마 없을 것이다. 나는 한때 타자기로 글 쓰는 기술을 익히느라 끔찍한 시간을 보냈고, 끝내 해내지 못한 작가들도 많다는 걸 안다). 글쓰기 과정에서 집중을 방해하는 요인들에 대해 이야기하는 이유는 그 비유를 빌려서 더 암울한 문제를 조명하려는 데 있다. 바로 낱말이라는 방해 요인이다. 글을 쓴 지 얼마 안 되는 작가는 더 말할 것도 없거니와 숙련된 작가들조차도 언어를 마치 낯선 타자기처럼 복잡하고, 위압적이고, 어설프고, 성가시게 채근하는 기계처럼 느낀다. 허구적 꿈을 응시하며 그것을 글자로 옮기려다 보면 어느새 글자들이 내게 반항하고 있다. 나는 '그녀는 그에게 이러저러한 이야기를 할 작정이었다'라고 쓰고 싶다. 일단 그녀로 하여금 그에게 **가게** 한 다음에 말하게 하기로 결정했고 따라서 이렇게 고쳐 썼다. '그녀는 그에게 가는 작정을 하고……' 그러나 '가는 작정'은 비문이다. 이러는 사이에 꿈에서 밀려난다. 언어가 이렇게 요리조리 빠져나가고 손에 잡히지 않는 건 사소한 상황이다(특히나 앞에 예로 든 것은 해결하기 너무 쉬운 문제다). 그러나 골치 아픈 것은 사실이다. 내가 가르쳐본 대다수 젊은 소설가들에게 애초에 문제는 어법이다. 글 다루는 사람답게 사투리를 배제한 정확한 문장은 '그녀는 그에게 말해야 한다고 생각했다(She thought that she should tell him)'일까, '그녀는 그에게 말해야 한다 생각했다(She thought she should tell him)'일까? '그녀는 그가 화가 날 거라고 예상했다'는 정확한 문장일까?('그녀는 그의 분노를 예상했다'라고 써야 할까?)

무슨 까닭인지 작가들은, 적어도 미국만 보자면, 대부분 중산층이나 하위 중산층 출신이고 그중 출신을 드러내는 언어 습관이 없는 사람은 거의 없다. 예를 들어서 뉴욕 시 중산층 언어 사용의 특징은 'take'를 쓸 자리에 'bring'을, 'went' 대신에 'came'을, 나머지 온 나라 사람들이 사용하는 'stood in line(줄섰다)'이라는 표현 대신에 'stood on line'을 쓰는 식이다. 작가가 가장 안전한 위치[일인칭 시점(first-person narration)이나 삼인칭 제한적 시점(third-person-limited)]를 고수한다면 작가의 언어 습관들은 글맛을 풍요롭게 할 수 있다. 그러나 작가가 더 위엄 있는 방식을 시도한다면[전지적 시점(omniscient narration) 또는 비스마르크나 성모 마리아를 내세운 일인칭 시점], 언어 습관이 작가를 무지해 보이게 할 것이다. 지방 사투리로 쓰인 소설에도 이점이 있고, 포크너 같은 작가가 증명하듯이 자기 사투리를 의식적으로 깨끗이 털어버리지 않고도 길고 호흡이 깊은 소설을 쓸 수 있다. [대부분의 전지적 작가가 사용했던 표준 영어 대신에 포크너는 'infer(추론하다)'와 'imply(함축하다)'를 구별하지 않는 두드러진 남부 말투를 사용했다.) 그러나 사투리가 아무리 아름답더라도 소설가를 소설가답게 만드는 야망의 소유자라면 토마스 만이나 프루스트나 멜빌의 격조 높은 언어에 도달할 길로부터 영원히 차단당하길 바라지는 않을 것이다. 그래서 오늘도 소설가는 언어와 대적한다. 그 어렵고도 작가를 겁박하는, 허구의 꿈을 글자로 옮겨놓기 위해 몸부림치는 작가의 작업대에 장애물을 던지는 존재와.

잉크로 쓴 글자들의 얼룩이나 손글씨가 보내오는 신호들이 작가의 집중을 방해하듯이 모호한 표현들이나 통제할 수 없는 이차적인 의미들도 작가를 방해하고 애먹인다. 어떤 소설 속 인물이, 무덤으로 운구되고 있는 정말 무능하고 나약한 어떤 왕이 '날 때부터 죽어 있었다(was born dead)'라고 말한다면 그 왕은 사는 동안 내내 죽은 목숨이나 마찬가지였다는 뜻인데, 'borne(운반된)'과 'born(태어난)'이라는 동음이의어를 이용한 말장난인 것이다. 말로 재치를 부리려는 화자의 의도를 이해하지 못한다면 독자의 머릿속은 산란해진다. 진지한 순간을 하찮게 만들고, 작가를 바보스럽게 만들고('머리가 두 개 달린 숙녀의 뱀 반지'), 의미에 혼란을 일으키고, 작가를 교묘한 방식으로 위선자나 젠체하는 바보로 만드는 미꾸라지 같은 언어의 장난에 골탕 먹은 경험에 대해서라면 모든 작가가 할 말이 많다. 그러므로 작가는 허구적 꿈을 글로 옮기고 나면 자기가 선택한 낱말들을 되돌아봐야 한다. 고의적인 오해나 배신을 당한 사람의 불안감과 낯붉힘으로. 안 그랬다가는 낱말들이 그의 생각을 너무나도 자세하게 드러내는 바람에 그를 지나치게 까다롭고 자의식 강한 사람으로 보이게 만든다.

문제는 작가가 허구적 꿈의 세계를 의식에 불러들이는 시동을 걸 수 없다는 점이 아니다. 그게 문제라면 그는 아예 한 글자도 쓰지 않았을 것이다. 문제는 꿈에 시동을 걸고 그것을 글로 옮기다 보면 갑자기 자기 존재를 의식하게 되고 자기 자신을 못 미더워하게 된다는 데 있다. 허구적 꿈의 세계는 천사의 영역이다. 그것은 작가의 영원한, 어린아이 같은 정신세계이며 시간을 초월한(또는 그런 것처럼 보이는) 백일몽과 같은 공간이다. 그러나 자판을 두드리거나 연필이나 펜을 들어 써내려가며 이 낱말을 버리고 저 낱말을 선택하는 공정을 주관하는 작가의 영역은 인간적이고 부정확하며 불안감과 수치심의 영향을 받는다. 실수에 실수를 거듭하면서 작가 안의 야수는 구원의 천사에 의해 다시 한 번 일으켜 세워지길 갈망하면서 땀 흘리고 이를 갈기 시작한다—그러나 그 신성한 힘 앞에서는 비참하게도 하찮고 소심해지고 고소공포증에 휩싸인다.

이제까지의 이야기에서 나는 언어를 수동적이고 다루기 어려운 도구나, 형상을 빚어내기에는 썩 적합하지 않은 진흙이나, 이미지를 찍어 넣어야 하는 납 덩어리로 취급했는데, 사실 언어는 창작 과정에서 훨씬 더 적극적인 역할을 한다. 물론 작가가 자신이 말하려는 바가 무엇인지 직관적으로 알고, 이미 자신의 선택을 기다리고 있는 가장 알맞은 말을 찾아내는 경우도 많다. 그러나 작가가 전혀 생각하지 못했던 의미를 언어가 능동적으로 생성해내기도 한다 ― 전자보다 더 잦다. 이 과정은 산문보다는 시를 통해 보여주는 게 더 쉽지만, 나는 양쪽을 다 보여주려고 노력할 것이다. 나의 시에서부터 시작하겠다. 잘 쓴 시라서가 아니라, 내가 한 이야기의 적당한 사례가 될 것 같고, 무엇보다도 내가 이 시를 완성하기까지의 과정을 정확하게 알고 있기 때문이다.

  사랑스러운, 으스스한, 짙푸른 용담화
  얼룩뱀의 가죽 같은 내벽,
  천사의 굳게 오므린 작은 입술에
  꼭 알맞도록 빚어진 트럼펫
  심판의 날에 개미와 벌을
  종말에 이르게 하리
  입에 담기엔 너무나 미미한 어떤 죄악으로
  그대 인간의 시선을 끄는 것이냐?
  사랑스러운, 으스스한, 짙푸른 용담화.

Lovely, spooky, dark blue Gentian,
Inner walls like speckled snakeskin,
Trumpet shaped, fit for a small
Angel's grimly puckered lips
Set on the Last Day to call
Ants and bees to Apocalypse,
What sins too minute to mention
Wouldst thou bring to man's attention,
Lovely, spooky, dark blue Gentian?

이 시의 처음 부분을 완성하기까지 거쳤던 다양한 헛된 시도에 대한 자세한 이야기는 생략하고 결과물에 대해서만 설명하려고 한다. 무거운 강의 스케줄에다가 여러 비소설 집필 약속(이 책 포함)이 밀려 있어서 소설 쓰기에 시간을 내기 어렵던 와중에, 나는 꽃에 대한 시를 한 편 쓰기로 작정했다. 예전에 동물에 관한 아동용 책을 낸 적이 있어서 그와 짝을 이룰 꽃에 대한 아동용 시집을 언젠가 펴낼 생각을 했던 터였다. 진파란색 용담화가 담긴 사진 한 장을 찾아서 시상을 떠올리며 바라봤다. 사진 속 용담화는 꽃이 예뻤고, 악몽처럼 선명한 짙은 푸른빛이 뭔가 불길해 보였다. 적당히 음울한 운율과 이미지에 부합한 표현을 찾으려고 머뭇거리다가 시의 첫 행이 갑자기 떠올랐다. 음울하다는 것은 살짝 유머러스한 과장이고(어떤 꽃이든 정말로 두려운 느낌을 주기는 어렵다), 따라서 '사랑스러운'이라는, 그 말의 무게에 비하면 실제로 그리 진지하게 쓰이는 법은 좀처럼 없는 표현과, '으스스한(spooky)'이라는, 힘이 실려 시작된 발음이 살짝 끌리며 이어지는 강약격 운율의 아동용 단어도 부풀려져 있다. 야영지에서 아이들에게 귀신 이야기를 읽어줄 때 흔히 그러듯이. 용담화라는 꽃 이름의 첫 글자를 대문자로 표기한 것도 어렴풋이 예스럽고 낭만적인 느낌을 주며 과장된 진지함을 이어가려는 의도였다(블레이크를 위시한 몇몇 시인들로 가늠해보건대, 낭만파 시인들에게서 순진하게 진지한 것 빼면 남는 게 없다).

첫 행을 쓰고 나서 나는 다시 사진을 바라보며 다음 행을 이어갈 단서를 찾았다(더 할 이야기가 뭐가 있을까?). 2행은 운율상의 선택이 약간 제한되지만 압운은 맞춰도 되고 안 맞춰도 된다는 점을 감안하면서(2행은 1행과 조화를 이루어 귀를 만족시켜야 한다). 그때 갑자기 꽃봉오리 깊숙이 마치 뱀가죽처럼 반점이 찍히고 매끈하게 윤기 도는 부분이 있다는 특이점이 눈에 들어왔고, 그 내용을 2행에 담았다. 동시에 나는 'snakeskin(뱀가죽)'이 'gentian(용담화)'과 압운도 맞거니와 어쨌든 더할 나위 없이 적합한 단어라고 여겼다. 꽃봉오리 깊숙한 곳(throat)을 의미하는 더 근엄한 강약격 단어를 찾아 잠시 머뭇거린 다음에 나는 '내벽(inner walls)'이라는 단어를 떠올렸고, 그러자 그 행이 딱 맞아떨어졌다. 다음 구절을 궁리하며 다시 사진을 응시하자 이 꽃이 트럼펫 형상을 하고 있다는, 가장 두드러진 사실이 눈에 들어왔고 그에 대해 썼다. 그다음은 어떻게 이어가면 좋을까? 적당히 불길한(이제까지의 단어 선택 맥락에서) 어떤 존재가 그 트럼펫을 부는 장면을 떠올릴 수 있다. 〔내가 앞서 강약격 운율에 맞는 다른 단어인 '벨 모양의(bell-shaped)'를 선택했더라면 어떤 작은 존재가 트럼펫을 연주한다는 발상은 하지 않았을 것이다.〕 글을 쓰다가 종종 그러듯이 이번에도 어린 시절의 종교에 대한 관심 — 살짝 근심 어린 — 이 생각의 물꼬를 터주었고, 나는 최후 심판일의 천사를 떠올렸다. 나는 긴 세월의 훈련을 거치면서, 소설에 등장하는 모든 인물에게는 생생한 묘사가 요구된다는 것을 알고 있었고 — 그러니 머뭇거릴 필요도 없이 — 나의 천사에게도 개성을 부여했다("굳게 오므린 작은 입술". 이 최후심판일의 천사는 지금 그저 공무를 수행하고 있는 게 아니라 개인적으로 **연루되어** 있다). 이제 이야기를 어떻게 끌어가야 할 것인가? 그리도 열중해 있는 천사가 지금 엄한 얼굴로 대하고 있는 대상은 누구 또는 무엇인가? 요정인가, 키 작은 어린이들인가? 금세 답이 나왔다. 그 광경이 떠올랐고, 곤충들(정원이라는 소우주의 원주민이자 꽃들의 적)이 보였다. 나는 개미와 벌을 선택했는데, 내게는 그 생물체들이 아주 성가신 존재로 느껴지기 때문이기도 하고, '개미(ants)'라는 단어가 발음이 강하고 까다롭기 때문이기도 했다. '벌(bees)'이라는 단어도 그보다는 약하지만 즈[z] 발음을 밀어낼 때 비슷한 효과를 낸다. 이렇게 해서 나는 오래된, 누구나 금세 알아볼 수 있는 문학적 전통인 짧은 도덕시풍으로 엄숙을 가장한 몇 줄의 시를 완성했다. 이제 이 장치에서 어떤 엄숙한 교훈을 끌어낼 것인가? 곧이어 그런 고민 자체가 어처구니없는 것이며, 도덕시란 이를테면 어린 사람들을 겁준다든지, 전통적으로 어딘가 어처구니없는 구석을 남기는 법이니, 이제 필요한 것은 우스우면서도 점잔 빼는 결말이라는 생각이 들었다. 그래서 운율을 실어, 짐짓 형식적이고 무뚝뚝한 체하며 "그대 인간의 시선을……"이라고 썼고 시의 첫 행을 마지막 행에서 되뇌는 설교사 같은 수법을 썼다. 이 방법이 나는 특히나 만족스러웠던 것이, 신앙인의 관점에서 보더라도 최후 심판일은 기독교의 역사가 온전히 한 바퀴를 돈 날이기 때문이다.

세부적인 이야기에 정작 내가 말하고자 하는 요점이 묻혀버리면 안 되니 반복하거니와, 표현은 허구적 광경의 형상화를 거들 뿐만 아니라 주도한다. 내가 이 시를 쓰기 시작할 때 나는 작은 천사나 개미와 벌 들에게 닥친 최후 심판일에 대해 쓰리라고는, 나아가 우화로 아이들을 겁주는 어른들의 방식으로 쓰리라고는 추호도 예상하지 못했다.

시는 단편소설이나 장편소설보다 아주 뚜렷하게 '자기 갈 길로 알아서 간다.' 이에 견주어 단편소설을 플롯 없이 쓰기란 불가능하지는 않더라도 어려운 일이고, 장편소설을 가변적일지언정 면밀하게 짜인 계획 없이 쓰기란 매우 어려운 일이다. 그러나 장편소설을 쓸 때도 내가 이제까지 설명한 시 창작의 기제가 작동하는 경우가 드물지 않게 있다. 아래 대목은 내 소설 《10월의 빛》의 거의 끝부분에 나온다.

두 마리 늙은 동물이 거의 똑바로 몸을 일으키고 서로 쳐다봤다 — 곰이 사람보다도 더 몸을 곧추 세우고 있었다 — 달아나거나 총이 있는 쪽으로 몸을 날리기에는 무릎이 너무 허약한 노인은 방어할 수 있는 방법이 전혀 없었고 심장이 목구멍 저 속에서부터 방망이질을 해대서 소리조차 낼 수 없었다. 그는 나중에 이 일을 되돌아볼 때도 종종 그 영국인*이 타이컨더로가 요새에서 벼랑 끝 성벽 꼭대기를 올려다보다가 하늘을 음담패설로 가득 채우며 별들과 잿빛 여명 가운데 솟아오르는 강인한 이선 앨런을 목격했을 때 느낌이 어땠을지 짐작해보곤 했다. 제임스 페이지가 그의 벌통들 사이에서 유일하게 평범한 인간이었듯이, 그 영국인도 평범한 인간이었다. 이선 앨런은 헤라클레스처럼 세상 너머에 있는 것들의 영향력을 보여주기 위해 세상에 내보내졌다. 두 발로 서서 쿵쿵거리고 냄새를 맡으며 그를 탐색 중인 이 거대한 늙은 곰도 마찬가지다. 1분은 충분히 지났고, 여전히 곰은 이 노인이 어디서 왔으며 무슨 속셈인지 도대체 알 수 없다는 듯이 서성거리다가 그에게 다시 슬금슬금 다가왔다. 그러더니 마침내 다시 네 발로 기면서 벌통 컨테이너가 설치된 쪽으로 돌아서더니 먹기 시작했다—마치 아직 시간은 충분하고 제임스의 존재는 잊어버렸다는 듯이. 제임스는 힘없는 다리를 끌고 움직여 손을 뻗어 총을 잡았다. 곰은 돌아보고 목구멍 깊숙한 곳에서 으르렁 소리를 끌어내더니 다시 조용히 먹는 일에 열중했다. 제임스는 걷잡을 수 없이 떨리는 손으로 총을 들어 어깨 높이로 올려 곰의 뒤통수를 겨눴다. 그다음에 무슨 일이 벌어졌는지 그는 명확하게 기억하지 못한다. 방아쇠를 당기려는 찰나, 무엇인가 총구가 하늘을 향하게 총을 비틀었다—아마도 자기 손으로 한 일일 게 뻔하다. 그는 도둑에게 경고하듯이 하늘을 향해 총을 쏘았다. 곰은 공중으로 1미터쯤 펄쩍 뛰더니 노인이 그랬던 것과 똑같이 몸을 떨기 시작했고, 벌집을 한 아름 움켜쥐더니 뒷걸음질 치기 시작했다.

*
타이컨더로가 요새를 지키던 영국군 병사를 지칭함. 이선 앨런은 미국 독립전쟁 초기에 이 요새를 영국군에게서 빼앗은 영웅으로 전해진다.

이 대목을 어떻게 써내려갔는지

나는 간단하고 개략적으로밖에는 설명할 수 없다. 쓰고, 고치고, 또 고치는 내 고통스러운 작업 방식으로 이 정도 길이의 글을 쓰려면 몇 주 정도 걸린다. 인용문에 대한 이해를 위해 요점을 말하자면 이렇다. 소설 안에서 페이지라는 노인은 거의 무의식적으로 곰들을 초자연적인 세계, 말하자면 죽음이라든지 천벌을 받을 가능성이라든지, 아무튼 인간이 맞설 수 없는 힘과 연관시켜왔다. 그럼에도 불구하고 마지막 충돌 전까지, 자신이 현세의 영웅으로 삼아온 이선 앨런과도 같은 결연한 용기가 있는 인간은 이를 이겨낼 수 있다고 믿어왔다. 제임스 페이지는 거의 평생 동안 자신이 그런 영웅이라고 믿었지만, 영웅다움이라고 착각했던 자신의 옹고집과 비열함이 아들을 죽음으로 몰아넣었고 또 다른 많은 불행을 낳았음을 최근에 깨달았다. 위의 대목은 이야기의 시점이 거의 전지적이어서, 화자의 서술이 제임스 페이지의 의식을 넘나든다.

거의 전적으로 허구적 꿈을 기록한 것이지만(구부정한 곰, 사람, 손을 뻗어도 닿지 않을 거리에 놓인 벌통에 기댄 총, 늙은 곰의 당황한 눈초리), 시종일관 언어가 상황을 윤색하고 사건의 진전을 돕는다. 곰과 사람을 'ancient creatures(늙은 동물들)'라고 지칭했더니 '노인과 늙은 곰'이라고 지칭한 것과는 다른 함의가 발생했다. 서사시 강좌의 단골 강사인 내게 'ancient'라는 단어는 곧장 고대 그리스를 떠올린다(그러면 헤라클레스가 떠오르면서, 신들이 인간의 이상형을 착상했고 이를 인간 세상에서 아킬레우스 같은 전형적인 영웅의 행동을 통해 드러냈으며, 호메로스라는 서사 시인 또는 뮤즈, 기억, '서사가(epic song)'를 통해 후세에 전했다는 호메로스의 중심 개념에도 생각이 가닿는다). '동물(creatures)'이라는 표현은 그 본래적 의미(신의 피조물)로 해서 나를 앞의 개념과 어딘지 상충하는 개념으로 이끄는데, 노인과 초자연적 존재로 비쳐지는 곰을 모두 죽을 수밖에 없는, 비극적으로 취약한 존재로 보는, 궁극적으로 모든 인간적 영웅주의를 환상으로 보는 생각이다(그리하여 제임스는, 거의 사실 무근이지만 유명한 버몬트 주의 이선 앨런 전설, 특히나 이선 앨런이 만취한 채로 한 무리의 원주민을 이끌고 타이컨더로가 뒤 난공불락의 절벽을 기어 올라가 영국군 초소를 기습했다는 전설을 떠올린다). 일어선 곰과 인간, 그리고 자신의 무력한 상황을 인식하는 인간에 대해 언급한 것은 한편으로 그 장면을 더 생생하고 특별하게 만들어야 할 필요성에서였고, 다른 한편으로는 언어 차원의 고려에서였다. 상황의 긴장감, 특히 제임스 페이지의 공포감을 표현하기 위해서는 길고 격한 문장이어야 했다. 그 분위기에 맞는 운율을 궁리하다 보니(허구적 광경을 머릿속에 떠올리면서 어떻게 글로 옮겨야 문장에 쿵쾅거리는 느낌이 담길지 궁리했다) 문구가 찾아졌다. '똑바로(upright)'라는 단어에 기반하여 — 초자연적 존재라 믿는 그 곰 앞에 열세에 놓인(육체적으로도 정신적으로도) 노인의 느낌을 헤아려 — '올바른 행동(upright conduct)'이라는 표현 맥락에서 'righteous'라는 단어로 나아갔다. 그러자 그의 무력감이 더 풍부한 의미를 덧입었다. 최후의 심판대에서는 과연 누가 그를 옹호해줄까, 라는. 무기력한 존재라는 그의 자의식에서 나는 곧장 한때 천국의 보편적인 이미지였던 성채나 요새를 떠올렸고(나는 중세문학 전문가다) 그 착상이 곧장 바위 절벽 높이 자리 잡은 타이컨더로가 요새로 이어졌으며, 불현듯 '강인한 인간' 이선 앨런이 '솟아오르는' 형상이 떠올랐다. '별들과 잿빛 여명'은 내가 소상히 기록한 허구적 꿈의 내용 그대로지만 이어지는 이미지들은 소설 더 깊은 곳에서 나왔다. 작품 내내 10월 하늘의 선명한 빛은 생의 말년에 이른 인간의 마음속 명료함, 운명에 대한 예감과 연결된다. 노인 페이지는 언제나 자신이 옳다고 자신해왔는데, 죄를 깨닫고 스스로 신은커녕 영웅도 아닌 '평범한 인간'임을 알게 된 지금, 마음속 하늘은 더는 고상하지 않고, 추하고 흐리다. 하늘은 영웅적이거나 신성할 때 그를 저주한다(물론 이 이미지는 부분적으로 역사에서 가져왔다. 갱 두목이자 곡식 창고에 불을 지른 자인 이선 앨런은 신중하게 말하는 유형의 인물이 아니었다). 이제 곰을 면밀히 관찰하면서 페이지는 점점 그 동물의 본성을 알아간다. 만일 이 곰이 헤라클레스 — 서사시에서 하늘의 의지를 상징하는 인물 — 라면 전해야 할 하늘의 전갈을 잊어버린 헤라클레스다. 곰은 초자연적인 것과 맞닥뜨렸을 때의 인간처럼 제임스 페이지가 어디서 왔는지도 알아내지 못한다. 이어지는 이야기에서 곰은 점점 더 제임스 페이지 같은 자연의 존재가 되어간다.

나는 앞에 인용한 장면을 완성하기까지의 과정을 낱낱이 밝힘으로써 이러한 언어의 미묘함과 착상의 변용이 통찰력 있는 비평가가 짚어내야 할, 또는 짚어낼 법한 대목이라고 주장하고 있는 것이 아니라는 점을 분명히 하고 싶다. 많은 부분은 개인적이고 — 예를 들어 타이컨더로가 요새를 이선 앨런과 재빨리 연결시킨 것 — 그 밖에 헤라클레스라든지 서사시의 전형에 대한 호메로스의 개념에 대해 언급한 것은 소설의 더 큰 그림으로 볼 때는 그리 중요하지 않다. 다만 나는 하나의 언어 선택이 다른 언어 선택을 불러오면서 언어가 사건의 진전에 적극적으로 영향을 끼치는 과정을 설명하고자 했다. 작가가 글을 써내려가다가 벽에 부딪히는 것은 꼭 허구적 꿈을 글로 바꾸기 어려워서, 다시 말해 그에 알맞은 표현들을 찾지 못해서만은 아니다. 말의 흐름을 탈 수 없어서, 이야기하고자 하는 바를 말길이 제시하는 방향에 맞출 수 없어서 벽에 부딪힐 수도 있다. 마음에 품은 이미지에 너무나 집중한 나머지 낱낱의 대리석 알갱이들과 타협하는 — 그것들의 제안을 받아들이는 — 일이 내키지 않는 조각가와 비슷한 상황이 되는 것이다.

작가는 어떻게 해야 할까? 내가 줄 수 있는 답은, 작가의 언어적 능력을 전제로, 자신감을 가지라는 것이다. 첫째로, 소설 창작이란 초보자가 처음에 생각한 것보다 훨씬 더 어려운 작업이지만, 기꺼이 매진하는 사람이라면 결국엔 해낼 수 있음을 명심하자. 좋은 글을 쓰려면 여러 정신적 과정을 동시에 운용해야 하는데, 시작 단계에서는 전체를 작게 조각내어 하나씩 하나씩 해나갈 수밖에 없다. 하려는 이야기를 거칠게 글로 옮기고, 자신이 동원한 표현들이 이야기를 제대로 전달하고 있는지 아닌지 꼼꼼히 살핀다. 이제 두 갈래의 고려를 해야 한다. (1) 문장이 하고 있는, 작가가 의도하지 않은 이야기를 어떻게 멈출 것인가, (2) 문장이 어떤 이야기를 하고 있든, 그대로를 활용할 방법은 없을까. 둘째로, 인간의 다른 활동에 도움 되는 일은 글쓰기에도 도움 된다는 사실을 믿자. 자전거 타기를 배우려면 핸들로 방향 조종하기, 균형 잡기, 페달 밟기, 넘어지지 않고 서기를 배워야 한다. 각각 다른 목표점에 집중하여 따로따로 익혀야 한다. 그러나 마지막에는 그 요령들이 하나의 요령으로 통합된다.

작가는 어디에서 자신감을 얻을까? 앞에서 이야기했듯이, 부분적으로는 같은 길을 가는 집단의 지지에서 얻는다. 친구들의 한결같은 격려는 꿈으로 진입하는 일을 쉽게 해주고, 언어를 지배하면서도 언어에 귀 기울이는 방법을 익히는 힘겨운 과정을 쉽게 견디게 해준다. 또 부분적으로는 소설 쓰기에 대한 이기심 없는 사랑에서 얻는다. 남이 쓴 것이든 자신이 쓴 것이든, 문학 작품에서 희열을 느낄 때 작가는 잠시 자신의 한계를 잊어버린다. 그래서 글이 안 써질 때 좋아하는 작가의 소설을 읽으면 종종 도움이 된다. 선배 작가의 꿈의 세계와 언어의 춤이 내 마음을 뒤흔들 때, 얼어붙었던 작가 자신의 꿈꾸는 능력, 언어를 가지고 노는 능력도 스르르 풀린다. 일단 쓰기 시작했고 꿈이 충분히 강력하고 언어가 나에게 충분히 협조적이면 초고의 실수들은 방구석의 파리만큼만 작가를 방해한다. 작가가 자신의 작업에 깊이 빠져들어 있고 결과물이 노력에 값할 거라고 확신하는 한, 파리는 방 안에 있고 성가시지만 당해낼 수 없을 만큼 대단한 방해물이 아니다.

작가가 허구적 꿈에 몰입하지 못하거나 언어적 충동에 융통성 있게 대처하지 못한다면 그 원인은 근본적으로 자기억제나 자기패배적인 심리 상태에 있으며, 이 문제 해소를 위해 자기억제를 극복하기 위한 모든 전통적 방법을 강구해야 한다. 자기최면, 초월명상, 음주나 흡연, 연애 등. 그러나 각고의 노력과 가끔의 성공이 따라주지 않으면 그 어느 것도 효과는 없다.

자기최면술에 대해서 들려주고 싶은 이야기가 있다. 나 자신이 가끔 이게 효과적이라고 느끼기 때문이다(내가 나에게 속아 넘어가는 것일 수도 있지만). 편안한 팔걸이가 있는 의자에 앉아서 ― 어둑하고 조용한 방이면 더 좋다 ― 팔을 팔걸이에 평평하게 얹고 자기 자신에게 근육을 전혀 움직이지 않아도 손과 팔뚝이 들어 올려질 거라고 확신에 찬(곧 증명될 거라는) 암시를 준다. 팔을 움직이지 않는 데 집중하되, 팔에 어떤 반응이 오더라도 저항하지 않는다는 마음으로 하고, 한편으로 팔이 들어 올려질 거라는 믿음에도 집중한다. 그러면 곧 손이 기이하게 가벼워지는 느낌이 들 것이고 마침내 자신의 의지와 관계없이 팔이 들어 올려질 것이다. 마법이다. (최면으로 들어 올려진 팔은 허공에 몇 시간씩 그대로 둬도 아프지 않다. 의식적으로 들어 올려졌다면 몇 분 안에 아파오기 시작할 것이다.) 이 가벼운 최면 상태에서 긍정적인(절대 부정적이지 않은) 자기암시를 한다. '오늘밤은 글이 잘 풀릴 거야', 또는 '오늘밤은 담배 생각이 덜 날 거야'와 같은. 대다수가 자기최면이 효과가 있다는 사실을 깨닫는다. 다른 사람의 도움을 빌린 깊은 최면이나, 앞서 말한 것보다 좀 더 정교한 형태의 자기최면은 더 큰 효과를 가져다준다. 그러나 효과가 없더라도 상심하지 말자. 어둑하고 조용한 방에 반시간 동안 앉아 있는 것만으로도 영혼에 보약이 될 테니.

2

앞서 설명했던 자기억제가 심해지면 작가 폐색에 이른다. 이쯤 되면 자신감의 실패라기보다는 의지의 실패다. 폐색을 겪는 작가도 탄탄한 플롯, 인물, 아무튼 소설을 순조롭게 풀어나가는 데 필요한 다양한 궁리를 할 수 있다. 그런데 건강한 작가들도 당연히 거치는 이 과정에서 폐색 상태에 놓인 작가는 자기가 고안한 것들이 쓰고 발전시킬 만하다고 확신하지 못한다. 다 예전에도 했던 일이잖아, 라고 혼자 중얼거린다. 온갖 힘을 기울여 몇 문장을 써봐도 역겨울 만큼 형편없기만 하다. 실제로 소설은 어떠어떠해야 한다는 플라톤적인 꿈은 작가의 시야를 가리고 거친 초고를 빛나는 작품으로 탈바꿈하는 데 필요한 용기를 작가에게서 강탈하면서, 쓰기 시작한 초고뿐만 아니라 창작의 가능성 자체에 어두운 그림자를 던진다.

    작가가 겪는 고민의 일부는 잘못된 이해를 받는 데에 있다. 더 잘 쓸 수 있는데 그러지 못하고 있다는 걸 자기는 아는데, 친구들은 작가가 허약하고 겉치레에 불과하다고 느끼는 바로 그 점에 대해 칭찬하는 것이다. 뭘 써도 자신의 기준을 만족할 만큼 충분히 좋지 않고, 자신과 같은 기준을 가진 사람이 주변에 아무도 없는 것만 같아서 글이 막혀버렸다면, 작가는 아주 특수한 종류의 곤경에 처한 것이다. 처음에 그를 시작하게 만들었던 좋은 소설에 대한 애정 때문에 이제는 자기가 쓰는 글러먹은 글에(거의 모든 초고는 글러먹었다) 냉소를 보내고, 진정으로 좋은 소설이 무엇인지에 대해 관심을 갖는 사람은 아무도 없다는 생각에 소설을 쓸 열의조차 사라졌으니, 난국이다. 비범한 재능을 지닌 작가일수록 이런 종류의 불만에 더 빠져들기 쉽다. '새롭게 하라'라는 강령에 내몰려 그는 자신이 쓴 것이 전혀 독창적이지 못하다고 느낀다. 요컨대 독창성이란 저절로 흘러나오는 게 아니라 땀 흘려 얻어내는 것이라는 사실을 그는 아직 모르고 있다. 호손의 첫 소설 《팬쇼Fanshaw》나 멜빌의 초기작 중 어떤 것이든 훑어보면 깨달아지는 게 있을 터이다.

또 다른 작가 폐색은 — 이 경우 더 심각하다 — 성공에 대한 과도한 갈망이다. 이 갈망은 사실 좋은 작품을 쓰겠다는 갈망과도 관계없다. 그저, 칭찬하는 사람들에게 기쁨을 안겨주고 싶거나(즉, 사랑받고 싶거나), 자신이 그 누구보다 진짜 대단하다는 걸 증명하고 싶거나(즉, 초인이 되고 싶거나), 오래된 마음의 상처에서 걷잡을 수 없이 터져 나오는 비명에 맞서 자신의 존재를 정당화하고 싶은(즉, 구원받고 싶은) 것이다. 그가 쓴 어떤 글도 이런 현실적 동기를 충족시키지 못하기에, 이 작가는 아무리 많이 써도 문제를 해결할 수 없다.

치유 불가능한 작가 폐색도 있을 것이다. 그러나 그게 어떤 경우인지 따지는 것은 아무 의미가 없다. 치유 가능 여부는 경우에 따라 다 달라서 어떤 폐색만은 치료 효과가 있다고 단정할 수 없기 때문이다. 작가는 다른 어려움과 마찬가지로 이런 종류의 어려움을 겪을 때에도 정신적으로 무엇이 문제인지를 — 스스로, 또는 전문가의 힘을 빌려 — 가능한 한 명확하게 파악하고, 자신이 비록 드물지언정 세상에 없는 어려움을 겪고 있지는 않음을 깨닫는 것이 상책이다. 경우에 따라 다음의 일반적인 조언에서 한두 가지가 유용할 수도 있다.

작가는 첫 작품을 쓸 때 어땠는지 되돌아봐야 한다. 쓰고, 고쳐 쓰면서 조금씩 나아지게 만들어 겨우 완성했던 그 작품의 초고란, 지금 자신이 마주하고 있는 것보다 결코 나은 상태가 아니었다 — 다른 점이 있다면 그때는 단점들이 지금처럼 뚜렷하게 눈에 들어오지 않았고, 가능성에 더 들떴고, 새 애인의 추임새에 속아 넘어갔었다. 초기의 어려움들을 거쳐 견습 작가 시절이 되면 작가들은 일이 좀 쉽게 풀려야만 한다고 생각하는 경향이 있다. 거의 그렇지 않다. 기술적인 요령들을 알아갈수록 작가는 더 어려운 과제를 자신에게 떠안긴다. 쉬워지기는커녕 더 어려워졌다는 느낌이 온다. 아무튼 내 경우는 그랬다. 자신의 이야기 구상에 조바심하고, 자기가 쓸 수 있는 것은 뭐든 못 견뎌하게 되면, 작가는 어떻게 써내야 할지 잊어버린다.

소설은 조각이나 그림과 마찬가지로 대강의 밑그림에서 시작한다. 등장인물과 그들의 행동에 대해, 나중에 고쳐 쓰게 될 거라고, 인물들의 행위도 가변적이라고 여기면서, 되는 대로 적어나간다. 이 밑그림이 영 볼품없어도 괜찮다 — 밑그림은 가다듬어 세련되게 만들어서는 안 된다. 중요한 것은, 소설의 완성까지 영겁의 시간이 주어졌다는 듯이 밑그림을 점검하고 또 점검하는 동안 작가는 이 문장을 고치고, 그 고쳐진 문장의 요구에 따라 저 문장을 고쳐나가고, 그 과정에서 인물들의 고뇌와 희망의 함의를 점점 더 깊이 재발견하여, 인물들과 그들의 행위에 대해 더 뚜렷한 생각을 갖게 된다는 점이다. 소설은 아테나 여신처럼 다 자란 모습으로 세상에 모습을 드러내지 않는다. 소설을 독창적이고 깊이 있게 하는 것은 쓰고 고치는 과정이다. 구상만 보고 그게 소설이 될 만한지 아닌지를 예단해서는 안 된다. 작가 자신도 탈고하기 전까지는 자기 구상의 **실체**가 무엇인지 확실히 알지 못하기 때문이다. 마찬가지로, 초고만으로 그 소설의 양식을 단정해서도 안 된다. 초고에는 완성작의 양식이 아직 드러나 있지 않기 때문이다.

붙들고 있는 단편소설이나 장편소설 작업을 더는 버텨내기 어려울 때는 다른 글을 쓰는 것도 방법이다 — 장편이든 단편이든, 짜증의 분출구로 삼을 만한 에세이든, 아니면 시간도 죽일 겸 문장도 연마할 겸 쓰기 연습을 해도 좋다. 작가 폐색을 돌파하는 세상에서 가장 좋은 방법은 많이 쓰는 것이다. 종이에다 이 말 저 말 지껄이다 보면 갑자기 자기가 지껄이고 있는 게 흥미로운 이야기라도 되는 듯한 착각에 빠져들면서, 신비의 샘이 다시 흐르고 있다는 신호가 온다. 일기 쓰기도 때로 효과를 발휘한다. 일기에는 가장 끌리는 화제에 대해 성취 압박을 받지 않고 자연스럽게 자기 필치를 살려서 쓸 수 있다. 기죽이는 본업에서 벗어나게 해주는 일이라면 무엇이든 효과가 있을 것이다. 나로 말하자면 언젠가 탈고하리라 마음먹은 진지한 소설로 되돌아가기를 머뭇거리는 데에만 몇 해를 보내고 있다. 500장의 초고 더미가 선반에서 해골처럼 나를 바라보고 있다. 내가 하는 어떤 일도 그에 비하면 중요하지 않다, 적어도 내 마음속으로는. 나는 그저 10월의 바람이 나뭇잎들을 흐트러뜨리듯이 낱말들을 흐트러뜨린다.

작가 폐색의 주요 원인이 작가 외부 — 경청할 만한 평가를 해주는 사람이 없는 점, 이런저런 사회적 압박, 공정하다고 느껴지는 가혹한 비판 — 에 있다면, 다르게 사는 것 말고는 방법이 없다. 친구들에게 안목이 없다고 느낀다면, 그게 사실일지라도, 작가의 정신 건강에 해롭다. 그런 생각은 오만과 자기연민을 낳고, 그를 나쁜 친구로 만들며, 결과적으로 그는 남모를 죄책감에 시달린다. 더 좋은 친구들을 사귀거나 좀 더 관대한 사람이 되려고 노력하는 게 해결책이다. 후자를 잘해낼 수만 있다면, 그는 다시 글쓰기로 돌아갔을 때 좋은 작가가 될 가능성이 아주 높아진다. 이따금 비열한 사람이 좋은 작품을 쓰는 수도 있지만 그 가능성은 매우 낮다.

작가 폐색에 대처하는 최선의 방법은 이 병에 걸리지 않는 것이다. 안 걸리는 작가도 있다. 글쓰기는 어쨌거나 글쓰기일 뿐이어서, 이로 인해 깊은 죄책감을 느낄 필요도 없고 지나치게 자만심을 가질 필요도 없다는 사실만 이해하면, 이 병에 누구나 덜미 잡혀야 할 이유가 이론적으로는 전혀 없다. 어린아이가 모래성 폐색(sand-castle block)을 겪지 않고도 모래성을 쌓을 수 있고 목사가 신성 폐색(holiness block)을 겪지 않고도 환자를 위해 기도할 수 있듯이, 작가도 자신의 일을 즐기고 합당한 자부심을 느끼면 사실 작가 폐색으로 고통받을 이유가 없다. 그러나 유감스럽게도 세상일이란 그리 단순하지 않다. 애초에 누군가를 작가로 만든 바로 그 자질이 나중에는 장애의 요인이 된다. 과민성, 고집불통, 만족을 모르는 마음 등, 작가들의 일반적인 특징을 감안할 때 작가 폐색에 확실한 치료법이 없는 게 전혀 놀랄 일이 아니다.

작가 폐색은 내가 방향을 잘못 잡았다는 생각이나, 옳게 방향 잡은 일을 형편없이 하고 있다는 생각에서 나온다. 개인적 욕망 충족을 위해 쓴 소설은 그 욕망을 충족시키지 못할 가능성이 높기에 작가 폐색을 일으킬 수 있다고 앞서 말했다. 그런데 따지고 보면 소설 쓰기에서 잘못된 동기는 없다. 사랑받고 싶거나, 복수하고 싶거나, 정신적 고통을 해소하고 싶은 욕구에서 출발한 좋은 소설들도 분명 있다. 예술에서 비천한 동기란 없다. 마지막에 우리는 작품으로 평가하지 동기로 평가하지 않는다.

창작 방식을 가지고 말하자면, 소설을 쓰는 잘못된 방식은 거의 없다. 작가에 따라 어느 방식이 더 능률적인가 아닌가의 차이가 있을 뿐이다. 훌륭한 작가들 중에는 머리에 떠오르는 족족 무작정 종이에 쏟아놓고 나서 어떤 이야기가 뚜렷한 모습을 드러내기까지 옮기고, 편집하고, 재배열하고, 고쳐 쓰는 사람도 있다. 그런가 하면 주도면밀한 계획을 세우고 작중 인물들이 반항하지 않는 한 이 계획을 최대한 철저히 고수하는 작가도 있다. 대체로 이성주의 작가들(나보코프 같은)은 오전 글쓰기를 선호하고, 직관주의 작가들은 한밤 글쓰기를 선호한다. 어떤 작가들은 작은 카드에 한 문장씩 문장을 짓는다(내가 보기엔 기이하지만 나보코프를 위시해서 반박의 여지가 없는 대가들이 이 방식을 써왔다). 이와는 정반대로, 좋은 작가들 가운데 중간에 종이를 갈아 끼울 필요가 없도록 타자기에 대용량 두루마리 타자지를 장착하고 글을 쓰는 이들도 있다. 어떤 작가들은 진종일, 한밤까지, 화장실 갈 때 말고는 중단 없이 쓰는데, 정신적으로 가장 몽상적인 한밤에 새 장면으로 뛰어들고 냉철한 지성이 최고조인 아침에 고쳐 쓴다. 소설 이외에는 이따금 여행기 정도만 쓰는 소설가가 있는가 하면, 희곡, 시, 단편소설, 미국의 대외정책에 대한 논설 따위를 이것저것 써대는 소설가도 있다.

어떤 방식이든 괜찮다. 다만 어디서 어떻게 시작해야 할지 몰라 고민하는 새내기 작가들을 위해 충고하건대, 장편소설이 잘 안 풀려서 끙끙거리는 중이라면 잠시 단편소설로 돌아가기 바란다. 단편 작업에서는 일단 다 쓰고 스토리텔링의 뼈대를 상대적으로 쉽게 되짚어볼 수 있다. 단편소설은 허구적 이야기의 기본 개념을 파악하기에 알맞을 만큼 자그마한 장르다— 한 사건이 다른 사건과 어떻게 인과 관계를 맺는지(회상이나 독특한 이야기 전개술로 사건의 순서를 엉클어놓았더라도), 인물들의 행위 동기를 노골적으로 말하지 않으면서도 어떻게 극적으로 드러내는지, 배경과 인물과 행위가 어떻게 서로서로 기대고 부추기면서 상호 침투하는지, 이야기가 점점 고조되어 클라이맥스에 도달하게 하려면 플롯이 어떤 리듬을 가져야 하는지, 부분들이 제각각 살아 있으면서도 그 자체로 뻔하게 도드라지지 않게 하려면 이야기가 어떤 의도 아래 전개되어야 하는지, 즉 어떤 탄탄한 구조를 가져야 하는지, 문체와 플롯과 의미는 어떻게 마침내 합일하게 되는지.

단편소설을 쓸 때는— 장편소설을 쓸 때와 마찬가지로— 한 번에 한 가지씩 풀어나간다. (이 충고를 초고에 적용하는 게 이상적일 수도 있고, 초고에서는 흐름을 방해받으므로 퇴고 단계에서 적용하는 게 이상적일 수도 있다.) 짤막한 한 대목을 온전한 하나의 이야기 단위로 간주하여 그것이 최대한 완벽해지도록 손질한다. 그러고 나서 다음 이야기 단위로 넘어간다. 가령 그게 대화라면, 그 대화가 최대한 완벽해지도록 손질한다. 이제 더 큰 이야기 단위로 넘어간다. 개별적인 장면 단위다. 이것들이 서로 합해져서 플롯을 이루고, 장면들이 불꽃을 튀기도록 작동한다. 스탠드업 코미디언이 조크 하나하나가 최대한 효과를 발휘하도록 공을 들이듯이(조크마다 악센트, 타이밍, 눈알 굴림, 웃어넘긴 다음에 뒤미처 깨닫고 놀란 표정을 적절히 곁들이듯이), 이야기가 전체로서 좋을 뿐만 아니라 매 순간 독자를 사로잡도록 부분들을 다듬는다. 창작 수업이 보여주듯이, 하나의 작은 과제만 주어졌을 때는 대부분의 작가들이 이를 꽤 훌륭하게 해낸다. 다만 그들은 뭔가 뒤엉키면 아마추어가 되어버린다. 큰 이야기 덩어리를 부품별로 해체하고, 각 부품의 정확한 역할을 다 알고 있다고 확신하고(이야기는 기어가 여러 개 달린 기계와 같다. 기계에 달린 모든 기어에는 그것만의 기능이 있어야 한다), 모든 부품을 있어야 할 자리에 정성껏 장착한 다음에는 한 걸음 물러서서 전체를 점검해야 한다. 그러고 나서 각 부분들이 서로 잘 융화되어 그 누구도, 심지어 작가 자신조차 2년 뒤에는 각 부분이 어디 들어가 박혔는지 알아볼 수 없을 만큼 이야기가 강물처럼 자연스럽게 흘러갈 때까지 고쳐 쓰고 또 고쳐 쓴다. (작은 단위로 쪼개 쓰는 작업이 수월치 않다면 안 하면 그만이다. 몇 페이지를 쏟아낸 다음에 앞으로 되돌아가서 문제를 해결하는 방식으로 작업하는 작가들도 있고, 거칠게 초고를 다 완성한 다음에 처음부터 끝까지 죽 고쳐 쓰는 방식으로 작업하는 작가도 있다. 분명 아주 괴로운 작업 방식이지만 작업자 자신에게 그게 가능한 유일한 길이라면 뭐가 문제겠는가.) 요는, 어떤 방식이든 자신에게 맞으면 된다. 턱시도 차림으로 쓰든 우비 차림으로 소나기를 맞으며 쓰든 숲속 동굴에서 쓰든.

장편소설을 쓸 때는 계획을 가지고 시작해야 한다 — 신중한 구상 윤곽이 있어야 하고, 작중 인물과 배경, 주요 사건, 함의에 대한 작가 메모도 꼭 필요하다. 내 경험으로는 많은 새내기 작가들이 이 단계를 싫어해서, 차라리 무작정 뛰어드는 선택을 한다. 어느 단계까지는 무방하지만, 조만간 자기가 하려는 이야기가 무엇인지 생각을 가다듬을 수밖에 없는 순간이 온다. 영화인들이 '트리트먼트'라고 부르는, 대사를 비롯한 세세한 내용 없이 모든 등장인물과 벌어질 일들을 설명하는 개요 문서를 자기 자신을 위해서 작성해두는 것도 고려해보라. 그 문서가 뚜렷한 필연성으로 다가올 때까지 꼼꼼히 살펴보고 손질하다 보면 내가 쓰려는 이야기에 대해 단지 윤곽만 잡아놓았을 때보다 훨씬 더 깊은 이해에 도달할 것이고, 이렇게 함으로써 나중에 시간을 절약할 수 있다. 작가에 따라서는 본문 — 아직까지는 작가의 머릿속에만 존재하는 — 에 대해 상세한 비평적 해설을 달아놓는 게 도움이 된다는 사람도 있다. 이런 작업 방식이 지닌 명백한 위험은, 작품이 감동을 주거나 설득력을 발휘하기에는 너무 깔끔해진다는 데 있다.

집필에 들어가기 전 마지막 단계는 플롯을 장별로 끊는 작업이 될 것이다. 독자가 앞으로 펼쳐질 이야기를 이해하려면 1장에 어떤 정보들을 담아야 할지, 3장에서는 무엇을 귀띔해야 할지와 같은 세심한 고려가 이때 이뤄져야 한다. 이야기의 도입부에서 60페이지에 이르도록 아무런 움직임 없이 배경 설명만 계속할 수는 없는 노릇이다. 소설 쓰기는 알곡을 분쇄기에 가는 작업과 같다. 기계를 돌리고 분쇄할 알곡을 투입하고 골고루 섞어주는 행동을 손가락을 잃지 않고 다 잘 해내야 한다. 어떤 장편소설에서는 배경 설명 작업이 쉬운가 하면 다른 장편소설에서는 몹시도 고민스럽다. 《그렌델》의 경우, 줄거리를 따라가려면 독자가 미리 알아야 할 사실들이 많다. 그렌델은 괴물이다. 말 못하는 무지한 어머니를 두고 동굴에서 나왔다. 자신이 동물이라고 생각하기 싫어한다. 자신이 집요하게 관찰 중이고 친구가 되기를 갈망하면서도 한편으로는 경멸하고 때로 잡아먹기도 하는 인간에게 희한하게도 마음이 끌린다 — 이 모든 사실을 1장 안에서 무난히 보여줄 수 있다.

반면에 《미켈슨의 유령》 같은 유형의 소설에서는 이야기를 펼쳐나가기 위한 배경 설명 작업이 작가를 거의 자포자기 일보 직전까지 몰고 갈 수도 있다. 소설은 인생의 중반을 지나던 유명한 철학자의 갑작스러운 방황(단테가 한 것과 같은)을 이야기한다. 그는 아내와 가족을 실망시켰다고(아내는 그의 곁을 떠났다), 젊은 날의 기대와 위스콘신 루터 대학 출신으로서의 자부심도 배반했다고 느끼고, 학생들에 대한 관심도 잃고 철학적 문제들에 대한 연구도 단념하고, 민주주의에 대한 믿음도 희망도 잃은 채(국세청에 납부할 세금까지 크게 밀린 채), 자신이 가르치던 대학과 그 대학이 위치한 소박한 소도시를 경멸하며 자신이 실성한 게 틀림없다는 결론에 이른다. 그는 자신이 맺어온 대학 사회와 인연을 끊고 쓰러져가는 시골 저택을 사서 이사하는데, 알고 보니 그 저택에는 유령이 살았고(그가 본 게 맞는다면), 그는 그전까지 꿈도 꿔본 적이 없는 악행의 소굴에서 뒹굴게 된다 — 한밤의 독극물 쓰레기 무단 배출, 마법, 산간벽지에서의 매춘, 기이한 연쇄 살인 등등(여기에 줄거리와 그 결말을 모두 밝힐 필요는 없을 것이다).

이런 장편소설을 쓰는 쉬운 방법은 시간을 훌쩍 거슬러 올라가서, 이를테면 결혼 생활이 파탄 났을 때에서부터 이 철학자의 고민들을 차근차근 생생하게 보여주는 것이다. 문제는 그것이 이야기의 진정한 시발점이 아니라는 데 있다. 진정한 시발점은 철학자 피터 미켈슨이 세상과 담을 쌓기로 한 시점이다 — 펜실베이니아 엔들레스 마운틴스의 허물어져가는 집을 사들인 다음에 지난날 믿거나 사랑했던 모든 것을 등진. 다시 말해, 소설 속 위태로운 여정에 시동을 건 것은 미켈슨의 불운이 아니라(불운은 연관 정보일 뿐이다) 미켈슨의 자발적 선택, 자아를 찾아 여행을 떠나겠다는 결심이다. 소설을 이야기의 시발점에서 시작하려면 1장이 끝나기 전에 미켈슨은 최소한 자기가 사들일 집을 발견한 상태여야 한다. 우리는 그가 왜 집을 구하러 다니는지, 그런 행동이 그에게 무엇을 의미하는지 알아야 한다—즉, 그가 주변에 다른 교수들이 사는 소도시의 삶에 왜 염증을 느꼈는지 이해해야 하고, 그가 왜 자기를 둘러싼 사람들에게 우월감을 느끼는지, 왜 철학 서적이나 강의가 그를 괴롭히듯 똑똑한 학생들까지 그를 괴롭히는지 극화된 장면을 통해서 명확하게 확인해야 하고, 왜 그가 자신을 실패자라고 여기는지 이해해야 한다(그의 가정사, 지나온 삶, 아이비리그 시절 그가 살았던 집에 대한 설명을 통해서). 우리는 또한 그가 왜 자신의 정신 상태가 정상이 아닌지도 모른다는 두려움을 품게 되었는지 이해해야 하고(그를 심한 불안으로 몰아넣은 원인이 무엇인지 생생하게 목격해야 하고), 유폐 상태를 자초한 미켈슨의 폭력적 낌새를 독자가 목격할(관찰자의 서술로 전해 듣는 게 아니라) 기회도 다음 장으로 넘어가기 전에 마련해줘야 한다—이 낌새가 앞으로 그를 별로 바람직스럽지 않은 행위들로 몰아갈 예정이므로. 그리고 이제까지 열거한 모든 사항은 미켈슨이 한때 아이비리그의 철학 교수로 지냈을 만큼 명석한 인물이라는 독자의 믿음을 다치지 않는 선에서 이야기되어야 한다.

내가 맞닥뜨리게 될 문제점들의 성격을 처음부터 (거의) 알긴 했지만, 그렇다고 해결책을 똑똑하게 고안해냈다고는 말하지 못하겠다. 나는 소설 구상이 내게 허용하는, 30-40페이지로 나눈 장들 중 1장의 범위 안에서(조밀하고 둔중한 흐름을 감안하면 장의 길이가 너무 길었다) 미켈슨의 주요 고민들을 하나하나 또렷하게 부각해서 알리되 자세한 이야기는 어느 장이든 재론할 수 있을 때까지 뒤로 미루는 수밖에 없다는 사실을 알고 있었다. 나는 또한 독자가 미켈슨의 마음속을 최대한 들여다볼 수 있도록 충분히 천천히 흘러가는(그러나 극적이고 효과적인) 몇몇 강력한 장면을 마련해야 한다는 것도 알고 있었다. 나는 이야기의 박진감과 정서적 몰입을 위해서는 미켈슨이라는 인물의 강력한 성격 — 뿜어져 나오는 억압된 분노와 자기회의, 통제 불능의 심한 비열함, 혐오감에까지 이르렀다가 마지막 순간에 지성으로 수습되는 감정선, 아이러니의 반동 — 에 기대야 한다고 생각했다. 이 인물은 이제까지 써온 것 중 최고의 글발로 떠받쳐줘야만 할(적어도 묘사하기 가장 힘든) 강력한 인물 유형이다. 역도 선수이자 전 대학 풋볼 팀 스타이자 미친 철학자를 표현할 만큼 조밀하고 콩 볶는 듯한, 길고 굽이굽이 흐르는 문장이어야 했다.

내가 1장과 뒤이은 2, 3장을 얼마나 여러 벌 써댔는지 생각만 해도 가슴이 답답해진다 — 이 세 개 장에서 현재 시점의 이야기를 풀어나가는 것은 물론이고, 앞으로 펼쳐나갈 주요 주제와 배경이 되는 사건들의 포석도 깔아놔야 했기 때문에 나는 이 세 장을 한꺼번에 작업했다. (3장이 끝나기 전에 미켈슨은 그 산동네 이웃을 통해서 자기 집에 유령이 산다는 사실을 알게 된다.) 100페이지에 이르는 3장에 걸친 작품 서두 부분이 마침내 제대로 완성되기까지 쓰고 고치는 데 1년이 넘는 시간이 흘렀고, 그사이 수많은 극적인 장면들이 만들어지고 열렬하게 다듬어지고 이윽고 폐기됐다. 그런 끝에 나는 다음과 같이 해결을 봤다. (1) 미켈슨이 푹푹 찌는 자신의 3층 아파트에서 짜증이 폭발하여 비지땀을 흘리다가 밤거리로 나서서 다른 사람들의 저택을 부럽게 바라보며 그 안의 삶을 상상해보고, 그것을 자신의 잃어버린 삶과 비교해보고 자기보다 백배 인생이 잘 풀린, (그의 생각에) 별 볼 일 없는 교수들을 증오하는 긴 장면 — 미켈슨이 보도에서 자기를 위협하는 커다란 검은 개를 죽이는 장면으로 끝난다. (2) 미켈슨이 증오하는 학과장이 공학에서 철학으로 전공을 바꾸기를 희망하는 무례한 한 학부생의 상담 역할(미켈슨에게 가외로 맡겨졌던)을 미켈슨에게서 빼앗아가는 학교 장면. (3) 미켈슨이 분풀이로 시골에 집을 마련하겠다고 마음먹고 그런 집을 찾은 끝에 산골짜기의 낡고 으스스한 집을 발견하는 장면. 중간중간에 미켈슨의 회상과 반어적인 내면 독백들을 넣으면서 세부를 완성해가다 보니 이러한 장면 배열 방식에 그런대로 만족하게 되었다. 그 장면들은 직접적인 인과 관계의 고리에 한데 엮여서 이야기를 추동해주었다. 첫 장면의 클라이맥스는 미켈슨이 개를 죽이는 장면으로, 그를 겁먹게 하고, 그의 피해망상증(특히나 학과장 같은 사람들이 그가 자책하고 있는 실패에 대해 낌새를 알아차리고 그를 주시하고 재단하고 있다는 두려움)을 조명한다. 무례한 공학과 학생이 미켈슨이 담당하는 과목에 등록하겠다고 우기는 2장의 클라이맥스는, 교수직을 완전히 포기하지는 않은 채로 어떻게든 대학에서 최대한 벗어나고 싶어 하던 미켈슨에게 결정적인 전환점이 된다. 이렇게 장면들이 펼쳐지는 가운데, 대화나 사건(때로 잠깐의 회상 장면)을 통해서 미켈슨을 지금에 이르게 한 주된 세력을 독자 앞에 그대로 드러낼 수 있다.

앞서도 말했듯이 나는 이 모든 것을 머리를 써서 계획적으로 해낸 것이 아니다. **하나의** 구상을 짰고, 그것을 붙들고 최선을 다해 씨름했고, 그것을 뜯어고쳤고, 결국은 그것을 버렸다. 그런 다음 새로운 구상을 짰고, 같은 과정을 거쳐 버렸고, 또 다른 구상을 짰고, 엎고 또 다른 것을 짜는 가운데 어찌 됐든 멈추지 않고 나아가며, 내던져버렸던 수단 중 한두 개를 재활용하기도 하면서, 마침내 적어도 내 눈에 쓸 만한 것을 얻어냈다. 극도로 단순한 장편소설의 경우를 제외하면 — 내 생각에 그런 것은 읽을 가치가 거의 없다 — 세상에서 가장 주도면밀한 구상도 막상 작품을 쓰는 단계에서는 도무지 힘을 쓰지 못한다. 하나의 장에 담고자 했던 내용이 막상 쓰다 보면 두 개 장을 차지하게 되고, 전체적인 리듬이 분절을 허락하지 않아서 전체 계획을 재조정할 수밖에 없게 된다. 그러나 부족한 구상이라도 없는 것보다는 낫다. 장편소설 작업은 작은 보트를 타고 망망대해로 나가는 것과 같다. 목적지와 경로를 설정해놓으면 도움이 될 것이다. 그러나 경로를 벗어났을 때는 별들의 위치를 확인하면 새로운 길을 찾을 수 있다. 지도도 약도도 없다면 조만간 혼란스러운 가운데 당신은 별의 위치를 살피게 될 것이다.

완성된 잠정적인 구상을 두껍고 너덜너덜한 비망록에 난필로 휘갈겨 기록하거나 자신의 방 벽에 깔끔하게 붙였으면 쓰기는 이미 시작됐다 — 다급해진 다음에야 구상 단계로 되돌아가느라고 아직 시작하지 못했다면. 스스로 준비가 충분히 됐다고 느낀다면 누구의 말에도 더는 귀 기울일 필요 없다. 유려하고 바위처럼 단단한 문장 쓰기에 시간을 투자했다면, 생생하고 끊김 없는 꿈을 불러일으키는 데 통달했다면, 소설 속 등장인물들과 독자들을 공평하게 대할 만큼 성품이 관대하다면, 어린 시절의 가치들을 지켜왔고 당신이 높이 평가하는 소설들보다 낮은 문학적 기준에 안주하지 않는다면, 지금 쓰고 있는 소설은, 고치고 또 고치는 피할 수 없는 고된 작업 끝에 마침내 자랑스러운, 틀림없이 조만간 누군가가 기꺼이 출판을 제안할 소설이 될 것이다. (더 나중에 쓴 소설이 성공한 다음에야 이 작품이 출판 기회를 얻을 수도 있다.) 내가 이 책에서 한 충고들을 전혀 따르지 않더라도, 희한한 운명의 장난이나 신의 은총에 힘입어 자랑스러운 소설을 쓰게 될지 모른다. (소설가들의 신은 규율에 굴복당하지 않을 것이다.) 반면에 불행히도 실패한다면 이제 남은 선택은 세 가지다. 처음부터 다시 쓰거나, 다른 것을 쓰거나, 그만두거나.

결론적으로, 진짜 장편소설가는 중간에 때려치우지 않는 사람이다. 소설 쓰기는 직업이라기보다는 요가이고 세속적인 평범한 삶의 대안이다. 그 삶의 혜택은 유사 종교적이고 — 머리와 가슴의 질적 변화, 그리고 소설가가 아니면 결코 이해할 수 없는 만족감 — 그 고된 작업으로 이득을 취하는 것은 영혼밖에 없다. 이를 천직으로서 진정으로 받아들이는 사람에게는 정신적인 이득만으로도 충분하다.

옮긴이의 말

작업하는 동안 이 번역본의 파일명은 '소설가가 된다는 것'이었다. 편집을 거치며 제목은 '장편소설가가 된다는 것에 대하여'로 바뀌었다. 그리고 다시 '장편소설가 되기'로 바뀔 가능성이 높다는 소식을 들은 상태에서 이 글을 쓴다.

한창 번역 원고를 퇴고하던 — 가드너 식으로 말하자면 응시하고 고치기를 거듭하던 — 지난 1월에, 한 지인이 내가 뭘 붙들고 씨름 중인지 얼핏 듣고는 이렇게 단호하게 반응했다. "소설가가 되려면 그런 책은 안 봐야 할 겁니다!" 이런저런 공식이나 '한 수'에 기대는 사람은 제대로 된 소설을 쓸 수 없다는 뜻일 터이다. 맞는 말이다. 그리고 실은 저자도 같은 주장을 하고 있다. 그는 소설가의 길을 걷는다는 것은 누구도 손 내밀어 이끌어줄 수 없는 오롯한 자신과의 싸움임을 책 한 권 분량으로 집요하고 흥미롭게 역설한다. 다만 이겨내야 할 그 싸움의 세목은 무엇인지 낱낱이 짚어주고 있어서, 막연한 정신 교육용 장광설과는 다르게 다가온다. 따라서 어떤 제목으로 이 책이 출간되든, 이 책은 소설 쓰기 지침서라기보다는 소설가가 된다는 것이 무엇을 의미하는지에 대한 한 작가의 체험적 토로에 가깝다. 물론 젊은 시절의 레이먼드 카버처럼 배움의 필요성을 뼈아프게 느끼고 있는 작가 지망생이라면(스승 가드너에 대한 카버의 절절한 애정과 그리움이 이 책 서문에 담겨 있다) 지침도 얻어낼 것이다. 저자가 제도권 문학 교육(자신이 그 내부자로 수십 년을 살았던)에 대해 견지하고 있는 권장 반 개탄 반의 착잡한 시선, 행간의 한숨, 빈정거림, 해학도 잘 새겨가면서. 아울러, 저자는 장편소설가(novelist)와 단편소설가(short story writer)의 작업 성격을 완전히 별개로 구분하고 있고(어찌 보면 당연한 구분인데 읽으면서 새삼 확인했다), 이 책은 장편소설을 쓰려는 사람에 대한 이야기라는 점도 밝혀둔다.

저자에 따르면, 소설가는 독자에게 생생하고 끊김 없는 꿈을 꾸게 해주는 사람이다. 이를 위해서 소설가 스스로 그 꿈을 꾸어야 하고, 깊은 꿈에서 빠져나온 직후에는 소설을 쓰는 사람이라기보다는 본 것을 받아 적는 사람이 되어야 한다. 그러나 이때 소설가가 직관적으로 또는 의지적으로 선택하는 낱말들은 이야기의 차원을 좌우하기도 하고, 이야기의 물꼬를 다른 쪽으로 틔우기도 한다. 생생하고 끊김 없는 꿈을 제대로 꾸고 받아 적기 위해서, 즉 좋은 장편소설을 쓰기 위해서 소설가가 자신이 가진 언어 감각, 관찰력, 지성, 악마적 강박증을 총동원해야 하는 이유다. 소설 쓰기의 핵심에 대한 이야기라 할 수 있는 이 부분을 저자는 자기 작품의 해당 대목을 예시하면서 설명해나간다. 그는 이를 프랑켄슈타인의 몸체 조각조각을 도저히 설명할 수 없는 방식으로 합체시키는 번개에 대한 이야기라고도 표현한다. 번개 맞기에 대한 저자의 각별히 긴 술회가 실제 창작자들에게 어떻게 읽힐지 궁금하다.

이 책의 2장 '창작 훈련과 교육', 3장 '출판과 생존'에는 실용적인 정보들도 꽤 담겨 있다. 저자는 문예 지원금의 신청과 배정, 작가 워크숍 실태, 출판사들의 기고작 검토 과정, 작가 대리인(에이전트) 구하기, 글 쓰면서 먹고사는 요령 등을 두루 화제로 삼는데, 모두 당연히 1983년 시점의 이야기다. 이를테면 미국 '지방 무료 우편배달 구역' 배달원은 지금도 정오에 일에서 해방되는지, 소설 쓰면서 호구지책으로 삼기에 여전히 환상적인 일자리인지 여부를 가려 문장을 삭제하거나 고치는 것은 역자 영역이 아닐뿐더러 독자가 바라는 일도 절대 아닐 것이다. 그래서 비영리 작가 지원 기관의 해묵은, 이제는 유효하지 않은 주소까지도, 웅웅거리는 전동 타자기에 두루마리 종이를 끼워 넣는 이야기나 손글씨가 뿜어내는 신호들에 대한 이야기와 마찬가지로 저자 시대의 기록으로서 그대로 옮겼다.

책에 거론된 소설들을 찾아 읽는다면 가드너의 주장을 깊이 이해하는 데 큰 도움이 되겠으나 불행히도 대부분 번역 출간이 안 된 작품들이다. 다행히 1971년 작《그렌델》만은 번역본으로 읽을 수 있다(《그렌델―다시 쓴 베어울프의 전설》, 김전유경 옮김, 펭귄클래식 코리아, 2009).

존 가드너의 저서들

소설

《부활 The Resurrection》

《아가톤의 파멸 The Wreckage of Agathon》

《그렌델 Grendel》

《태양의 대화 The Sunlight Dialogues》

《니켈 마운틴 Nickel Mountain》

《킹스 인디언 The King's Indian》

《10월의 빛 October Light》

《수이사이드 마운틴에서 In the Suicide Mountains》

《초상화가 블램크 Vlemk the Box-Painter》

《프레디의 책 Freddy's Book》

《단편집 — 삶의 기술 외 The Art of Living and Other Stories》

《미켈슨의 유령 Mickelsson's Ghosts》

《정적과 그림자 Stillness and Shadows》

시

《시집 Poems》

아동물

《동화집 — 용, 용 외 Dragon, Dragon and Other Tales》

《동화집 — 엉겅퀴 소녀 거제킨 외 Gudgekin the Thistle Girl and Other Tales》

《동화집 — 벌새들의 왕 외 The King of the Hummingbirds and Other Tales》

《어린이를 위한 동물우화집 A Child's Bestiary》

비평·번역·학술

《시인 거웨인 전집 현대 영어판 The Complete Works of the Gawain-Poet in a Modern English Version》

《두운체로 쓴 아서 왕의 죽음: 올빼미와 나이팅게일 외 다섯 편의 중세 영시들 The Alliterative Morte Arthure: The Owl and the Nightingale and Five Other Middle English Poems》

《야손과 메디아 Jason and Medeia》

《웨이크필드 사이클의 구조 The Construction of the Wakefield Cycle》

《고대 영어로 쓰인 기독교 시의 구조 The Construction of Christian Poetry in Old English》

《초서의 시가 The Poetry of Chaucer》

《초서의 생애와 시대The Life and Times of Chaucer》

《텐구天狗의 아이: 기쿠오 이타야 단편집Tengu Child: Stories by Kikuo Itaya》(노부코 쓰쿠이Nobuko Tsukui 공저)

《윤리적인 소설에 대하여On Moral Fiction》

《길가메시Gilgamesh》(존 마이어John Meier 공저)

《작가와 쓰기에 관하여On Writers and Writing》

편저

《미출간 원고들: 회고본MSS: A Retrospective》(L. M. 로젠버그L. M. Rosenberg 공편)

《미국 명단편선 1982Best American Short Stories 1982》(섀넌 래버널 Shannon Ravenel 공편)

작가를 위한 책

《픽션의 형태들The Forms of Fiction》(레니스 던랩Lennis Dunlap 공저)

《장편소설가 되기On Becoming a Novelist》

《소설의 기술The Art of Fiction》

찾아보기

ㄱ

개스, 윌리엄 Gass, William 20, 80, 132, 158, 203;《오멘세터의 운수 Omensetter's Luck》203;〈페데르센의 아이 The Pedersen Kid〉20

고틀리브, 로버트 Gottlieb, Robert 202-205

구겐하임 재단 215

《그렌델 Grendel》(가드너) 124-131, 202, 204, 259

그린, 그레이엄 Greene, Graham 220

ㄴ

나보코프, 블라디미르 Nabokov, Vladimir 45, 78-80, 102, 184, 255

뉴 아메리칸 라이브러리 New American Library 203, 204

〈뉴요커 The New Yorker〉60, 179, 195, 196, 210

〈뉴욕 리뷰 오브 북스 New York Review of Books〉144

〈뉴욕 타임스 The New York Times〉144, 209

니체, 프리드리히 Nietzsche, Friedrich 44, 92, 183

《니켈 마운틴 Nickel Mountain》(가드너) 16, 142

ㄷ

단테 알리기에리 Dante Alighieri 91, 162, 220, 259;《신곡 Divina Commedia; Divine Comedy》91

던랩, 레니스 Dunlap, Lennis 62, 63, 186

도스토옙스키, 표도르 Dostoevskii, Fyodor 82, 137;《죄와 벌 Prestuplenie i nakazanie; Crime and Punishment》97, 122, 137

드라이저, 시어도어 Dreiser, Theodore 38;《시스터 캐리 Sister Carrie》38;《아메리카의 비극 An

American Tragedy》 38

디네센, 아이작 Dinesen, Isak 20

디킨스, 찰스 Dickens, Charles 45, 77;《니컬러스 니클비 Nicholas Nickleby》 122

딜레니, 새뮤얼 R. Delaney, Samuel R. 184

ㄹ

라신, 장 바티스트 Racine, Jean Baptiste 181

라우리, 맬컴 Lowry, Malcolm 220

랭글런드, 윌리엄 Langland, William 102;《농부 피어스 Piers Plowman》 102

런던, 잭 London, Jack 157

레보위츠, 앨버트 Lebowitz, Albert 185

레싱, 도리스 Lessing, Doris 183

렘, 스타니스와프 Lem, Stanisław 184

로브그리예, 알랭 Robbe-Grillet, Alain 45

로즈, 데이비드 Rhodes, David 65-70;《록아일랜드 철도 Rock Island Line》 66-70

리스, 진 Rhys, Jean 99, 103

리처드슨, 새뮤얼 Richardson, Samuel 102;《클러리서 Clarissa》 102

ㅁ

만, 토마스 Mann, Thomas 82, 98, 181, 233;《베니스에서의 죽음 Der Tod in Venedig; Death in Venice》 98

맬러머드, 버나드 Malamud, Bernard 93

《멋진 신세계 Brave New World》(올더스 헉슬리 Aldous Huxley) 183

멜빌, 허먼 Melville, Herman 45, 98, 138, 141, 158, 233, 250;《모비 딕 Moby Dick》 141, 142;《오무 Omoo》 138, 141, 142;《필경사 바틀비 Bartlevy the Scrivener》 98

미첼, 마거릿 Mitchell, Margaret 103

《미켈슨의 유령 Mickelsson's Ghosts》(가드너) 259-264

밀러, 월터 M. 주니어 Miller, Walter M. Jr 102, 183;《리보위츠를 위한 찬송 A Canticle for Leivowitz》 102, 184

ㅂ

바벨, 아이작 Babel, Issac 20

바셀미, 도널드 Barthelme, Donald 80, 218

바스, 존 Barth, John 159, 184

발자크, 오노레 드 Balzac, Honoré de 99

버드리, 앨지스 J. Budry, Algis J. 184

버로스, 윌리엄 S. Burroughs, William S. 80, 183; 《폭발한 티켓 The Ticket That Exploded》 183

벅, 펄 Buck, Pearl 103

베넷, 아널드 Bennett, Arnold 219

《베어울프 Beowulf》 130

베케트, 사뮈엘 Beckett, Samuel 78, 110, 119

베텔하임, 브루노 Bettelheim, Bruno 98

벨로, 솔 Bellow, Saul 45, 48, 77; 《오늘을 잡아라 Seize the Day》 122

벨리, 안드레이 Bely, Andrei 181

보니것, 커트 Vonnegut, Kurt 183

보르헤스, 호르헤 루이스 Borges, Jorge Luis 99

보카치오 Boccaccio 99, 162

《부활 The Resurrection》(가드너) 203

뷰크너, 프레더릭 Buechner, Frederick 185

브래드버리, 레이 Bradbury, Ray 183

브론테, 샬럿 Brontë, Charlotte 277

브룩스, 클린스 Brooks, Cleanth 186; 《소설의 이해 Understanding Fiction》 186

블레이크, 윌리엄 Blake, William 125-127, 237

블룸, 해럴드 Bloom, Harold 91

비트겐슈타인, 루트비히 Wittgenstein, Ludwig 183

빙엄턴 Binghamton 캠퍼스(뉴욕 주립대) 153, 158

ㅅ

사르트르, 장폴 Sartre, Jean-Paul 130

샐린저, J. D. Salinger, J. D. 102, 218

서스턴, 자비스 Thurston, Jarvis 186; 《현대 단편 강독 Reading Modern Short Stories》 186

셀린, 루이페르디낭 Céline, Louis-Ferdinand 20, 78

셰익스피어, 윌리엄 Shakespeare,

William 49, 50, 103, 181
《소설 100선 Fiction100》(J. 피커링 J. Pickering 편) 186
슈타인, 거트루드 Stein, Gertrude 157
스미스, 데이브 Smith, Dave 167
스탕달 Stendhal 45
스티븐슨, 로버트 루이스 Stevenson, Robert Louis 45
시걸, 데이비드 Segal. David 203-205
《10월의 빛 October Light》(가드너) 240-245
실버버그, 로버트 Silverberg, Robert 184

ㅇ

《아가톤의 파멸 The Wreckage of Agathon》(가드너) 203
아베 고보 安部公房 183
아시모프, 아이작 Asimov, Isaac 184
아이오와 작가 워크숍 62, 153, 158
〈애틀랜틱 Atlantic〉 179, 196
애플, 맥스 Apple, Max 158
애플맨, 필립 Appleman, Philip 184

어빙, 존 Irving, John 207, 208; 《가프가 본 세상 The World According to Garp》 207
업다이크, 존 Updike, John 48, 184
〈에스콰이어 Esquire〉 179, 204
엘리슨, 할런 Ellison, Harlan 53
엘킨, 스탠리 Elkin, Stanley 93
오스틴, 제인 Austen, Jane 77, 104, 137; 《에마 Emma》 122, 137
오웰, 조지 Orwell, George; 《1984》 183
오츠, 조이스 캐럴 Oates, Joyce Carol 93
오코너, 플래너리 O'Connor, Flannery 155, 279
와트, W. W. Watt, W. W. 59; 《미국식 수사학 An American Rhetoric》 59
워, 에벌린 Waugh, Evelyn 79, 80
워런, 로버트 펜 Warren, Robert Penn 20, 115, 186; 《모두가 왕의 부하들 All the King's Men》 115; 〈블랙베리 윈터 Blackberry Winter〉 20; 《소설의 이해 Understanding Fiction》 186
워튼, 이디스 Wharton, Edith 103
웰스, H. G. Wells, H. G. 157

윌슨, 로버트 Wilson, Robert 184; 《슈뢰딩거의 고양이 Schrödinger's Cat》 184

ㅈ

제임스, 헨리 James, Henry 51, 110, 121, 157, 220; 《나사의 회전 The Turn of the Screw》 110

젤라즈니, 로저 Zelazny, Roger 184

조이스, 제임스 Joyce, James 20, 45, 58, 60, 74, 90, 100, 102, 119, 181; 《더블린 사람들 Dubliners》 119; 〈죽은 자들 The Dead〉 60, 119; 《피네건의 밤샘 Finnegans Wake》 45

〈조지아 리뷰 George Review〉 196

ㅊ

《천로역정 The Pilgrim's Progress》(존 버니언 John Bunyan) 98

체홉, 안톤 Chekhov, Anton 20

초서, 제프리 Chaucer, Geoffrey 126; 《공작부인의 책 The Book of Duchess》 126; 《캔터베리 이야기 Canterbury Tales》 102, 103

ㅋ

카버, 레이먼드 Carver, Raymond 104

카프카, 프란츠 Kafka, Franz 110, 119

칼리셔, 호텐스 Calisher, Hortense 20

칼비노, 이탈로 Calvino, Italo 183

〈코다 Coda〉 215

콘래드, 조지프 Conrad, Joseph 20, 157

콜리지, 새뮤얼 테일러 Coleridge, Samuel Taylor 122

쿠버, 로버트 Coover, Robert 192

크노, 레몽 Queneau, Raymond 183

앨프리드 A. 크노프 출판사 Alfred A. Knopf publisher 195, 202, 204

크레인, 스티븐 Crane, Stephen 157

크루스, 해리 Crews, Harry 204

ㅌ

《태양의 대화 The Sunlight Dialogues》(가드너) 203, 204

토머스, 딜런 Thomas, Dylan 48

톨스토이, 레프 Tolstoii, Lev 45, 82, 123, 137, 176; 《안나 카레니나 Anna Karenina》 123, 137, 176

《톰 존스 Tom Jones》(헨리 필딩 Henry Fielding) 102

트롤럽, 앤서니 Trollope, Anthony 93

트웨인, 마크 Twain, Mark 142

ㅍ

파운드, 에즈라 Pound, Ezra 102

파울즈, 존 Fowles, John 184

퍼시, 워커 Percy, Walker 74, 184, 185

페일리, 그레이스 Paley, Grace 104

포, 에드거 앨런 Poe, Edgar Allan 145

포드, 포드 매독스 Ford, Ford Maddox 157

포크너, 윌리엄 Faulkner, William 20, 21, 51, 54, 58, 70, 74, 76, 77, 82, 102, 232; 《작은 마을 The Hamlet》 74

포터, 캐서린 앤 Porter, Katherine Anne 20

프루스트, 마르셀 Proust, Marcel 51, 78, 98, 233; 《잃어버린 시간을 찾아서 À la recherche du temps perdu》 98

플로베르, 귀스타브 Flaubert, Gustave 20, 45, 46, 99

피들러, 레슬리 Fiedler, Leslie 219

피시, 스탠리 Fish, Stanley 91, 103

피츠제럴드, 스콧 F. Fitzgerald, Scott F. 133

《픽션의 형태들 The Forms of Fiction》(가드너와 던랩 공저) 62, 63, 186

핀천, 토머스 Pynchon, Thomas 183; 《중력의 무지개 Gravity's Rainbow》 183

ㅎ

하넥, 커트 Harnack, Curt 20

하이데거, 마르틴 Heidegger, Martin 44, 91, 183

하인라인, 로버트 Heinlein, Robert 184

하퍼 앤드 로 Haper & Row 204

헤밍웨이, 어니스트 Hemingway, Ernest 20, 21, 102, 147, 157, 218

헥트, 앤서니 Hecht, Anthony 78

호메로스 Homeros 103, 181, 243, 245; 《일리아스 Illias》 103

호손, 너새니얼 Hawthorne, Nathaniel 158, 250; 《팬쇼 Fanshaw》 250

홉스, 토머스 Hobbes, Thomas 44

히치콕, 앨프리드 Hitchcock, Alfred 79